赫章之路

中国教育扶贫的经验与模式

HEZHANG ZHI LU

ZHONGGUO JIAOYU FUPIN DE

JINGYAN YU MOSHI

时俊卿 李红婷 王华 主编

广西教育出版社
·南宁·

编委会

主　编

时俊卿　李红婷　王　华

副主编

李志祥　冯光国　肖庆顺

编　委（按姓氏笔画为序）

王　华　王　珍　王天恩　王华美　王红林　王君霞　石　云

冯光国　朱祥勇　华建明　刘　芳　李　梅　李红婷　李志祥

李春歌　肖庆顺　时俊卿　吴雅英　何廷杰　何运敏　宋如郊

张　奔　陈春红　陈培荣　陈筱梅　郑丹娜　袁　文　徐　玲

龚　振　常丽敏　寇延臣　薛　娟

序

我国从20世纪80年代就开始开展专项扶贫工作，形成了包括开发式扶贫、救灾救济等制度在内的反贫困政策体系。党的十八大以来，以习近平同志为核心的党中央对脱贫攻坚作出一系列重大决策部署，发布《关于打赢脱贫攻坚战的决定》《关于打赢脱贫攻坚战三年行动的指导意见》等，把脱贫攻坚作为全面建成小康社会的底线任务和标志性指标。以习近平同志为核心的党中央团结带领全党全国各族人民，充分发挥党的领导和我国社会主义制度的政治优势，采取了许多具有原创性、独特性的重大举措，组织实施了人类历史上规模最大、力度最强的脱贫攻坚战，近一亿贫困人口脱贫，谱写了人类反贫困历史的新篇章。在中国共产党的坚强领导下，解决困扰中华民族几千年的绝对贫困问题取得历史性成就，我国成为世界上减贫人口最多的国家，也是世界上率先完成联合国千年发展目标的国家。

在世界减贫治理的中国奇迹中，赫章县是一个意义非凡的减贫样本、生动典型。赫章县隶属贵州省毕节市，位于贵州省西北部的乌蒙山区。赫章县是国家扶贫开发重点县，是贵州省16个深度贫困县之一，一直受到党中央、国务院及贵州省委省政府高度重视。1985年6月，时任中央政治局委员、书记处书记习仲勋同志在新华社《国内动态清样》的《赫章县有一万二千多户农民断粮，少数民族十分困难却无一人埋怨国家》一文上作出重要批示："有这样好的各族人民，又过着这样贫困的生活，不仅不埋怨党和国家，反倒责备自己'不争气'，这是对我们这些官僚主义者一个严重警告！！！请省委对这类地区，规定个时限，有个可行措施，有计划、有步骤地扎扎实实地多做工作，改变这种面貌。"1988年，国务院批准建立了毕节"开发扶贫、生态建设、人口控制"试验区（以下简称毕节试验区），从此，赫章县向贫穷落后发起了总攻。三十多年来，毕节试验区围绕"开发扶贫、生态建设、人口控制"三大主题，接续奋斗，久久为功，努力实现人口、经济与资源环境协调发展，走出具有自身特色的脱贫奔小康之路。2020年11月23日，贵州举行新闻发布会，宣布该省最后9个县退出贫困县序列。根据全国扶贫开发信息系统数据和3家第三方评估机构实地评估检查反馈，包括赫章县在内的9个贫困县均符合国家贫困县退出标准和要求。这标志着国务院扶贫办确定的全国832个贫困县全部脱贫摘帽，全国脱贫攻坚目标任务已经完成。

2018年，习近平总书记对毕节试验区工作作出重要指示，强调要尽锐出战、务求精准，确保毕节试验区按时打赢脱贫攻坚战。同时，要着眼长远、提前谋划，做好同2020年后乡村振兴战略的衔接，着力推动绿色发展、人力资源开发、体制机制创新，努力把毕节试验区建设成为贯彻新发展理念的示范区。统一战线要在党的领导下继续支持毕节试验区改革发展，在坚持和发展中国特色社会主义实践中不断发挥好中国共产党领导的多党合作的制度优势。

教育具有阻断贫困代际传递的不可替代的功能，是脱贫攻坚战的重要阵地。2018年以来，赫章县切实加大教育投入，本着"有钱必出、有事必办”的原则，高位谋划、高压推动，在加大教育投入、改善办学条件等方面的教育扶贫工作中取得阶段性成效，但在如何提升教育质量、提高办学品质、促进学校内涵式发展、有力推进教育公平等方面，还存在很多不足。要实现教育脱贫，赫章县还需要全面把握先进教育理念，持续推进县域教育深层次变革，转变传统自上而下的行政推进方式，促进教师走专业化发展之路，探索学校变革方式，以早日实现县域教育内涵式均衡发展，让每个学生都能享受有质量的教育。

中国教育学会是全国性教育学术组织、国家级教育智库。2019年，为深入贯彻落实习近平总书记关于扶贫工作的重要论述，特别是关于教育扶贫的重要讲话、指示和批示精神，中国教育学会与中央统战部、民进中央、台盟中央等联手，开始实施赫章教育帮扶项目。中国教育学会以习近平新时代中国特色社会主义思想和党的十九大精神武装头脑、指导实践、推动工作，积极落实全国教育大会精神，贯彻落实中央扶贫开发工作会议精神和《中国农村扶贫开发纲要（2011—2020年）》，充分发挥教育在扶贫开发中的重要作用，决胜脱贫攻坚任务，积极推进农村基础教育改革，全方位提升区域教育品质和服务水平。经协商，赫章县人民政府和中国教育学会决定联合实施开展赫章教育帮扶项目。在中央宣传部、中央统战部、教育部领导的关心支持下，中国教育学会与赫章县人民政府签订了《中国教育学会与赫章县人民政府教育帮扶项目合作框架协议》，由中央统战部、民进中央、中国教育学会共同成立了“全国知名教育专家指导工作站”，指导赫章教育决胜脱贫攻坚。随后，中国教育学会组织专家开展了多方的专题调研，发放《赫章县干部对教师教育教学实际情况调查问卷》《赫章县教师教育教学实际情况调查问卷》，抽样调研干部360人、教师1448人，对校长、教育行政干部、教师、学生等进行座谈和访谈542人次，查阅有关赫章教育扶贫的系列文件与现状资料以及其他有关教育扶贫的成功经验文献逾30万字，最终形成了10万字的《贵州省赫章县精准分析教育现状调研报告》。

通过系列调研，中国教育学会找到了造成赫章教育发展乏力的主要矛盾和制约赫章教育发展的瓶颈。中国教育学会聚焦赫章教育帮扶，尊重赫章教育生态现状，制定了“内外合力、科学诊断、系统布局、科学规划、精准突破、高端引领、联盟发展、典型示范、辐射推广、全面提升”的帮扶策略，协调发达地区优质教育资源，通过“精准补嵌”激活赫章教育生态的内生活力，解决赫章教育面临的困难问题，精准高效推进赫章教育帮扶工作。帮扶期间，中国教育学会组织赫章82所学校与北京、山东、广东、四川、河北、河南、甘肃等地42所学校结对帮扶，双向互动开展跟岗学习、培训等；将国家级教学成果奖推广工作与赫章教育帮扶工作结合，成功组织“国家级教学成果奖推广系列之走进赫章”活动，培训干部、教师7000余人次；实施教育扶贫的网络帮扶，推送示范课、专题讲座、专家咨询近200次，收到学员学习反思600多篇……

在帮扶赫章的过程中，动人的故事每天都在发生，未来也将继续上演，正如一位帮扶学校校长所说，“帮扶是责任所在，也是情感所系”。中国教育学会的教育帮扶工作在赫章教育界传为佳话，从政府教育主管部门到学校教师都充分肯定了中国教育学会对赫章的教育帮扶成果。时任赫章县教育科技局局长真诚地表示：中国教育学会通过全面调研、整体规划、精准选择重点推进工作、整合多方专业支持力量，确定嵌入式帮扶原则，将具体的帮扶工作有机融入赫章县原有的教育工作计划，不额外添加工作，不对中小学教师额外增加负担，针对赫章学校教育教学和教师专业发展的实际需求精准匹配、输送相关教育资源，不断创新推进方式，以攻坚态势和强大的合力，助力赫章县打赢教育脱贫攻坚战。

在中国脱贫攻坚战中，教育扶贫扮演了重要的角色，发挥了积极作用。习近平总书记提出“扶贫必扶智，治贫先治愚”“让贫困地区的孩子们接受良好教育”“努力让每个孩子都有人生出彩的机会，尽力阻断贫困代际传递”等一系列重要论述，指引了教育扶贫工作的有序开展。教育扶贫是脱贫攻坚的重要内容，在创造备受瞩目的中国奇迹中发挥了重要作用。在毕节试验区的扶贫开发攻坚战中，教育扶贫也扮演了重要的角色，发挥了积极的作用。

2020年8月26日，中国教育学会就在赫章开展的县域嵌入式教育帮扶工作向教育部做了专题汇报；2020年8月31日，中国教育学会申报的“‘教育帮扶模式的创新与广谱价值——以赫章县决战教育脱贫攻坚为例’系列活动及研讨会”获得国家社科基金资助立项；2020年12月5日至6日，首届中国基础教育论坛暨中国教育学会第三十三次学术年会召开。作为年会的分论坛，中国教育学会实验区与项目部主办的“教育帮扶模式的创新与广谱价值·点亮——以赫章决战教育脱贫攻坚为例”在南京举行。首次在全国发布的赫章教育帮扶经验赢得线上线下百万人的广泛关注，成为全国教育帮扶模式的参照。中国网、《人民日报海外版》等媒体纷纷报道转载，内蒙古、河南、四川等地纷纷向中国教育学会提出帮扶请求。

有效的教育扶贫必须立足于现实，找到深化改革面临的主要问题，以明确发展方向，持续推进县域教师素质整体提升和优质教育快速发展。经过长期扎实的努力，中国教育学会不仅助力赫章县打赢了教育脱贫攻坚战，而且积极探索和总结支持落后地区快速实现教育脱贫的典型经验，提炼形成了教育帮扶的典型模式——县域嵌入式教育帮扶赫章模式（以下简称赫章模式）。

一是以需求为导向，以专业为引领，创建赫章模式框架。该框架包括“一个理念”（扶贫先扶智，教育拔穷根）、“两大转变”（干部、教师由被动发展走向主动发展，一些有发展愿望的教师由有自主发展愿望到有可持续发展能力）、“七大策略”（政策导向、战略规划、专业引领、结对帮扶、资源共享、典型带动、辐射推广）及“三位一体”质量保障机制（高校与研究机构、政府、中小学与幼儿园多方协同推进机制）。

二是多方协作，多措并举，构建赫章模式的实施策略。在帮扶过程中，中国教育学会结合赫章教育实际情况，探索落实了九大实施策略（精准调研策略、帮扶规划制定策略、帮扶目标设定策略、帮扶措施制定策略、帮扶资源调动策略、帮扶效果评价策略、帮扶对象积极性调动策略、帮扶团队建设策略、帮扶模式创新策略），不断提升、整合效益，推动区域教育走自主发展、内涵式发展之路。

赫章模式的探索和最终形成，为促进落后区域教育高质量发展、助力乡村振兴，提供了可推广的实施策略、可操作的政策建议和可借鉴的典型范例，丰富了区域教育扶贫和教育优质均衡发展的成果经验与规律方法，具有重要的现实意义和研究价值。

从学术的角度梳理教育脱贫的中国经验，一方面能促进中国教育扶贫理论的深入研究，另一方面能促进探索形成符合中国实际的教育扶贫理论模式，并将其转化为切实可行的公共政策。在全面落实国家乡村振兴战略规划的今天，我们需要更多像赫章教育帮扶这样有深度、能持续、专业度高的教育帮扶行动和教育帮扶案例，也需要更多像《赫章之路——中国教育扶贫的经验与模式》这样“把论文写在祖国的大地上”的力作。

钟秉林

2022年10月

（国家教育咨询委员会委员，北京师范大学教授、博士生导师）

众志成城，让教育扶贫“斩断”贫困代际传递

2017年，我被派到贵州省毕节市赫章县挂职。赫章县地处贵州西北部，是乌蒙山脉最高的地方，号称“贵州屋脊”，是国家级深度贫困县。中央统战部自1995年正式定点帮扶赫章县以来，整合统一战线各方资源，倾心倾力助力脱贫攻坚。作为中央统战部挂职干部，我深感使命光荣，责任重大。

习近平总书记指出：“我们紧紧扭住教育这个脱贫致富的根本之策，强调再穷不能穷教育、再穷不能穷孩子，不让孩子输在起跑线上，努力让每个孩子都有人生出彩的机会，尽力阻断贫困代际传递。”在调研中我深刻感受到赫章贫困除了地域环境的制约，更多的是思想观念和教育质量的问题。赫章全县师生20余万，基础教育一直比较落后，教育水平在全省处于挂末层次。学校存在优秀教师留不住、优质生源流失严重等难题，一直未根本解决，如何“破冰”也一直困扰着我。

2018年，按照中央统战部帮扶项目计划，中国教育学会时俊卿教授受邀来赫章开展教师培训，我陪同考察了几所学校，向时教授提出了我的困惑。时教授提出建立“全

国知名教育专家指导工作站”的想法，引进全国优质教师资源，把乡村名师工作室带动起来，把教师培训聚焦起来。这让我看到了希望，暗暗下定决心，必须求得中国教育学会的帮助。随后的日子里，我天天打电话联系时教授，并将此想法汇报给时任赫章县委常委、统战部部长刘军同志。刘军听了眼睛一亮，说：“走，下周咱们去北京拜访中国教育学会。”在中国教育学会的会议室里，中国教育学会与赫章县领导就赫章的调研和帮扶进行了交流。中国教育学会领导被我们对教育帮扶的渴望感动了。“一年时间，学会三位领导带队到一个县里调研帮扶，这在学会还是第一次。”时教授感慨地说。经过深入调研和座谈，一份厚重的帮扶计划建设方案出炉了。建设计划也被中央统战部列为2019年赫章教育帮扶重点任务。于是，帮扶行动开始了——

2019年5月，“全国知名教育专家指导工作站”率先在赫章挂牌，7月中国教育学会与赫章签订了两年的教育帮扶协议。工作站成立后，中国教育学会开展了一系列帮扶活动。短短半年时间，中国教育学会先后多次组织专家到赫章开展教师培训，组织“国家级教学成果奖推广系列之走进赫章”活动，联引赫章县82所学校与北京、成都等地名校结为友好帮扶学校，带领乡镇学校的校长和老师到北京、深圳、成都等地的名校学习考察等，这些帮扶让赫章20余万老师和学生受益。2019年，在“不忘初心、牢记使命”主题教育活动中，为把党的优良传统传承给孩子们，我们组织全县中小学生举办“传承红色文化、感恩伟大祖国”主题教育展示活动，同步开通了网络直播，引起了很大反响。

2020年遇到新冠肺炎疫情，“全国知名教育专家指导工作站”帮扶微信群的授课一直没有间断，网上直播课程发挥了很大的指导作用。在我们的不懈努力下，中央统战部、台盟中央、中国教育学会等主办的“全国知名教育专家指导工作站”与广州番禺区帮扶的“网络教室”共同帮扶赫章义务教育，为赫章的基础教育带来新的起点。优质教育资源被引进赫章，教育帮扶从学校管理、师资队伍建设、立德树人、课堂改革、家校协同等多方面整体带动，“科学发现、正确引导、真心联手、热情帮扶、教科研一体、高效优质、创新规律方法”，用最短的时间、最少的投入、最和谐的融合实现了最理想的效果：留住优秀老师、留住优秀学生成为现实。2020年4月，我结束了在赫章县的挂职扶贫工作。虽然我人离开了赫章，但一直关注曾经为之付出过心血的赫章教育帮扶工作，赫章教育帮扶工作中的一幕幕依然历历在目。

感谢中央统战部、民进中央、台盟中央、中国统一战线杂志社、中国教育学会等对我挂职期间的指导和支持。我很荣幸在赫章打赢脱贫攻坚战这个重要时间节点，为赫章做了教育帮扶这样一件有意义的工作。一日赫章人，终身赫章情。如今，回忆起这段挂职扶贫工作经历，赫章连绵不绝的群山、风景绝美的韭菜坪已经不再有太深的印象，反而是亲身参与的教育帮扶工作时常让我激动不已。我一直在想该用怎样的方式铭记这一段经历，幸好广西教育出版社为我弥补了这一缺憾。2019年年底开始，广西教育出版社发掘了赫章教育帮扶工作的价值和意义，并组织专家从这项工作中总结出了县域嵌入式教育帮扶赫章模式，并由此提出了建立乡村振兴教育帮扶机制和帮扶策略。我也很有幸参与到《赫章之路——中国教育扶贫的经验与模式》这本书的编写工作中来，尽了一点微薄之力。

感谢广西教育出版社，有了这本书，为我的这段经历画上了一个圆满的句号。

王华

2022年10月

（中央统战部中国统一战线杂志社干部，2017年10月—2020年4月挂任赫章县委常委、副县长）

为教育的力量喝彩

赫章是我的第二故乡。2010年和2020年，在台盟中央领导的关心下，我曾两次赴赫章挂职，先后在赫章县白果镇和赫章县人民政府工作，参与了赫章脱贫攻坚工作，见证了赫章10多年的发展变迁。赫章的壮美风景，各族乡亲朴实的感情，给我留下了深刻的印象。与当地干部群众一起工作和生活的经历，极大地加深了我对中国基层发展多样性的认识，是我的宝贵精神财富。

习近平总书记强调，扶贫必扶智。让贫困地区的孩子们接受良好教育，是扶贫开发的重要任务，也是阻断贫困代际传递的重要途径。台盟对赫章开展定点帮扶17年，教育帮扶是帮扶工作中一条从未间断的主线。从“筑梦师者”系列培训，到援建电教室、图书室，开展远程教学活动，再到协调社会资金对边远山村优秀教师进行奖励表彰，台盟在对赫章的教育帮扶上持之以恒、久久为功，为赫章教育发展作出了自己的贡献。

正是因为对赫章教育的同样关注，我在赫章工作期间，得以与时俊卿教授等中国教育学会的各位专家结缘，有幸见证了中国教育学会以及各省市知名学校在赫章开展帮扶的务实与热情。中国教育学会提出的“内外合力、科学诊断、系统布局、科学规划、精准突破、高端引领、联盟发展、典型示范、辐射推广、全面提升”的帮扶策略，通过“精准补嵌”激活赫章教育生态的内生活力，解决赫章教育的困难问题，有力推动了赫章教育工作质量的进一步提升，为破解西部农村教育面临的难题提供了可借鉴的方案。

让我难忘的是，2020年12月6日，在赫章取得脱贫攻坚战役胜利之际，“教育帮扶模式的创新与广谱价值·点亮——以赫章决战教育脱贫攻坚为例”作为首届中国基础教育论坛暨中国教育学会第三十三次学术年会的分论坛召开，我有幸与赫章教育界同仁一起受邀参会。在论坛现场，我感受到了教育界为中国教育发展执着探索的可贵精神，以及四面八方对赫章教育工作的关心。在价值诉求多元化的当下，教育工作者们的执着坚守和纯真质朴，让我想起鲁迅先生在《中国人失掉自信力了吗》里的那段话：“我们从古以来，就有埋头苦干的人，有拼命硬干的人，……这就是中国的脊梁。”广大教育工作者正用数十年如一日的埋头苦干和拼命硬干，践行着“不忘初心、牢记使命”的铮铮誓言。

同样让我难忘的是，赫章的教育工作者们，在脱贫攻坚战役的最关键阶段，是如何胸怀大局、挺身而出的。正是他们的无私奉献和默默付出，兜住了赫章教育的底线，为全面打赢脱贫攻坚战作出了贡献。可以说，赫章教育工作者们是赫章脱贫攻坚战胜利的功臣。我们更应该认识到，乡村人才振兴归根到底靠教育，教育工作者们的工作事关赫章乡村振兴的未来。

更让我难忘的是，包括台盟在内的社会各界，长期以来对赫章教育的持续关注和帮扶，为赫章进行了数以万计人次的教师培训，投入了数以亿计的帮扶资金，以“功成不必在我、功成必定有我”的信念，与赫章站在一起、想在一起、干在一起，坚持不懈地把赫章的教育一步步推向前进，夯实赫章脱贫和发展基础中的基础。

赫章地处乌蒙山腹地，境内多山。赫章人千百年来靠山吃山，爬山移山。如今，站在新时代新的起点上，赫章人与全国人民一道，迈上了攀登全面推进乡村振兴这座高峰的新征程。我相信，善于攀登的赫章人，善于圆梦的教育人，一定会共同创造新的奇迹。

李志祥

2022年10月

（台盟中央社会服务部扶贫工作处处长，2020年4月—2021年8月挂任赫章县人民政府党组成员、扶贫开发领导小组副组长）

目录

第一章

中国教育扶贫概述

贫困是人类社会的顽疾，严重影响和阻碍人类社会的发展进程。人类社会在发展过程中一直为摆脱贫困、追求美好幸福生活而不断努力。长期以来，国际社会和世界各国都将消除贫困作为经济社会发展的重要任务。消除贫困、改善民生、逐步实现共同富裕，是社会主义的本质要求，是中国共产党的重要使命。中国共产党自成立伊始，就坚持把为人民谋幸福、为民族谋复兴作为初心使命，团结带领中国人民为创造美好生活而奋斗。特别是党的十八大以来，以习近平同志为核心的党中央把脱贫攻坚摆在治国理政的突出位置，坚持精准扶贫，取得了显著成效。在脱贫攻坚过程中，党中央、国务院出台了一系列重大政策措施，对打赢脱贫攻坚战进行了全面部署，为脱贫攻坚实践提供了政策依据和指导。教育扶贫是脱贫攻坚的重要组成部分，教育脱贫攻坚政策是我国脱贫攻坚政策的重要组成部分，为教育扶贫工作提供了科学的指导。教育扶贫是教育理论研究的重要内容，我国教育学者对教育扶贫的相关重要问题进行了深入研究，丰富了教育扶贫的理论成果，为我国的教育扶贫实践提供了科学的理论支撑。

第一节　中国教育扶贫发展概况

改革开放以来，我国的脱贫工作主要经历了救济式扶贫、开发式扶贫。党的十八大之后，习近平总书记提出精准扶贫思想，实施了一系列脱贫攻坚重要工程，有效促进了脱贫攻坚工作，取得了显著的历史性成效。教育扶贫在脱贫攻坚中具有重要的地位和作用，受教育权是一个人的基本权利，教育公平是社会公平的重要基础。伴随着脱贫攻坚战的全面胜利，我国的教育扶贫也取得了显著的成效，义务教育有保障，逐步实现从“有学上”到“上好学”的转变，在阻断贫困代际传递中发挥了积极作用。

一、中国扶贫取得的历史性成就

改革开放以来，我国经济发展水平不断提升，人民生活富足，但贫困问题仍然比较严重；虽然经济总量巨大，但是各地区间的贫富差距也在不断拉大，尤其在边远贫困地区、边疆民族地区和革命老区等地，仍然存在着大量的贫困人口。党的十八大以来，我国开始了新时代的脱贫攻坚，加快了脱贫攻坚的步伐。打赢脱贫攻坚战是促进全体人民共享改革发展成果、实现共同富裕的重大举措，是促进区域协调发展、跨越“中等收入陷阱”的重要途径，是促进民族团结、边疆稳固的重要保证，是全面建成小康社会的重要内容，是积极响应《联合国2030年可持续发展议程》的重要行动。习近平总书记多次召开扶贫工作座谈会，全面部署脱贫攻坚工作。2013年，习近平总书记首次提出精准扶贫理念。2015年，习近平总书记提出“六个精准”，即扶持对象精准、项目安排精准、资金使用精准、措施到户精准、因村派人（第一书记）精准、脱贫成效精准；“五个一批”，即发展生产脱贫一批、易地搬迁脱贫一批、生态补偿脱贫一批、发展教育脱贫一批、社会保障兜底一批。2017年，党的十九大把精准脱贫作为三大攻坚战之一进行全面部署，聚焦深度贫困地区。2021年2月，习近平总书记在全国脱贫攻坚总结表彰大会上发表重要讲话，庄严宣告我国现行标准下9899万农村贫困人口全部脱贫，832个贫困县全部摘帽，12.8万个贫困村全部出列，区域性整体贫困得到解决，完成了消除绝对贫困的艰巨任务。

党的十八大以来，我国的脱贫攻坚取得了历史性成就，农村贫困人口全部脱贫，平均每年1000多万人脱贫，全部实现“两不愁三保障”，为实现全面建成小康社会目标任务作出了关键性贡献。脱贫地区的经济社会得到快速发展，发生了历史性转变，790万户、2568万贫困群众的危房得到改造，累计建成集中安置区3.5万个、安置住房266万套，960多万人搬入了新家园。义务教育阶段建档立卡贫困家庭辍学学生实现动态清零，千百万贫困家庭的孩子享受到更公平的教育机会。脱贫群众精神风貌焕然一新，增强了自立自强的信心和勇气。党群干群关系明显改善，党在农村的执政基础更加牢固。我国提前10年实现《联合国2030年可持续发展议程》减贫目标，创造了减贫治理的中国样本，为全球减贫事业作出了重大贡献。习近平总书记在全国脱贫攻坚总结表彰大会上指出，我国走出了一条中国特色减贫道路，形成了中国特色反贫困理论：坚持党的领导，为脱贫攻坚提供坚强政治和组织保证；坚持以人民为中心的发展思想，坚定不移走共同富裕道路；坚持发挥我国社会主义制度能够集中力量办大事的政治优势，形成脱贫攻坚的共同意志、共同行动；坚持精准扶贫方略，用发展的办法消除贫困根源；坚持调动广大贫困群众积极性、主动性、创造性，激发脱贫内生动力；坚持弘扬和衷共济、团结互助美德，营造全社会扶危济困的浓厚氛围；坚持求真务实、较真碰硬，做到真扶贫、扶真贫、脱真贫。脱贫攻坚伟大斗争，锻造形成了“上下同心、尽锐出战、精准务实、开拓创新、攻坚克难、不负人民”的脱贫攻坚精神。

全面建成小康社会之后，我国开启了全面建设社会主义现代化国家新征程，促进共同富裕成为重要的战略目标。脱贫攻坚任务完成之后，我们站在新的起点，面临新的任务和使命。在党的领导下，我们将继续巩固拓展脱贫攻坚成果，将其与乡村振兴战略有效衔接，为实现乡村振兴，促进共同富裕，建设社会主义现代化强国奠定坚实基础。

二、教育在中国扶贫脱贫中的重要作用

习近平总书记强调，扶贫必扶智，治贫先治愚。扶贫要同扶智、扶志结合起来。教育是民生之基，是阻断贫困代际传递的治本之策，是扶贫工作的重要组成部分，在中国扶贫工作中发挥着重要的作用。

（一）教育扶贫是实施精准扶贫政策的重要保障

从社会发展方面来讲，教育与社会经济发展的联系日益紧密，教育愈发成为提升贫困地区人力资本水平的最佳路径，为当地经济建设活动提供基础性的动力要素。只有运用科学的理论才能有效指导实践活动，而教育恰恰是提高贫困地区人民群众理论素质与知识水平的直接途径。教育扶贫旨在通过发展教育开发贫困地区的人力资源，从而促进当地社会经济的可持续发展。从个人发展方面来说，受教育权是一个人的基本权利，教育公平是最大的公平。义务教育是政府提供的基本公共服务，让每个孩子接受义务教育是政府义不容辞的责任，是“两不愁三保障”的基本要求。将教育扶贫纳入国家精准扶贫战略体系将推动贫困地区重新布

局与规划教育事业，从而培养、储备更多高素质专业人才，助力当地贫困人口实现脱贫致富的跨越式发展。

随着全面建成小康社会目标的提出，彻底解决贫困问题成为党和政府一直以来关注的重点。在精准扶贫的战略指导下，教育扶贫政策逐渐落到实处，在提升贫困人口的素质方面发挥着重要的作用。国内关于教育扶贫的内涵，有多种观点呈现。钟秉林教授认为，教育扶贫是一种教育投入和教育资助服务，主要针对贫困地区的贫困人口，帮助贫困人口掌握脱贫致富的知识和技能，通过提高当地人口的科学文化素质，促进当地经济、文化发展从而实现脱贫的一种扶贫方式。①

（二）教育扶贫重点是扶教育之贫

教育扶贫是什么，应该怎样进行教育扶贫，是教育扶贫首先要厘清的基本问题。赫文武、李明认为，扶贫教育无论是扶教育的贫还是扶经济和文化的贫，本身应该是富有和先进的，而不应是贫困或落后的。如果教育本身都贫困或落后，就很难扶贫。②孟照海认为，教育扶贫是通过提高贫困群体的人力资本水平，降低他们所遭受的相对剥夺程度。③有研究者提出，教育扶贫是“指以政府为首的多边主体为生活在贫困标准线下的个人或家庭提供教育资助与服务，增进其脱贫致富所需的基本知识与技能，通过开发贫困地区的人力资源促进当地社会经济以及文化的持续发展”④。

---

① 钟慧笑．教育扶贫是最有效、最直接的精准扶贫：访中国教育学会会长钟秉林［J］．中国民族教育，2016（5）：22–24.

② 郝文武，李明．教育扶贫必须杜绝因学致贫［J］．教育与经济，2017（5）：61–65.

③ 孟照海．教育扶贫政策的理论依据及实现条件：国际经验与本土思考［J］．教育研究，2016，37（11）：47–53.

④ 杨洋．发达国家教育扶贫政策比较研究：以英国、美国、加拿大和澳大利亚为例［D］．西安：陕西师范大学，2018.

（三）教育扶贫是以教育为手段和途径来脱贫

关于教育扶贫是扶教育之贫，还是通过教育来扶贫，是两种不同的认识。范小梅认为，教育扶贫是以教育扶贫，而教育是指发展中的教育，贫是指贫困者，因此教育扶贫是以贫困者和贫困现象为对象，以发展中的教育为手段，以提高贫困者文化素质和技术技能为目标，以实现贫困者彻底脱贫为旨归的动态过程。[①]刘军豪等人认为，教育是实施扶贫开发的重要手段和有效途径，通过发展教育带动贫困地区及贫困人口脱贫致富。[②]袁利平等人认为，教育扶贫是一种特殊的社会公共产品，体现了教育的本体功能和衍生功能，是国家精准扶贫战略的重要保障。[③]曾天山认为，应该“走出一条教育扶贫带动智力扶贫—科技扶贫—健康扶贫—生态扶贫—产业扶贫的新路子”[④]。

（四）扶贫促进教育公平是实现社会公平发展目标的重要基础

自工业革命以来，世界各国都积极致力于实现教育机会均等的理想目标，这一目标涵盖程序公平与分配公平两项原则。前者指所有社会成员遵循一定规则共同分享教育资源，没有特例；后者强调规则建立的合理性以及规则使用的统一性。这样看来，公平合理的分配规则更加符合社会公平正义的要求。在论及教育机会均等问题时，研究者倾向从教育效果的角度进行分析并得出结论，当前主要存在四种形态的教育机会均等方式。第一种是极端的人道主义方式，即不惜一切代价倾斜教育资源，

---

① 范小梅．“教育扶贫”概念考辨［J］．教育探索，2019（4）：1-5.

② 刘军豪，许锋华．教育扶贫：从“扶教育之贫”到“依靠教育扶贫”［J］．中国人民大学教育学刊，2016（2）：44-53.

③ 袁利平，万江文．我国教育扶贫研究热点的主题构成与前沿趋势［J］．国家教育行政学院学报，2017（5）：58-65.

④ 曾天山．以新理念新机制精准提升教育扶贫成效：以教育部滇西扶贫实践为例［J］．教育研究，2016（12）：35-42.

促使不同群体最终达到相同的教育成就。第二种是弱化的人道主义方式，主张以积极的差别对待为行动原则，向弱势群体学生倾斜教育资源，缩小他们与主流群体学生之间的教育鸿沟。第三种是功绩主义方式，强调均等投入教育资源，从教育结果中体现学生的能力强弱与努力程度。第四种是功利主义方式，视受教育对象的学业成绩情况投入不等的教育资源，追求教育收益的最大化。①

《国家中长期教育改革和发展规划纲要（2010—2020年）》明确将促进教育公平发展提升至国家战略高度，合理配置教育资源，向农村地区、边远贫困地区和民族地区倾斜，加大对革命老区、民族地区、边疆地区、贫困地区义务教育的转移支付力度。伴随着教育精准扶贫工作的实施，政府和社会多渠道、多形式对贫困家庭学生进行了各阶段全覆盖的经济帮扶，同时关注他们的学习状况和心理健康，让更多贫苦出身的学生享受到接受更多教育的机会，杜绝因贫失学。教育扶贫工作通过对贫困地区的教育进行财政上的扶持和政策上的倾斜，不仅让更多贫困学生接受公平的教育，同时也成为促进当地教育均衡发展的重要举措。比如，各级政府通过具体举措加大对乡村教师队伍建设的支持力度，提出乡村教师支持计划；关注乡村教师的生存现状，全面落实连片特困地区乡村教师生活补助政策。这些政策的实施均有助于带动偏远贫困地区教育事业的发展。贫困地区教育信息化改革等政策逐渐缩小教育发展中的区域差距、城乡差距、校际差距，确保教育公平而有质量地发展。向贫困地区倾斜教育资源，以缩小地区间、民族间的教育差距，最终推动教育公平发展。

总的来说，教育扶贫是针对贫困地区、贫困人口进行的教育资助政

① 杨洋．发达国家教育扶贫政策比较研究：以英国、美国、加拿大和澳大利亚为例［D］．西安：陕西师范大学，2018.

策，是旨在通过提高贫困地区教育质量从而实现脱贫致富的扶贫政策，是我国全面建成小康社会，打赢脱贫攻坚战，全面建设社会主义现代化国家的重要手段。

三、中国教育扶贫的主要成就

党的十八大以来，围绕教育扶贫中的薄弱环节，从中央到地方，各级政府精准发力、综合施策。2013年，国务院办公厅转发了教育部等部门《关于实施教育扶贫工程的意见》，其中明确了教育扶贫的总体要求、主要任务和保障措施等。2015年，中央全面深化改革领导小组第十一次会议审议通过《乡村教师支持计划（2015—2020年）》，提出要切实提高乡村教师生活待遇。2016年，国务院印发《"十三五"脱贫攻坚规划》，要求全面改善贫困地区义务教育薄弱学校基本办学条件。2017年，教育部等多个部门联合印发《关于实施第三期学前教育行动计划的意见》，明确提出优先资助建档立卡等家庭经济困难幼儿。2018年，教育部、国务院扶贫办联合印发《深度贫困地区教育脱贫攻坚实施方案（2018—2020年）》，指出确保到2020年深度贫困地区教育总体发展水平显著提升，实现建档立卡贫困人口教育基本公共服务全覆盖的总体目标。

围绕教育扶贫，国家不仅先后出台了一系列政策文件，国家财政性教育经费还优先向农村地区、边疆民族地区、革命老区、边远贫困地区倾斜。2021年，全国九年义务教育巩固率达到95.4%，义务教育阶段建档立卡脱贫家庭辍学学生持续保持动态清零，历史性解决了长期存在的辍学问题，全面实现了义务教育有保障。国家先后实施义务教育全面改薄、乡村小规模学校和乡镇寄宿制学校建设、义务教育薄弱环节改善与能力提升等工程项目，重点加强农村学校建设，99.8%的学校办学条件达到基本要求。乡村教师队伍建设得到加强，"特岗计划"规模不断扩大，中央财政累计投入779亿元，为中西部地区乡村学校补充103万名教师，覆盖中西部地区22个省份的1000多个县、3万多所学校。2021年，中西部欠发达地区优秀教师定向培养计划启动实施，每年将为脱贫县及中西部陆地边境县中小学校培养1万名左右本科层次师范生。党的十八大以来，通过单列计划、单独录取等方式，逐步建立保障农村和贫困地区学生上重点高校的长效机制，专项计划累计录取学生82万余人，极大增加了贫困地区学生获得优质高等教育资源的机会。2013年至2020年底，累计有800多万贫困家庭学生接受中高等职业教育。“学前学会普通话”行动惠及53.1万名彝族学前儿童，“童语同音”计划完成师资培训1.6万人次。可以说，教育扶贫极大改善了贫困地区的教育状况。

与此同时，各地结合实际，精准开展教育扶贫行动。新疆针对南疆四地州尤其是南疆22个深度贫困县（市），开展脱贫攻坚教育扶贫专项行动；湖北启动《湖北省教育精准扶贫行动计划（2015—2019年）》，要求实施好精准改造、精准招生、精准资助、精准就业、精准培训；湖南聚焦集中连片贫困县和国贫县，实施芙蓉学校项目，确保到2021年高质量建成100所芙蓉学校；等等。

2021年，教育部等四部门发布了《关于实现巩固拓展教育脱贫攻坚成果同乡村振兴有效衔接的意见》，对党的十八大以来我国教育脱贫攻坚的历史性成就进行了全面总结概括：教育脱贫攻坚工作取得了全方位、突破性和深层次的重要进展。最显著的成就是贫困家庭学生辍学问题得到历史性解决，实现动态清零，贫困学生实现应助尽助，贫困地区各级各类学校发生了格局性变化，为阻断贫困代际传递奠定了坚实基础。最直接的表现是发展教育脱贫一批成效更加显现，在“五个一批”的工作举措中发挥了更大作用，帮助数千万贫困家庭学生通过接受职业教育培训和高等教育、扶持就业创业、推广普通话等实现脱贫。最鲜明的特色是教育系统广大师生干部接受了一场深刻的国情教育，所有直属高校和部省合建高校尽锐出战，教育系统全员参战，培养锻炼了一大批深入基层、贴近群众的干部师生，把一篇篇论文写在大地上，一份份成果应用到扶贫中，使脱贫攻坚的主战场成为立德树人的大课堂。最重要的成果是建立了一整套上下联动、统筹协调的教育脱贫攻坚领导决策体系、责任落实体系、政策制度体系、对口联系机制等，为打赢教育脱贫攻坚战提供了坚强支撑，为全面推进乡村振兴积累了宝贵经验。这是对我国教育扶贫成就最精准、最权威的总结概括。

教育扶贫不仅是一项基础性工作，而且是一项长期性工程。对教育扶贫工作能否持续发力，将直接影响教育脱贫攻坚的最终效果。目前需要妥善处理好教育扶贫工作的长期性与巩固脱贫攻坚成果之间的关系：既要着眼当下，持续巩固教育脱贫攻坚成果，又要放眼未来，确保教育扶贫工作可持续进行。教育扶贫要持续发力，一是要下大气力巩固教育扶贫的既得成果，通过课堂教学的不断改进、教育质量的持续提升，让贫困地区学生能够“进得来、留得住、学得好”，这是对失学辍学问题的源头治理；二是要通过职业教育让学生真正掌握一技之长，实现“一人就业、全家脱贫”；三是要通过教育来影响和改变贫困地区群众的精神面貌。

因此，在看到我国教育脱贫攻坚的历史性成就的同时，也应清醒地意识到，完成教育脱贫攻坚任务之后，如何结合乡村振兴战略，持续巩固教育脱贫攻坚成果，实现脱贫地区的教育可持续发展，是我国面临的新任务。在一些深度贫困地区，巩固教育扶贫工作成果仍面临很多困难和挑战。由于种种原因，贫困家庭孩子失学辍学现象依然存在，读书无用论也有所蔓延。在完成脱贫攻坚任务之后，教育扶贫工作既要巩固已经取得的成果，又要特别注重从政策层面查漏补缺，切实做到因地制宜、因地施策，确保已经通过教育脱贫的群体不再返贫，从根本上拔除穷根。

第二节　中国教育扶贫政策分析

政策和策略是工作的生命线，我国的教育扶贫实践离不开教育扶贫政策的引领支持。2001年，《中国农村扶贫开发纲要（2001—2010年）》的出台，启动了21世纪初扶贫工作的“总开关”，明确描绘了教育扶贫的总体方针、结构框架、责任划分等具体内容。该政策强调，提高贫困地区群众的综合素质特别是科技文化素质，是促进贫困地区脱贫致富的根本途径，表明了国家对教育扶贫的功能和价值的关注。随后国家针对贫困地区、民族地区的教育扶贫问题，也从各个领域和教育各个阶段着手考虑，将政策作为实现教育扶贫的保障，保障脱贫攻坚战略目标的达成。我们从学前教育、义务教育、职业教育、民族教育等多角度，按时间维度对相关政策文件进行了梳理。

一、中国教育扶贫政策的发展历程

2010年，《国家中长期教育改革和发展规划纲要（2010—2020年）》，制定了各教育阶段的发展任务。文件强调，要把促进公平作为国家基本教育政策，教育公平的重点是促进义务教育均衡发展和扶持困难群体，力图到2020年我国进入人力资源强国行列。

2011年，国务院办公厅发布《关于实施农村义务教育学生营养改善计划的意见》。2012年，原卫生部办公厅和教育部办公厅联合发布了《农村义务教育学生营养改善计划营养健康状况监测评估工作方案（试行）》，正式启动农村义务教育学生营养改善计划试点地区学生营养健康状况的监测评估工作，充分表明了党和国家关注农村学生营养健康问题，为实现教育精准扶贫目标付诸实际行动。该营养改善计划惠及农村学生3.5亿人次，在一定程度上改善了农村学生的营养健康状况。这一阶段，教育扶贫工作总体目标、具体方案、责任划分已经非常明确，教育扶贫工作内容由基本普及九年义务教育和基本扫除青壮年文盲延伸至学前教育、高等教育、职业教育及民族教育等各个阶段；出台了关注边远地区贫困儿童、流动儿童、少数民族儿童的政策，基本建立了以实施义务教育为主，减免学杂费、完善助学贷款与助学补贴、实施营养改善计划等为辅的帮扶体系，使教育扶贫政策体系更加完整、科学、系统。

我国关于教育扶贫的主要政策性文件以2013年颁布的《关于实施教育扶贫工程的意见》为开端。2012年，习近平总书记在河北省保定市阜平县考察扶贫工作时，提出治贫先治愚。把贫困地区孩子培养出来，这才是根本的扶贫之策。2013年7月，教育部等七部门共同制定《关于实施教育扶贫工程的意见》，指出充分发挥教育在扶贫开发中的重要作用，落实国家扶贫攻坚总体部署，把教育扶贫作为扶贫攻坚的优先任务，以提高人民群众基本文化素质和劳动者技术技能为重点，推进教育强民、技能富民、就业安民，结合各省市片区的实际情况，确定工作重难点和政策实施范围，因地制宜，坚决杜绝“一刀切”。同年11月，习近平总书记在湖南省湘西土家族苗族自治州考察时，首次提出精准扶贫的重要论述。

2014年8月，国务院决定将每年的10月17日设立为“国家扶贫日”。教育部办公厅印发《2014年教育系统扶贫日活动方案》，从扶贫文化建设入手进行扶贫教育，开展扶贫日集中宣传活动和扶贫日国情教育活动，动员各学校开展形式多样的扶贫活动，强化直属高校扶贫工作。同年，国务院扶贫办发布《扶贫开发建档立卡工作方案》《建立精准扶贫工作机制实施方案》，提出构建精准识别、精准帮扶困难家庭，实现扶贫到村到户的工作机制。我国整体扶贫方式开始转向科学识别、精准扶贫，建立全国扶贫信息网络系统，实现贫困村信息动态管理。同年，全面应用全国中小学生学籍信息管理系统，对义务教育阶段控辍保学情况、流动儿童入学问题、留守儿童就学情况、营养改善计划目标群体、学生资助对象等工作进行实名记录。与此同时，不仅落实精准识别教育扶贫对象，还在具体项目安排及财政投入方面变得更加精准。

2015年，习近平总书记在给“国培计划（2014）”北师大贵州研修班参训教师的回信中指出，到2020年全面建成小康社会，最艰巨的任务在贫困地区，我们必须补上这个短板。扶贫必扶智。让贫困地区的孩子们接受良好教育，是扶贫开发的重要任务，也是阻断贫困代际传递的重要途径。同年，中共中央、国务院发布《关于打赢脱贫攻坚战的决定》，总体制定当前脱贫攻坚工作路线，再次巩固精准扶贫思想，更加强调教育扶贫的引领性和支撑性作用。

2016年，教育部等六部门印发《教育脱贫攻坚“十三五”规划》，精准瞄准教育最薄弱领域和最贫困群体，实现“人人有学上、个个有技能、家家有希望、县县有帮扶”，促进教育强民、技能富民、就业安民，坚决打赢教育脱贫攻坚战。

2018年，教育部、国务院扶贫办联合印发《深度贫困地区教育脱贫攻坚实施方案（2018—2020年）》，提出用三年时间集中攻坚，确保深度贫困地区按时完成发展教育脱贫一批的任务。

2019年，教育部办公厅发布《关于办好深度贫困地区职业教育助力脱贫攻坚的指导意见》，要求更好发挥职业教育助力脱贫攻坚的重要作用，特别是在攻克深度贫困地区堡垒中的突击作用，以就业脱贫为导向，以职业院校为主阵地，以建档立卡贫困户中有职业教育和技能培训需求的人口为重点，主动出击，积极作为，帮扶贫困人群掌握一技之长，依靠技能实现就业创业带动稳定脱贫。

这一时期是打赢脱贫攻坚战、全面建成小康社会至关重要的时期，我国教育扶贫工作实现了质的提升。教育扶贫政策全覆盖的计划已经启动，不同地区按照地方实际贫困情况分批次、分目标、分阶段精准实施。

2020年底教育脱贫攻坚任务完成之后，2021年，教育部等四部门为落实《关于实现巩固拓展脱贫攻坚成果同乡村振兴有效衔接的意见》要求，及时发布了《关于实现巩固拓展教育脱贫攻坚成果同乡村振兴有效衔接的意见》，围绕建立健全巩固拓展义务教育有保障成果长效机制、建立健全农村家庭经济困难学生教育帮扶机制、做好巩固拓展教育脱贫攻坚成果同乡村振兴有效衔接重点工作、延续完善巩固拓展脱贫攻坚成果与乡村振兴有效衔接的对口帮扶工作机制共四个方面的重点任务进行了规划和部署，持续巩固教育脱贫攻坚成果，促进共同富裕。

结合科研论文发文量统计分析，可以发现：在2013年之后，涉及各级各类各领域的教育扶贫政策文件相继出台；2014年开始，教育扶贫相关主题的论文数量急剧增长。这体现了教育扶贫这个主题的研究与国家脱贫攻坚政策有密切联系。再结合表1可以看到，2010年以来，关于教育扶贫统筹综合的主要政策文件超过10个。另外，关于农村地区教育、义务教育的政策文件均超过10个，其次是职业教育、学前教育、民族教育、高等教育等领域。结合文献计量可视化分析结果，目前教育扶贫主要需要关注农村地区，尤其是贫困地区的职业教育、民族教育、义务教育等各领域，努力阻断贫困代际传递。另外，由于受到新冠肺炎疫情的影响，2020年以来国家出台了大量在疫情防控背景下的教育扶贫政策文件。

结合文献计量分析，我们可以发现，国家针对教育扶贫，在义务教育方面出台了大量政策文件，但目前学界关于义务教育阶段的教育扶贫工作的研究较少，关于农村子女随迁和教育公平问题的研究较多。关于贫困地区、民族教育、职业教育、语言文字、师资培训等方面也出台了不少文件，这些文件也与论文关键词共现结果有相对应的关系。

表1　教育扶贫主要政策文件梳理

序号	年份	政策文件	聚焦领域
1	2010	国家中长期教育改革和发展规划纲要（2010—2020年）	统筹综合
2	2010	关于当前发展学前教育的若干意见	学前教育
3	2011	中国农村扶贫开发纲要（2011—2020年）	农村地区
4	2011	关于加大财政投入支持学前教育发展的通知	学前教育
5	2011	关于实施农村义务教育学生营养改善计划的意见	义务教育、农村地区
6	2012	关于实施面向贫困地区定向招生专项计划的通知	高等教育
7	2012	关于扩大中等职业教育免学费政策范围进一步完善国家助学金制度的意见	职业教育
8	2012	关于加强教师队伍建设的意见	统筹规划、教师建设
9	2012	关于做好2012年农村义务教育阶段学校教师特设岗位计划有关实施工作的通知	义务教育、农村地区、教师建设
10	2012	关于规范农村义务教育学校布局调整的意见	义务教育、农村地区
11	2012	关于深入推进义务教育均衡发展的意见	义务教育
12	2012	关于印发《农村义务教育学生营养改善计划实施细则》等五个配套文件的通知	义务教育、农村地区

续表

序号	年份	政策文件	聚焦领域
13	2012	关于进一步做好农村义务教育学生营养改善计划有关工作的通知	义务教育、农村地区
14	2013	关于实施农村校长助力工程的通知	义务教育、农村地区
15	2013	关于实施教育扶贫工程的意见	统筹综合
16	2013	中西部高等教育振兴计划（2012—2020年）	高等教育
17	2013	关于全面改善贫困地区义务教育薄弱学校基本办学条件的意见	改薄计划专题
18	2014	关于进一步动员社会各方面力量参与扶贫开发的意见	统筹综合
19	2014	国家贫困地区儿童发展规划（2014—2020年）	学前教育、民族教育、农村地区、统筹综合
20	2014	2014年教育系统扶贫日活动方案	统筹综合
21	2014	扶贫开发建档立卡工作方案	财政扶贫
22	2014	建立精准扶贫工作机制实施方案	统筹综合
23	2014	关于制定全面改善贫困地区义务教育薄弱学校基本办学条件实施方案的通知	统筹综合、义务教育
24	2014	关于深化考试招生制度改革的实施意见	高等教育
25	2014	关于加快发展现代职业教育的决定	职业教育
26	2014	关于创新机制扎实推进农村扶贫开发工作的意见	统筹综合、农村地区

续表

序号	年份	政策文件	聚焦领域
27	2014	关于印发全面改善贫困地区义务教育薄弱学校基本办学条件底线要求的通知	改薄计划专题
28	2014	关于转发教育部等部门特殊教育提升计划（2014—2016年）的通知	特殊教育
29	2015	关于打赢脱贫攻坚战的决定	统筹综合
30	2015	乡村教师支持计划（2015—2020年）	义务教育、农村地区
31	2015	关于印发《全面改善贫困地区义务教育薄弱学校基本办学条件信息公开公示暂行办法》的通知	改薄计划专题
32	2015	关于进一步完善城乡义务教育经费保障机制的通知	义务教育、农村地区、财政扶贫
33	2015	关于加快发展民族教育的决定	民族教育
34	2016	关于统筹推进县域内城乡义务教育一体化改革发展的若干意见	义务教育
35	2016	教育脱贫攻坚“十三五”规划	统筹综合
36	2016	关于免除普通高中建档立卡家庭经济困难学生学杂费的意见	高中教育、财政扶贫
37	2016	关于进一步加强和规范高校家庭经济困难学生认定工作的通知	财政扶贫、高等教育
38	2016	关于加快中西部教育发展的指导意见	中西部地区
39	2016	关于加强“十三五”期间教育对口支援西藏和四省藏区工作的意见	民族教育
40	2016	关于进一步做好内地西藏班和新疆班学生学籍管理工作的通知	民族教育

续表

序号	年份	政策文件	聚焦领域
41	2017	关于印发《加快中西部教育发展工作督导评估监测办法》的通知	中西部地区
42	2017	关于印发国家教育事业发展“十三五”规划的通知	统筹综合
43	2017	关于实施第三期学前教育行动计划的意见	学前教育
44	2017	关于印发《县域义务教育优质均衡发展督导评估办法》的通知	义务教育
45	2017	关于进一步加强控辍保学提高义务教育巩固水平的通知	义务教育
46	2017	关于印发《义务教育学校管理标准》的通知	义务教育
47	2017	关于印发《贯彻落实〈职业教育东西协作行动计划（2016—2020年）〉实施方案》的通知	职业教育
48	2017	关于进一步做好农村义务教育学生营养改善计划有关管理工作的通知	义务教育
49	2018	深度贫困地区教育脱贫攻坚实施方案（2018—2020年）	统筹综合
50	2018	关于印发《推普脱贫攻坚行动计划（2018—2020年）》的通知	统筹综合
51	2018	关于做好2018年重点高校招收农村和贫困地区学生工作的通知	高等教育、农村地区
52	2018	关于全面加强乡村小规模学校和乡镇寄宿制学校建设的指导意见	义务教育、农村地区

续表

序号	年份	政策文件	聚焦领域
53	2019	关于办好深度贫困地区职业教育助力脱贫攻坚的指导意见	职业教育、贫困地区
54	2020	关于做好2020年边远贫困地区、边疆民族地区和革命老区人才支持计划教师专项计划有关实施工作的通知	贫困地区、教师建设
55	2020	关于进一步加强控辍保学工作　健全义务教育有保障长效机制的若干意见	统筹综合、义务教育
56	2020	关于做好新型冠状病毒感染肺炎疫情防控期间学生资助工作的通知	统筹综合、疫情防控
57	2020	关于切实做好2020年秋季学期高校家庭经济困难学生资助工作的通知	统筹综合、高等教育
58	2020	关于全面加强新时代语言文字工作的意见	语言文字
59	2021	关于实现巩固拓展脱贫攻坚成果同乡村振兴有效衔接的意见	统筹综合、农村地区
60	2021	关于加快推进乡村人才振兴的意见	统筹综合、农村地区
61	2021	“十四五”时期教育强国推进工程实施方案	统筹综合
62	2021	关于深入实施农村义务教育学生营养改善计划的通知	义务教育、农村地区
63	2021	关于实现巩固拓展教育脱贫攻坚成果同乡村振兴有效衔接的意见	统筹综合

续表

序号	年份	政策文件	聚焦领域
64	2021	关于深入推进义务教育薄弱环节改善与能力提升工作的意见	义务教育
65	2021	中西部欠发达地区优秀教师定向培养计划	教师教育
66	2021	“十四五”学前教育发展提升行动计划	学前教育
67	2021	“十四五”县域普通高中发展提升行动计划	普通高中
68	2021	国家通用语言文字普及提升工程和推普助力乡村振兴计划实施方案	语言文字
69	2022	师范教育协同提质计划实施方案	高等教育
70	2022	新时代基础教育强师计划	基础教育

二、教育扶贫政策的发展特征

教育扶贫政策呈现以下三大发展特征：惠及范围大而精、内容多元化、实施方式精准化。

（一）教育扶贫政策惠及范围大而精

目前，我国已建立了一整套上下联动、统筹协调的教育脱贫攻坚领导决策体系、责任落实体系、政策制度体系、对口联系机制，教育扶贫工作涉及加强义务教育均衡发展、推进学前教育的发展、鼓励普通高中的多样性发展、加快职业教育的发展以及提高高等教育的服务能力等，这主要具体体现在2013年《关于实施教育扶贫工程的意见》、2014年《关于创新机制扎实推进农村扶贫开发工作的意见》、2016年《教育脱贫攻坚“十三五”规划》等文件中。教育扶贫政策针对的对象由区域性整体扶持转向区域扶持与对特殊人群的重点资助相结合，参与主体从单一政府向与社会力量合作转变的特点。[①]

（二）教育扶贫政策内容多元化

教育扶贫政策在涉及各级各类教育的同时，也关注教育的不同阶段。在学前教育阶段，既注重农村幼儿教育的普惠性，也关注民族地区的幼儿教育；在义务教育阶段，关注义务教育的均衡发展，如"两免一补"政策、农村义务教育学生营养改善计划、乡村教师支持计划等；在职业教育阶段，有《职业教育东西协作行动计划（2016—2020年）》、中等职业教育免学杂费政策、《关于办好深度贫困地区职业教育助力脱贫攻坚的指导意见》等；在高等教育阶段，有《中西部高等教育振兴计划（2012—2020年）》；等等。针对少数民族地区，有少数民族高层次骨干人才计划等。

（三）教育扶贫政策实施方式精准化

在精准扶贫思想的指导下，我国的教育扶贫政策已经由单一粗放漫灌式逐渐转向多元精细式，目标逐渐明确，尝试对不同地区的不同问题深入分析，根据区域经济社会情况发展自身的教育模式，采用多样的扶贫模式，围绕精准扶贫展开帮扶。《教育脱贫攻坚"十三五"规划》明确提出，教育扶贫要"分类施策，精准发力"，相应的各类政策也应运而生，如利用建档立卡的机会，在贫困地区落实"雨露计划"。在脱贫攻坚期间，"雨露计划"累计惠及800多万贫困家庭新成长劳动力，带动1500多万贫困人口脱贫。目前，国家乡村振兴局、教育部、人力资源社会保障部共同实施"雨露计划+"就业促进行动，促进"雨露计划"毕业生实现高质量就业。

① 向雪琪，林曾．改革开放以来我国教育扶贫的发展趋向［J］．中南民族大学学报（人文社会科学版），2018，38（3）：74–78.

三、教育扶贫政策实施中存在的问题

教育扶贫是一项长期的工程，不可能一蹴而就。我国教育扶贫实施取得了明显成效，但在实施过程中也面临着诸多困境。在此主要对教育扶贫政策设计前、政策执行中、政策实施后等方面存在的问题进行讨论。

（一）教育扶贫政策设计忽视受助区域的需求，没有因地制宜

在政策设计过程中，应该具体情况具体分析。孟照海认为，需要考虑贫困群体对教育投入的意愿、学校教育机构的重建、劳动力市场的分割问题、制度化贫困逻辑问题等，教育扶贫政策的重心在于要准确诊断致贫原因，并探究政策的实现条件。①

（二）教育扶贫政策执行中工具性强，精准性不够

在政策执行过程中，政策工具应用存在结构不合理、“外延式”特征明显、协调性不高、法律工具缺失等问题。②我国扶贫体系虽已初步建成，但存在以下问题：具体领域供给相对不足；部委协同制定教育精准扶贫政策趋向多元化，但参与主体出现聚类现象；各领域内政策工具组合多样化，但存在偏移现象，系统化程度不足；政策工具使用重心有所转移，但命令型工具使用过滥。③尽管目前我国扶贫政策工具配置类型齐全，但仍存在着政策工具配置的契合度低、协同乏力、衔接断裂等问题。④

另外，当前教育扶贫政策实施中还存在理念、内容、制度、评估等

---

① 孟照海 . 教育扶贫政策的理论依据及实现条件：国际经验与本土思考［J］. 教育研究，2016，37（11）：47–53.

② 孙科技 . 教育精准扶贫政策执行中政策工具应用偏差及其矫正：基于省级政策实施方案的文本分析［J］. 教育与经济，2019（3）：3–10.

③ 姚松，曹远航 . 新时期中央政府教育精准扶贫政策的逻辑特征及未来走向：基于政策工具的视角［J］. 湖南师范大学教育科学学报，2019，18（4）：73–80.

④ 马立超 . 教育精准扶贫政策体系建设的成效、困境与突破：基于政策设计的分析视角［J］. 当代教育科学，2020（6）：92–96.

方面的问题，主要有理念偏重经济思维、内容侧重基础领域、保障重视行政导向、评估侧重模糊描述等。[①] 代蕊华等人也认为，目前我国教育精准扶贫仍存在理念的非系统性、法治体系不健全（法律制度供给不足、制度设计缺乏协同性以及执行偏差）、推进方式粗放（教育扶贫对象存在偏差、帮扶环节与帮扶对象的致贫原因与实际需求脱节）、多元主体缺失等问题。[②] 此外，集中连片特困地区的义务教育扶贫主要存在以下问题：制度设计与外部环境契合度不够；扶贫对象教育思想和自主脱贫意识淡薄，扶贫目标不集中；制度协同性欠缺；激励机制不健全。[③] 另外，教育扶贫政策信息传导出现的问题有可能会影响教育扶贫政策目标的价值实现，导致返贫的治理风险。目前主要存在着精准性焦虑、真实性焦虑、工具性焦虑、认同性焦虑、交互性焦虑等问题。[④] 关于教育扶贫政策的精准性问题，不少学者也对其进行了探讨。王文与贾霓在分析义务教育精准扶贫时，发现目前教育扶贫政策存在帮扶对象不精准、政策执行不精准、帮扶措施不精准、帮扶成效不明显的问题。[⑤] 姚松认为教育精准扶贫执行工作中存在政策机械式执行、选择式执行、敷衍式执行及寻租式执行等政策阻滞问题，导致精准扶贫“靶向偏离”。[⑥] 张翔与刘晶晶研究发现，教

---

① 姚松，曹远航 . 我国教育扶贫政策的成就、反思与展望［J］. 河北师范大学学报（教育科学版），2020，22（4）：57-63.

② 代蕊华，于璇 . 教育精准扶贫：困境与治理路径［J］. 教育发展研究，2017，37（7）：9-15，30.

③ 李芳 . 集中连片特困地区义务教育精准扶贫制度模式探究：基于帕森斯的社会行动理论［J］. 华东师范大学学报（教育科学版），2019，37（2）：116-126.

④ 刘佳，蒋洁梅 . 后扶贫时代教育政策信息的质效焦虑与治理优化［J］. 教育发展研究，2020，40（1）：36-43.

⑤ 王文，贾霓 . 义务教育精准扶贫中的问题与改进路径：基于武陵山集中连片特困地区调查［J］. 中国行政管理，2019（2）：154-155.

⑥ 姚松 . 教育精准扶贫中的政策阻滞问题及其治理策略［J］. 中国教育学刊，2018（4）：36-41.

育扶贫对象识别、教育扶贫项目设计和教育扶贫经费使用存在一定的瞄准偏差。[①]张航、邢敏慧对全国187个村庄的教育扶贫工作进行调查后发现，目前教育扶贫政策属性与贫困户的需求存在矛盾，教育扶贫政策实施与农户认知存在矛盾，教育扶贫政策执行与考评体系存在矛盾。[②]

（三）教育扶贫政策实施效果的绩效评估指标体系不够健全

从政策实施后的评估来看，目前教育扶贫政策绩效存在空间差异：在宏观层面上，表现为不同特困县综合绩效和均衡绩效的差异；在微观层面上，表现为贫困精准识别、教育精准帮扶、扶贫支持环境等方面的评估指标之间均衡绩效的差异。[③]

四、教育扶贫政策的优化路径

关于优化教育扶贫政策，侯小雨等人提出教育扶贫政策的路径选择要从政策制定、实施、评估等方面考虑，主要包括制定常规化、制度化教育扶贫政策体系，实施综合性教育扶贫措施，建构教育扶贫共同体，开展教育扶贫政策评估，强化与乡村振兴战略的统筹衔接。[④]总的来说，可以从以下三方面进行教育扶贫政策的路径优化。

（一）教育扶贫政策设计中关注实际需求，因地制宜

在政策设计过程中，政策制定者要关注学校教育结构的变革，审视

---

① 张翔，刘晶晶．教育扶贫瞄准偏差与治理路径探究：基于政府行为视角分析［J］．现代教育管理，2019（3）：51–55.

② 张航，邢敏慧．新时代教育扶贫政策的实践困境与治理路径：基于全国 187 个村庄的调查［J］．职业技术教育，2019，40（31）：55–60.

③ 邢慧斌，刘冉冉．集中连片特困区教育精准扶贫绩效的空间差异研究：以燕山－太行山区 8 个连片特困县为例［J］．教育与经济，2019（1）：7–15.

④ 侯小雨，李兴洲．“后扶贫时代”教育扶贫政策的路径选择［J］．中小学管理，2020（5）：5–8.

社会制度规则的合理性，创造利于“寒门出贵子”的条件。[①] 黄巨臣提出要借助人力资本理论、生命周期理论与社会风险管理理论的反贫困思想，构建“教育扶贫为主，多种扶贫形式并举”的扶贫体系。[②] 陈浩天等人提出，要不断拓展教育资源配置精准化的公共性价值，提升农户对基层政府的信任，对教育扶贫清单的运作绩效进行精准监测和及时回应。[③] 梁宇坤等人以习近平总书记关于教育精准扶贫的论述为依据，提出通过提升职业教育精准扶贫的战略高度、政策定力和制度创新能力，构建职业教育精准扶贫的基本范式，实现职业教育精准扶贫政策路径优化。[④] 另外，还要善于借鉴国际先进理念和方法，如郑皓瑜对拉丁美洲国家教育扶贫政策在消除贫困代际传递中的作用进行研究，从促进人力资本发展角度，探讨了拉丁美洲国家实施“有条件现金转移支付计划（Conditional Cash Transfer，CCT）”新一代教育扶贫政策对我国的借鉴意义。[⑤] 又如陈思与兰智高对新加坡学前教育扶贫政策进行分析，发现新加坡不仅有面向经济贫困婴幼儿家庭和非营利性幼儿托幼机构的经济资助政策，有详细可行的教育帮扶计划，还关注到有特殊需要和发展滞后的儿童家庭，具有很好的借鉴意义。[⑥]

---

① 孟照海．教育扶贫政策的理论依据及实现条件：国际经验与本土思考［J］．教育研究，2016，37（11）：47–53.

② 黄巨臣．农村地区教育扶贫政策探究：创新、局限及对策：基于三大专项招生计划的分析［J］．贵州社会科学，2017（4）：91–97.

③ 陈浩天，蔡丽丽．农户认知、政策信任与教育扶贫清单执行绩效：基于河南省 20 村 1542 户贫困农户的实证调查［J］．教育与经济，2020（1）：11–18.

④ 梁宇坤，梁宁森．职业教育精准扶贫：政策表达、基本经验与优化路径［J］．中国职业技术教育，2020（16）：54–58.

⑤ 郑皓瑜．论拉丁美洲国家教育扶贫政策在消除贫困代际传递中的作用［J］．山东社会科学，2016（4）：171–175.

⑥ 陈思，兰智高．新加坡学前教育扶贫政策分析以及启示［J］．黄冈师范学院学报，2018，38（5）：27–30，59.

要做好教育扶贫政策设计，我们必须要厘清地区贫困的根本原因和教育之间的关系，以教育扶贫的特点为抓手，尝试从多学科、多角度去实践不同的教育扶贫模式，总结共性规律，制定合适可行的教育扶贫政策，实现教育扶贫政策的最优化。

（二）教育扶贫政策执行中优化环境，统筹考虑，精准施策

在教育扶贫政策执行过程中，需优化政策执行环境，以提升脱贫能力为导向，注重教育扶贫的扶志功能。① 政策实践过程中要加大“扶知”力度，激发帮扶群众主动了解、接受政策的意识；树立分类治理思维，实现政策精准投递；制定兼顾针对性、整体性、多样性和可操作性的考评机制。② 针对集中连片特困地区的义务教育扶贫政策问题，李芳提出，一是要积极适应外部环境，建立以需求为导向的教育精准扶贫制度框架；二是要明晰发展目标，理清以发展为目的的教育精准扶贫思路；三是要有效整合资源，完善以协调有效为重点的教育精准扶贫制度体系；四是要持续推动制度执行，形成连贯有序的推动体系。③

（三）健全教育扶贫政策实施效果的绩效评估指标体系，注重政策实效性

在教育扶贫政策实施后，可以从政策评估的角度着手。对于政策的评估也是检验教育扶贫政策成效的手段，从绩效评估可以看出指标体系的实用性和可行性，因此构建合理的绩效评估指标体系是实现教育扶贫政策路径优化的重要手段。关于政策评估，常振亮对石家庄市山区中小学

① 张航，邢敏慧．脱贫能力、内生动力与教育扶贫政策满意度研究［J］．教育与经济，2020，36（3）：10–17.

② 张航，邢敏慧．新时代教育扶贫政策的实践困境与治理路径：基于全国 187 个村庄的调查［J］．职业技术教育，2019，40（31）：55–60.

③ 李芳．集中连片特困地区义务教育精准扶贫制度模式探究：基于帕森斯的社会行动理论［J］．华东师范大学学报（教育科学版），2019，37（2）：116–126.

教育扶贫工程从教育教学及管理情况、教师工作及生活基本情况、学校基础设施及生活管理、人员需求等方面开展了评估。[①]陈平路等人针对“雨露计划”，评估了我国职业教育扶贫政策的效果。[②]张琦等人通过文本分析，对目前的教育扶贫政策进行了质性分析。[③]陈浩天、蔡丽丽运用logit模型，以河南省20个村1524户贫困农户的调查数据为基础，分析了农户认知、政策信任与教育扶贫清单执行绩效的关系，从而发现教育扶贫清单的政策执行绩效受农户个体特征、家庭类型以及政策信任等多重影响。[④]

第三节 中国教育扶贫理论研究概述

理论是实践的先导，我国伟大的教育扶贫实践离不开科学的教育扶贫理论的指导和支撑，同时教育扶贫实践又为教育扶贫理论的发展提供鲜活的实践基础。教育扶贫理论研究在指导教育扶贫实践中发挥着积极的重要作用。

一、教育扶贫理论研究的重要意义

扶贫要扶智、扶志，教育扶贫能让贫困家庭的孩子掌握知识、改变命运，造福家庭、服务社会，是最有效、最直接的精准扶贫。教育在扶

① 常振亮 . 区域教育扶贫政策的创新实践：石家庄市山区中小学教育扶贫工程调研报告［J］. 教育实践与研究（B），2014（5）：11–16.

② 陈平路，毛家兵，李蒙 . 职业教育专项扶贫机制的政策效果评估：基于四省雨露计划的调查［J］. 教育与经济，2016（4）：56–63.

③ 张琦，史志乐 . 我国教育扶贫政策创新及实践研究［J］. 贵州社会科学，2017（4）：154–160.

④ 陈浩天，蔡丽丽 . 农户认知、政策信任与教育扶贫清单执行绩效：基于河南省 20 村 1542 户贫困农户的实证调查［J］. 教育与经济，2020（1）：11–18.

贫工作中具有基础性、可持续性，对彻底阻断贫困代际传递，实现个人、家庭、社会的共赢有重大影响。在参与教育扶贫实际工作的过程中，我们发现，与成就巨大的脱贫攻坚实践相比，教育扶贫中国经验的学术梳理尚需进一步凝练，教育扶贫相关研究成果的国际影响力尚需进一步提升。实际上，我国学者的教育扶贫理论在指导教育扶贫实践中发挥着不可替代的作用。

（一）打赢脱贫攻坚战，实现脱贫攻坚目标，需要强有力的学术支撑

毫无疑问，对贫困地区的贫困人口进行教育投入与提供教育支持服务，可以提高贫困地区人口的文化素质和劳动技能，并改变他们落后的观念，从而推动当地经济社会发展，阻断贫困代际传递。但教育扶贫作为一种公共政策，如何保证其实施的针对性和有效性？面对中国巨大的区域差异，如何避免扶贫政策“一刀切”？习近平总书记提出，要坚持因人因地施策，因贫困原因施策，因贫困类型施策，区别不同情况，做到对症下药、精准滴灌、靶向治疗，不搞大水漫灌、走马观花、大而化之。这就需要加强教育扶贫理论研究，通过借鉴国内外有效的教育扶贫理论和经验，结合我国教育扶贫政策实施的经验，提出有建设性的对策建议，反过来促进教育扶贫实践发展。

（二）在为教育扶贫提供理论支撑的过程中实现扎根中国大地办教育

在教育扶贫中，高校应该积极发挥服务社会的功能。一是肩负社会责任感和使命感，深度参与教育扶贫的实际工作过程，加强对教育扶贫的政策研究、理论研究、应用研究。通过扎实深入的田野调查，持续跟踪、多学科协作等方式，从扶贫政策实施效果的量化分析，到某一地区教育扶贫模式的概括提炼，再到宏观的教育扶贫政策与其他扶贫政策之间协调共进的理论分析，扎根中国具体国情探索形成符合中国实际的教育扶贫理论模式，并将其转化为切实可行的公共政策。这是扎根中国大地办大学，办好人民满意的教育的题中应有之义。二是在高校“双一流”建设的背景之下，深入理解中国教育、中国学术的国际影响力。不应该简单地采用论文发表数量、国际排名这类指标来评价中国大学是否一流，这偏离了中国大学服务国家经济社会发展的核心使命；不应该纠缠于所谓的“国际惯例”，而应该扎根中国实际、深刻关注中国问题、积极介入中国实践，确立学术研究的中国风格与中国范式。目前教育扶贫研究的主要理论依据，如贫困文化理论、资源要素理论、人力素质贫困理论、系统贫困理论，均来自西方。中国学术界在国际反贫困研究领域的概念供给、理论供给、模式供给明显不足。高校急需要加强教育扶贫理论研究，为教育扶贫提供理论支撑，积极发挥服务社会的功能，真正实现扎根中国大地办大学。

（三）通过扎根实践的理论研究形成教育扶贫的中国方案和中国经验

中国的扶贫实践和政策选择有独特的文化基因和体制特色，简单地运用西方反贫困理论无法准确地解释中国的贫困现象，也难以据此形成有效的政策设计。事实上，中国脱贫攻坚的生动实践是极为罕见的减贫案例，需要学术界充分介入，充分建构中国扶贫研究理论框架，更好地诠释和传播中国经验。中国学术界基于中国扶贫实践的系统理论梳理仍然“在路上”。

在创造备受瞩目的中国脱贫攻坚奇迹中，教育脱贫攻坚发挥了重要作用。高校需要扎根中国具体国情，从学术理论的角度总结提升出教育脱贫的中国经验，探索形成符合中国实际的教育扶贫理论模式，并将其转化为切实可行的公共政策，让具有中国文化传统和制度特色的中国故事得到完整诠释和有效传播。正如习近平总书记强调的“脱贫致富不仅要注意富口袋，更要注意富脑袋”，因此，在教育扶贫的过程中，必须进行学术研究，形成教育扶贫的中国方案和中国经验，更好地满足教育扶贫需要，同时积极向国际组织和其他国家介绍推广，为世界范围的减贫脱贫贡献中国智慧和中国力量。

二、教育扶贫理论研究的主要内容

（一）依托职业教育，以教育扶贫助力脱贫攻坚

第一，职业教育的自身特性与精准扶贫存在较强的内在契合度。① 职业教育的扶贫开发功能相对于其他不同层次、类型的教育来说，更突出、更明显。②职业教育可以为贫困群体提供职业技能提升的机会，增强贫困人口的致富能力，这是实现教育精准扶贫的重要途径。③ 朱爱国认为，职业教育的主要功能是培养技术技能人才，是最有效的“造血式”扶贫。④ 职业教育可以发挥补偿性和发展性功能，促进农民工就业，扩充社会关系网络，改善农民工的物质贫困、能力贫困、精神贫困的问题。⑤ 通过职业教育促扶贫，有助于脱贫攻坚，阻断贫困代际传递，实现脱贫。⑥另外，非学历职业教育也是针对精准扶贫的一种时间短、见效快的教育扶贫

① 彭晓红．职业教育精准扶贫的立论依据、困境与出路［J］．教育与职业，2017（24）：15-21.

② 征玉韦，王德军．职业教育扶贫开发功能之比较研究［J］．当代职业教育，2014（1）：7-9，54.

③ 王大江，孙雯雯，闫志利．职业教育精准扶贫：理论基础、实践效能与推进措施［J］．职业技术教育，2016，37（34）：47-51.

④ 朱爱国．基于精准视阈的职业教育扶贫策略探究［J］．新课程研究（中旬刊），2016（1）：4-7.

⑤ 朱德全，吴虑，朱晨成．职业教育精准扶贫的逻辑框架：基于农民工城镇化的视角［J］．西南大学学报（社会科学版），2018，44（1）：70-76，190.

⑥ 高玉峰．中国职业教育扶贫：从全覆盖迈向全面精准［J］．中国职业技术教育，2017（6）：37-41.

举措。[①]

第二，针对充分发挥职业教育的教育扶贫、精准扶贫功能，不少学者探讨了利用职业教育实现脱贫攻坚的路径。朱德全等人认为，必须精准分析需求、协同帮扶、治理督评，以达到优化扶贫供给，增强扶贫合力，保障扶贫效能的目的。[②]李柱朋等人认为，可以利用改革高职教育实现职业教育扶贫优势：一是在招生制度方面深化改革，实现精准招生；二是在贫困生资助体系方面进一步完善，实现精准资助；三是推进人才培养制度改革，实现精准培养；四是重视创业教育，实现精准就业；五是健全服务三农工作机制，实现精准服务。[③]朱爱国也认为可以从职业教育的招生制度、资助政策体系、人才培养改革、实用技术培训、创新创业教育等方面实现教育精准扶贫。[④]李延平等人从"互联网＋"的角度提出职业教育扶贫路径，提出要从网络扶贫运行管理机制的建立、网络课程培训、教师队伍建设、大数据支持的评价机制建立等角度实现精准扶贫、脱贫攻坚的目标。[⑤]还有学者针对非学历职业教育开展研究。邓廷云等人提出要注重建立扶贫对象人口档案、更新培训模式、完善教育扶贫资金动作方式，实现教育扶贫资金精准管理。[⑥]郭广军等人基于职业教育精准扶贫

① 邓廷云，唐志明．连片特困地区非学历职业教育精准扶贫问题探析：以滇桂黔石漠化地区为例［J］．职业技术教育，2016，37（22）：62–66.

② 朱德全，吴虑，朱晨成．职业教育精准扶贫的逻辑框架：基于农民工城镇化的视角［J］．西南大学学报（社会科学版），2018，44（1）：70–76，190.

③ 李柱朋，毕宪顺．我国高等职业院校精准扶贫的价值与路径［J］．职业技术教育，2017，38（13）：34–38.

④ 朱爱国．基于精准视阈的职业教育扶贫策略探究［J］．新课程研究（中旬刊），2016（1）：4–7.

⑤ 李延平，陈琪．西部农村"互联网＋"职业教育精准扶贫的制度创新［J］．电化教育研究，2017，38（12）：32–36，43.

⑥ 同①．

脱贫视域，从政策支持、法治保障、责任落实、精准扶助等角度提出了相应的对策建议。精准扶助对策主要包括精准扶弱扶基、精准培训培养、精准技术支撑、精准资助招生、精准放权增效、精准宣传发动、精准组合施策。①

另有学者注意到，在以职业教育为抓手，实现教育精准扶贫过程中也存在不少问题，主要有教育经费短缺、基础能力不足、师资队伍不强、学生资助有短板、教育发展不协调不平衡、职业技术教育与培训的成效不足等问题，②以及职业教育扶贫过程存在扶贫对象识别精准度不强、扶贫机制不健全、精准扶贫投入不足等问题。③

（二）关注民族地区，瞄准致贫原因实现教育精准扶贫

少数民族地区一直以来是脱贫攻坚的重点区域，教育扶贫对于西部少数民族地区的脱贫工作有极其重要的作用，④是民族地区实现全面建成小康社会这一目标的现实需要。⑤陈立鹏等人通过研究内蒙古、广西等少数民族地区的教育扶贫模式，发现这两个自治区在各级各类教育和帮扶对象方面都具有一定的针对性，对民族地区的扶贫工作有重要意义。⑥都永浩等人调查了黑龙江的少数民族地区，从职业教育的角度探讨了教育

---

① 郭广军，邵瑛，邓彬彬 . 加快推进职业教育精准扶贫脱贫对策研究［J］. 教育与职业，2017（10）：5–9.

② 同①.

③ 彭晓红 . 职业教育精准扶贫的立论依据、困境与出路［J］. 教育与职业，2017（24）：15–21.

④ 阿海曲洛 . 西部少数民族地区教育扶贫政策绩效评估指标体系构建研究：以凉山彝族自治州美姑县为例［J］. 四川师范大学学报（社会科学版），2018，45（4）：103–112.

⑤ 孙华 . 关于我国民族地区教育扶贫攻坚的梯度思考［J］. 黑龙江民族丛刊，2013（3）：174–178.

⑥ 陈立鹏，马挺，羌洲 . 我国民族地区教育扶贫的主要模式、存在问题与对策建议：以内蒙古、广西为例［J］. 民族教育研究，2017，28（6）：35–41.

扶贫对于提高民族地区贫困人口素质与技能，增强脱贫致富能力的重要意义。[①]

与此同时，我们也看到，少数民族地区教育扶贫工作中存在不少问题。民族地区也需要以职业教育为切口，发展当地经济，而这些地区的职业教育还存在意识不强、对促进当地经济发展的贡献度不足等问题。许锋华认为，深层次的原因在于当地职业教育价值取向的异化，如城市中心主义、学历主义、科学主义的思想是阻碍民族教育扶贫的拦路虎。[②]少数民族地区也存在着教学基础设施落后，“重本科轻职业”的问题突出，政府在相关领域投入资金少，缺乏权益法律及制度的保障、师资队伍数量不足、文化传承缺失等问题。[③]孙华认为，民族地区主要面临着跨地区协调难、扶贫攻坚资金严重不足等问题。[④]

因此，为解决少数民族地区扶贫存在的问题，学者探索了解决问题的重要路径。许锋华从民族地区职业教育的角度思考，提出“建构定向模式培养本土人才、传承创新民族民间文化、开展‘互联网＋职业教育’行动、完善职业教育资助政策体系，是民族地区职业教育实施精准扶贫的有效路径”[⑤]。都永浩等人认为，需要在民族地区加大职业教育投入，加强职业教育扶贫师资队伍建设，提高对职业教育观念的认识，建立“三位一

① 都永浩，丁岚峰，左岫仙．职业教育服务少数民族和民族地区精准扶贫精准脱贫研究：以黑龙江省为例［J］．黑龙江民族丛刊，2017（1）：50–57.

② 许锋华．精准扶贫：民族地区职业教育发展的新定位［J］．高等教育研究，2016，37（11）：64–69，76.

③ 同①．

④ 孙华．关于我国民族地区教育扶贫攻坚的梯度思考［J］．黑龙江民族丛刊，2013（3）：174–178.

⑤ 同②．

体”的管理体制。[①]孙华建议，从工作协调机制建设、教育扶贫攻坚资金来源渠道扩展等方面促进民族地区的教育扶贫发展。[②]

（三）重视各级教育，以教育扶贫实现教育公平

各级教育包括学前教育、义务教育、高中教育、职业教育、高等教育等各个领域。让贫困地区的孩子们接受良好的教育，是扶贫开发的重要任务，从娃娃抓起，从学前教育抓起，也是阻断贫困代际传递的重要途径。贫困地区尤其是少数民族地区，农村幼儿园大班额现象严重，而城镇地区“入园难”“入园贵”等问题也十分突出。曲木伍各等人对四川凉山地区的学前教育目前面临的问题进行研究，并对政府实施的相关政策进行探究，提出对策措施，促进学前教育的发展。[③]由于财政投入不足及民族地区经济发展滞后，地方政府难以在幼儿教育资源的配置上发挥主导作用，幼儿教育经费也难以得到保障。幼儿教师数量不足，社会对幼儿教育价值认识不到位，也是我国贫困地区幼儿教育存在的重要问题。随着《国家中长期教育改革和发展规划纲要（2010—2020年）》的颁布，教育公平性、教育均衡发展理念受到高度重视，我国少数民族地区的学前教育必将迎来大发展的阶段，为实现脱贫攻坚蓄力。[④]

义务教育均衡发展有利于消除基础教育中的不平等和不均衡现象，实现教育公平，对贫困地区开展教育精准扶贫工作是实现义务教育均衡

① 都永浩，丁岚峰，左岫仙．职业教育服务少数民族和民族地区精准扶贫精准脱贫研究：以黑龙江省为例［J］．黑龙江民族丛刊，2017（1）：50–57.

② 孙华．关于我国民族地区教育扶贫攻坚的梯度思考［J］．黑龙江民族丛刊，2013（3）：174–178.

③ 曲木伍各，马庆霜，阿牛木支．凉山学前教育发展面临的问题与对策［J］．西南民族大学学报（人文社会科学版），2017，38（3）：222–226.

④ 袁梅，朱金玲，苏德．国外儿童早期发展的最新研究成果及其对民族地区幼儿教育发展的启示［J］．民族教育研究，2017，28（2）：125–132.

发展的重要举措。[①]关于贫困地区所需要的教育，李兴洲建议采用更实用、更本土化的教育形式和内容，满足当地人民的需要，保障这类群体的教育收益，实现公平原则，体现教育扶贫的价值。[②]推进农民工随迁子女义务教育公共服务的均等化，是近来针对义务教育阶段扶贫工作的重要手段，卢伟、褚宏启针对如何实现义务教育阶段入学机会均等与教育起点公平，提出农民工随迁子女教育改革需要从中考、高考政策设计等方面发力。[③]

高等教育扶贫工作是精准扶贫工作重要环节，高校扶贫可以将教育资源、科研团队、人才培养、项目成果和创新创业等优势资源同贫困地区共享，不断提升高等教育优势资源输出能力，不断提高贫困群体的内生动力及“造血”功能，促进脱贫攻坚战略目标的实现。[④]高校与政府、企业、农户联动，可以相互发挥优势，做到协同创新，助力脱贫攻坚。[⑤]此外，学生资助工作一直以来也是高校学生工作的重要内容。扶贫工作如何实现“粗放型”向“精细型”的全面转化[⑥]，这是需要从学生群体及高等教育大众化的角度思考的问题。

综上所述，可以发现，我国教育扶贫工作主要在贫困地区尤其是民

---

① 赵红霞，谢红荣 . 义务教育均衡发展中的精准扶贫研究［J］. 湖南师范大学教育科学学报，2016，15（5）：84–88.

② 李兴洲 . 公平正义：教育扶贫的价值追求［J］. 教育研究，2017，38（3）：31–37.

③ 卢伟，褚宏启 . 教育扶贫视角下农民工随迁子女教育改革：如何实现入学机会均等与教育起点公平［J］. 中国教育学刊，2017（7）：57–62.

④ 陈锋 . 教育扶贫背景下高等教育资本投资与城乡收入差距的关系探讨［J］. 黑龙江高教研究，2020（12）：50–56.

⑤ 程华东，刘堃 . 高校教育精准扶贫模式探究：以华中农业大学精准扶贫建始县为例［J］. 华中农业大学学报（社会科学版），2017（3）：17–22，149–150.

⑥ 王静，孙婧 . 高校大学生“精准扶贫”实践路径探析［J］. 高教学刊，2016（16）：30–32.

族地区开展。职业教育是开启教育扶贫工作大门的重点领域，不少学者对职业教育的特点及其与教育扶贫工作的契合度进行了阐述，也发现不少问题，并提出有针对性的建议。此外，学前教育是人生启蒙教育，义务教育是涉及教育公平的重点领域，也是实现教育公平的重要关口。高等教育是实现教育扶贫再生发展，蓄力前行的发展手段。关于这几个方面的教育扶贫相关研究还需要继续深化。目前来看，教育信息化是实现教育扶贫的重要手段，未来将在乡村振兴战略下的巩固教育脱贫攻坚成果中发挥更加重要的作用，值得深入探究。

第二章 中国教育扶贫模式概述

习近平总书记在指导脱贫攻坚工作中，提出“发展生产脱贫一批、易地搬迁脱贫一批、生态补偿脱贫一批、发展教育脱贫一批、社会保障兜底一批”的“五个一批”工程。教育脱贫位居其中，成为脱贫攻坚的一项重要工程。教育在扶志和扶智中起到基础性作用。教育扶贫是脱贫攻坚的重要途径，也是阻断贫困代际传递的有效途径，是中国特色扶贫体系的重要组成部分。我国区域经济社会发展存在着很大的不平衡，造成贫困的原因各不相同。有效的教育扶贫与贫困地区的文化环境、经济社会发展需要和扶贫客体的实际需要有着密切的联系，没有一种模式能够适用于所有贫困地区。各地在教育扶贫工作中从实际出发，因地制宜，采取不同的有力措施，取得了积极有效的经验，形成了不同的教育扶贫模式，涌现出了典型的教育扶贫案例。但在积累这些有效模式和典型经验的同时，教育扶贫模式中也还存在一些困难和问题，需要在后续巩固教育脱贫攻坚成果的实践中不断克服和解决。

第一节　中国教育扶贫模式与典型案例

教育扶贫既包含通过政策调配和资源倾斜等手段实现教育领域的减贫脱贫的“扶教育之贫”含义，又包含以教育为扶贫的根本手段，依靠教育扶贫之意。“扶教育之贫”又包含两层意义，一是从外部改善办学条件，重点是资源配置、资金投入；二是利用优质教育资源均衡发展，实现内涵式发展，从根本上提高教育质量。从政策的宏观层面来看，“十三五”期间的教育扶贫理念逐渐呈现从“扶教育之贫”到“依靠教育扶贫”的演变，引领教育扶贫经历了由隐性至显性的发展过程，有力促进了教育与扶贫的双向联动。

一、中国教育扶贫模式概述

（一）中国教育扶贫模式的发展历程

劳动力素质被认为是制约贫困地区经济发展水平的影响因素之一。随着我国扶贫事业的发展，贫困地区的教育水平开始受到重视。1984年，《关于帮助贫困地区尽快改变面貌的通知》提出，要重视贫困地区的教育，增加智力投资。有计划地发展和普及初等教育，重点发展农业职业教育，加速培养适应山区开发的各种人才。这一时期以“扶教育之贫”为主要思路。1996年，《关于尽快解决农村贫困人口温饱问题的决定》深化了教育与扶贫之间的关系，开始强调教育在扶贫中的功能。自此以后，我国的扶贫事业在向教育资源倾斜的基础上进一步开辟了“依靠教育脱贫”的思路。

我国教育扶贫模式的发展大致经历了三个阶段。第一阶段是新中国成立之后的三十年，教育扶贫模式以单一的政府供给型为主，这一时期以扫盲运动和解决贫困地区儿童入学问题为主要内容，在方式上包括开设扫盲培训班、扩大办学规模、增加教师数量等。第二阶段是1978年至2012年，随着对教育与扶贫关系的拓展，“依靠教育扶贫”与“扶教育之贫”逐渐被提到一个层面，教育扶贫模式以功能输送型为主，开始强调对贫困地区人才能力的培养，在方式上包括推行标准化义务教育、加大贫困助学力度、重视农村职业教育、改革高考招生制度、实施对口支援和支教计划。这一阶段的教育扶贫为中国脱贫进程做出了巨大的贡献。第三个阶段是2012年至今，随着贫困发生率的下降，教育扶贫模式一方面呈现出精准化特征，精准对口贫困地区各学校、家庭、学生；另一方面呈现出综合化特征，注重多主体参与、整体规划、统筹发展。

（二）中国教育扶贫模式的基本类型

根据扶贫的主体不同，可以划分为以下四类。第一，由政府直接发起的教育扶贫工程，包括我国政府实施的中小学危房改造工程、农村中小学现代远程教育工程等。第二，由政府倡导，以社会力量为主体的扶贫模式。例如，在全国妇联领导下、中国儿童少年基金会发起实施的“春蕾计划”，中国青少年发展基金会发起实施的“希望工程”，共青团中央等组织的青年志愿者到农村和贫困地区任教的活动。第三，以中国政府为主导，引进国际机构援助的扶贫模式。例如，中国政府在普及贫困地区九年义务教育期间，与国际社会合作，得到了世界银行、联合国儿童基金会、联合国教科文组织等国际组织的帮助，以项目合作、资金援助的方式为我国西部贫困地区提供教育扶贫支持，帮助女童接受义务教育，开展教师培训等。[①] 第四，以政府为主导，多元主体合作的扶贫模式。在这一模式中，政府是教育扶贫的直接主体，除公共财政投入以外，还注重引导社会力量投入，例如校企协同培养模式，同时还注重跨区域扶贫，鼓励教育发展水平高的地区支持教育发展水平低的地区，例如以对口帮扶、“互联网 + 教育”扶贫的形式提供教育帮扶。相比前三种教育扶贫模式，多元主体合作的扶贫模式更突出扶贫过程中社会的主体性和能动性，政府在其中起到宏观调控的作用。

根据扶贫的客体不同，可以划分为以下五类。第一是义务教育阶段的扶贫，这也是我国教育扶贫事业最先关注的领域，包括：解决适龄儿童入学问题；为义务教育阶段的学生提供“两免一补”政策，免除学杂费，提供教科书和生活补助；针对重点贫困地区的义务教育学龄儿童提供营养膳食补助等。第二是学前教育阶段的扶贫，包括为贫困儿童建档立卡、发放学前教育资助金等。第三是普通高中教育阶段的扶贫。第四是职业教育阶段的扶贫。针对这两者的扶贫，除国家发放助学金、奖学金以外，地方政府还需要协同社会和学校建立系统、精准的资助体系。第五是高等教育阶段的扶贫，涉及本专科、研究生教育，除国家发放资金补助与奖励、开通入学绿色通道等措施以外，政府针对这一群体的教育扶贫还注重提供补偿式岗位津贴。

根据扶贫的内容不同，可以分为资源供给型模式、功能输送型模式、综合推进型模式。资源供给型模式主要以输送的方式，为贫困地区提供物力、财力的支持，例如，国家针对农村义务教育学生提供的营养改善计划，政府或社会为贫困学校提供的设备支持。功能输送型模式是指以激发贫困地区自我发展能力为导向的扶贫模式，该模式会伴随一定

① 葛深渭．中国式反贫困模式演进与实践［M］．沈阳：辽宁教育出版社，2016：86-89.

的资源供给或费用免除，例如，顶岗支教、组团式支教、“双证式”教育扶贫模式[①]、“9+3”教育扶贫模式[②]。综合推进型模式是指为提升教育扶贫的整体目标，采取全面的措施，多主体参与，例如，西藏构建的教育精准扶贫模式[③]、石家庄外国语教育集团探索的学校共同体教育扶贫实践模式[④]。

根据扶贫的目标不同，可以分为以提升教育质量为目标的扶贫和以实现教育带动经济发展为目标的扶贫。其中，以提升教育质量为目标的扶贫主要涉及学前教育、义务教育，侧重倾斜教育资源、增加教育投入；以实现教育带动经济发展为目标的扶贫主要针对职业教育及高等教育，侧重通过构建招生、培养和就业一体化的扶贫模式，以教育产出实现脱贫。

根据扶贫的方式不同，可以分为两种。一是以基地为依托的扶贫模式，例如，学校之间建立协作机制，实现支教、送教、跟岗研修等。二是以互联网为依托的扶贫模式，该模式打破了时空限制，降低了扶贫成本，形成“互联网＋教育”精准帮扶机制。

综合上述，从扶贫主体、客体，内容，目标，方式等方面来看，教育扶贫模式主要可以分为教育投入扶贫模式、教育资助扶贫模式、教育支援扶贫模式、教育就业扶贫模式、教育结对帮扶扶贫模式共五种模式。

---

① 朱德全．西部贫困地区农村“双证式”教育扶贫模式探索［J］．教育研究，2004（2）：80–84.

② 陈本锋．基于精准扶贫导向的民族地区免费职业教育实践：四川省“9+3”模式实施10年回顾［J］．中国职业技术教育，2020（4）：54–60.

③ 杨玉美，熊伟．西藏教育精准扶贫模式：增权与长效脱贫［J］．佳木斯职业学院学报，2019（4）：30–31，33.

④ 强新志．“大家好才是真好”学校共同体教育扶贫实践模式探索［J］．河北师范大学学报（教育科学版），2021，23（1）：16–19.

二、教育投入扶贫模式与典型案例

（一）国家层面的教育投入

通过增加教育投入提升教育质量，带动区域经济增长是政府实现经济再分配的方式之一。

以2020年国家教育经费执行情况为例，2020年全国教育经费总投入为53033.87亿元，比上年增长5.69%。在生均一般公共预算教育经费方面，全国幼儿园为9410.76元，比上一年增长9.23%，增长最快的是广东；全国普通小学为12330.58元，比上一年增长3.19%，其中农村为11541.34元，比上一年增长3.73%，普通小学增长最快的是宁夏；全国普通初中为17803.60元，比上一年增长2.80%，农村为15731.01元，比上一年增长3.51%，普通初中增长最快的是宁夏；全国普通高中为18671.83元，比上一年增长4.77%，增长最快的是云南；全国中等职业学校为17446.93元，比上一年增长0.95%，增长最快的是西藏；全国普通高等学校为22407.39元，比上一年减少4.65%，增长最快的是西藏。①

在国家层面的教育投入下，我国关于贫困地区教育振兴的计划得以落实，例如2013年出台的《中西部高等教育振兴计划（2012—2020年）》、2014年出台的《国家贫困地区儿童发展规划（2014—2020年）》、2015年出台的《乡村教师支持计划（2015—2020年）》及2016年出台的《职业教育东西协作行动计划（2016—2020年）》等，覆盖了各教育阶段学生的基本教育条件、生活水平等方面，进而助力实现我国在2020年全部脱贫的总目标。

从国家2020年教育经费投入状况可以看出以下四个特征。第一，教

① 中华人民共和国教育部.2020年全国教育经费执行情况统计公告[EB/OL].（2021-11-30）［2022-05-26］. http：//www.moe.gov.cn/srcsite/A05/s3040/202111/t20211130_583343.html.

育经费投入总体呈现增长趋势，这意味着实施教育扶贫，必须增加对教育的投入，包括从学前教育到高等教育的各个教育阶段。第二，国家在教育经费投入城乡区域分配上，尤为重视农村地区义务教育阶段的经费投入，尽可能从教育资金投入上缩小城乡教育的差距。第三，教育经费投入在全国区域分布上呈现差异化，强调因地制宜投入，缺什么补什么，有针对性地补齐各地教育短板。第四，在全国的教育经费投入分配上，明显呈现出向西部地区倾斜的特征，这也体现出政府在教育扶贫过程中的主导作用：聚焦重点贫困地区，提升教育投入扶贫效益，缩小东西部地区教育水平差距。

（二）地方层面的教育投入

在地方层面的教育投入中，政府不仅是教育扶贫的直接投入主体，而且会影响其他主体投入教育扶贫的动力。[①] 在脱贫事业过程中，国家层面虽然起着宏观调控作用，但是脱贫的重点在于激发贫困地区的内生动力，这就要求地方层面在教育扶贫中不仅要发挥牵头作用，更要注重通过教育投入推动教育产出，激发贫困地区群众脱贫的内生动力，从根本上摆脱贫困。

案例：以广西扶贫工作经验为例，自治区政府采用教育投入和就业产出相结合的模式。一方面，通过资金投入补齐各阶段教育的短板，优化教师结构和充实师资力量。其中尤为重视对职业教育的投资，共投入26亿建设达标的中职学校和改革县级中专，以提升学校质量；开辟绿色通道实现精准帮扶，组建职业教育圆梦班1829个；全区职业院校开展职业培训累计超过1000万人次参与；等等。另一方面，自治区政府在增加

① 刘晓红．教育扶贫的多元投入机制研究［J］．西南民族大学学报（人文社会科学版），2018，39（12）：220–223.

教育投入的基础上，进一步强调就业扶贫。在完善政策体系、工作机制等顶层设计的同时，拓宽就业“四个渠道”，包括就业扶贫车间、公益性岗位安置、返乡创业带动、有组织劳务输出，帮助贫困劳动力实现稳定就业、脱贫增收。此外，针对建档立卡贫困劳动力和贫困家庭子女，推行职业技能培训，实施贫困家庭“两后生”职业技能培训专项计划，切实完成了对上万名贫困人口的职业技能培训。①

分析：广西教育扶贫工作呈现以下三个特点。第一，充分发挥了政府的主导作用，在政府的带动下推进校企合作，协同育人，实现多元主体的协同脱贫机制。第二，坚持以就业为导向，通过职业教育与职业培训相结合的方式，实现对贫困人口的职业技能提升，激发他们脱贫的内生动力。第三，加大教育经费投入，改革和建设职业学校，提升师资水平，从软实力层面和硬件设备层面实现教育投入扶贫。但是该地区的扶贫模式也存在不足之处。首先，从脱贫过程中职业教育的发展水平来说，广西的职业教育扶贫仍然存在资源分配不均衡、产教融合不足等自身扶贫能力较弱的问题。其次，在扶贫主体上局限于当地政府和地区内的企业支持，缺乏跨区域协作，这将会导致地区教育投入扶贫整体水平不高，且对地方政府具有强依赖性。后两者在一定程度上影响了广西职业教育脱贫的质量。

启示：广西扶贫工作经验有以下几点启示。第一，广西的教育投入扶贫模式成本较大，在这种情况下，为保证教育投入的效益，首先需要明确制度安排，完善政策体系、工作机制、平台建设、保障服务等，这些是有效实施教育投入扶贫的前提条件。第二，多元主体协同并进能够

① 罗琦. 广西“教育+就业”扶贫工作出实招见实效[EB/OL].(2020-05-27)[2022-05-26]. http://www.gxzf.gov.cn/gxyw/t5463781.shtml.

有效提升地区教育投入扶贫的效果，包括区域内的多部门协作和跨区域协作。吸纳其他主体参与教育投入，不仅能够提升扶贫质量，还能够化解政府一元化管理的问题，缓解政府的资金压力。

三、教育资助扶贫模式与典型案例

（一）国家层面的教育资助发展情况

根据2020年中国学生资助发展报告，中央政府和地方政府在学前教育、义务教育、中等职业教育、普通高中教育和普通高等教育阶段均进行了教育资助，具体情况如下。

学前教育阶段，在各级财政投入的资助资金中，西部地区74.19亿元，占总资金73.74%，中部地区9.50亿元，占9.44%，东部地区16.92亿元，占16.82%；在全国幼儿园提取事业收入资助幼儿资金中，西部地区受资助0.85亿元，中部地区受资助0.64亿元，东部地区受资助0.33亿元；在社会资助资金中，西部地区获资助736.43万元，中部地区获资助204.70万元，东部地区获资助325.86万元。

义务教育阶段，接受生活费补助的人数主要分布在西部地区，营养改善计划地方试点工作覆盖全国1005个县。地方政府在落实生活费补助和营养膳食补助政策的基础上，另外投入补助资金，其中，西部地区21.70亿元，中部地区9.73亿元，东部地区7.52亿元。在义务教育学校事业收入资助资金中，西部地区获资助0.54亿元，中部地区获资助0.87亿元，东部地区获资助0.34亿元。在社会资助资金中，西部地区获资助0.73亿元，中部地区获资助0.44亿元，东部地区获资助0.49亿元。

中等职业教育阶段，获得国家奖学金的学生主要集中在中部和东部地区，西部地区相对较少；获得国家助学金资助的学生以西部地区居多，西部地区获资助30.33亿元，占50.31%，中部地区获资助22.78亿元，占

37.78%，东部地区获资助7.18亿元，占11.91%；免学费资助资金在中部、东部和西部的分布较为均匀，三个地区获资助分别占比36.52%、32.22%、31.26%。地方政府在落实国家奖学金、国家助学金、免学费政策的基础上，另外资助西部地区7.86亿元，中部地区2.36亿元，东部地区1.80亿元。学校资助资金中，西部地区获资助1.02亿元，占33.44%；中部地区获资助1.39亿元，占45.58%；东部地区获资助0.64亿元，占20.98%。社会资助资金主要流向西部地区，西部地区获资助1.32亿元，占50.38%；中部地区获资助0.35亿元，占13.36%；东部地区获资助0.95亿元，占36.26%。

普通高中教育阶段，国家助学金和建档立卡等家庭经济困难学生免学杂费资助资金在区域分布上均以西部地区为主，占比超过50%；地方政府资助资金中，西部地区获资助35.34亿元，中部地区获资助4.81亿元，东部地区获资助1.94亿元；学校资助资金在西部地区投入1.08亿元，中部地区投入3.46亿元，东部地区投入1.17亿元；社会资助资金以西部地区为主，西部地区获资助2.28亿元，中部地区获资助0.85亿元，中部地区获资助0.70亿元。

普通高等教育阶段，除政府发放的奖学金、助学金以外，还包括助学贷款、入学资助、勤工助学等资助方式。[①]

从全国整体的教育资助情况来看，资金来源主要有三大类：一是中央政府和地方政府的资金，包括基础教育阶段的奖学金、助学金、免学杂费等，高等教育阶段还有助学贷款、服兵役补助、公费师范生等政策；二是从学校事业收入中提取的资助金；三是来自社会的资助。这三类资金来源在区域分布上也呈现出一定特征，其中，政府资助资金和社会资

① 全国学生资助管理中心.2020年中国学生资助发展报告［EB/OL］.（2021-09-16）［2022-05-26］.http://www.moe.gov.cn/s78/A01/s4561/jgfwzx_zcwj/202109/t20210916_563598.html.

助资金明显以西部地区为重点资助对象，而学校资助资金则以中部地区为主要资助对象。从资助的覆盖范围来看，既涉及教育质量方面的资助，例如奖学金、助学金、学杂费减免等，也涉及生活质量方面的资助，例如生活补贴、营养膳食补贴。从覆盖的对象上来看，包括普通家庭经济困难的学生，以及脱贫攻坚重点学生，如建档立卡、低保、特困救助供养、残疾和孤儿五类特殊困难学生。

（二）地方层面的教育资助发展情况

通过资金投入弥补贫困地区的教育质量和教育条件的短板，解决“上好学”的问题，是教育扶贫的重要任务，是通过教育脱贫的关键环节。教育资助的重点在于切实落实教育资助资金，以精准化模式“扶教育之贫”。

案例一：根据《贵州省教育精准扶贫学生资助实施办法》，贵州在落实精准扶贫学生资助政策中，采取了以下措施。首先，规定资助对象及条件，资助对象为高职、中职一至二年级、普通高中就读、具有全日制学历教育正式学籍的本省农村户籍建档立卡户贫困子女，需要具有热爱祖国、遵纪守法、诚实守信等美德。其次，设立资助项目和标准，包括中职学校和高中、高职学校两项。其中，前者标准为每名学生扶贫专项助学金每年1000元，教科书补助400元，住宿费补助500元；后者标准为每名学生每年扶贫专项助学金补助1000元，本科学费补助3830元，专科学费补助3500元。再次，规定资助时限、方式、程序、申请资助的流程和需要的信息、受理单位资助方式。最后，规定教育资助资金的保障措施。

案例二：根据《西藏自治区建档立卡贫困家庭子女接受高等教育实施免费教育补助政策管理办法》，西藏在落实精准扶贫资助政策中，采取了以下措施。首先，规定资助对象和条件，即在区户籍计划内录取的、在区内外全日制普通本专科（含高职）高等学校（含民办院校）就读的，单独持有建档立卡贫困户证或农村低保证的在校大学生。其次，设立补助项目与标准，包括免除学费、住宿费、书本费，补助生活费等。再次，明确经费来源、划拨和发放，并明确取消补助资格的情形。最后，明确资金的管理方式。

案例三：宁夏构建的精准教育扶贫模式主要采取了以下措施。首先，政府通过贫困村建档立卡贫困户学生云信息数据库准确掌握贫困学生信息，确定资助对象和条件，并通过资金到卡的方式保障资助政策精准落实到有需要的群体身上。其次，构建从学前教育到高等教育全覆盖的补助体系，学前教育实施"一助一免一补"政策，义务教育阶段实施"三免"政策，高中阶段通过发放助学金、免学费的方式进行资助。再次，在义务教育阶段的资助覆盖面上，包括教育和生活两方面，不仅要实现"有学上"，还要保证"有饭吃"。最后，宁夏在教育资助方面不仅注重投入，还通过就业扶贫保障教育投入的效益，借助当地非遗文化项目提供就业机会，为没有升入高中和考上大学的学生提供接受职业教育与培训的机会，让山区学生彻底摆脱贫困。宁夏构建的教育扶贫模式实现了八个目标：普及水平全面提升，薄弱学校全部达标，困难学生全程资助，均衡发展全数实现，职业教育全力助推，特殊群体全部覆盖，智力帮扶全线跟进，贫困地区教师全员培训。①

案例四：陕西安康地区构建的"345"教育精准扶贫模式采取了以下措施。首先，通过"三个精准"提高义务教育巩固率：一是借助建档立卡户数据库精准识别帮扶对象，解决"帮扶谁"的问题；二是建立从区

① 樊未晨 . 宁夏构建教育"精准扶贫"模式［EB/OL］.（2017-05-23）［2022-05-26］. http：//www.moe.gov.cn/jyb_xwfb/xw_zt/moe_357/jyzt_2017nztzl/2017_zt03/2017_zt03_nx/17zt03_mtbd/201705/t20170523_305434.html.

长、镇长、村长、教育局局长、校长、师长到家长的责任制，解决“谁来帮”的问题；三是建立资助项目，规范资助标准、流程、监督机制等，解决“怎么帮”的问题。其次，通过“四个提升”提高贫困地区学生的成长起点，包括全面提升基础教育办学水平、提升师资队伍建设、提升职业教育办学水平、提升信息化建设。最后，通过“五项措施”为教育扶贫提供保障，包括加强工作谋划、政策宣传、问题整改、督查评估、严明纪律。①

分析：案例一与案例二涉及高中阶段、职业教育阶段和高等教育阶段的教育资助项目。从两个案例可以看出，教育资助项目主要包括三个要素，一是对资助对象的精准识别，即建档立卡贫困户子女或者农村低保户；二是对资助项目和标准的确立，即明确资金发放途径和标准；三是对教育资助的保障，即确保资助资金落到贫困户子女身上。其中，西藏地区还规定了取消补助资格的情形，一定程度上优化了教育资助金的发放结构，提升了有限教育资源的利用率。但是贵州和西藏的教育资助模式均存在一些不足之处：在资助对象上，只规定了高中阶段和高等教育阶段，而缺少义务教育阶段贫困学生的资助方式；在资助项目上，缺乏相应的反哺措施，没有关注到如何通过教育资助实现脱贫；在资助资金的保障措施上，规定较为笼统，责任不够明晰。

案例三与案例四共有的特征在于：第一，在资助对象上，均借助了互联网技术实现对贫困学生的精准识别。第二，在资助项目上，实现了全教育阶段覆盖，且制定了各教育阶段差异化的资助项目和标准；突出了对基础教育阶段的资助，重视教育资助扶贫的内在质量和长期效益，综

① 陕西省安康市汉滨区构建“345”教育精准扶贫模式［EB/OL］.（2017-11-13）［2022-05-26］.http://www.moe.gov.cn/jyb_xwfb/xw_zt/moe_357/jyzt_2017nztzl/2017_zt12/17zt12_gssjy/17zt12_shx/201711/t20171113_319027.html.

合提升贫困学生的素质，使其尽可能接受高等教育，这在一定程度上回归了教育扶贫的本体功能，弱化了以短期效益为目标的经济功能。第三，均有切实详细的保障措施。

启示：从以上四个案例可以看出，教育资助从中央落到地方，首先，重点在于“精准”二字，包括精准识别贫困人口，将帮扶资金提供给真正有需要的贫困群体；精准落实扶贫项目，根据不同群体的差异化需求制定资助项目；精准监督和评估教育资助进展的情况，以便及时做出调整。其次，要注重基础教育的建设与投资，不应将教育资助扶贫作为一个片面的、应急的项目。最后，在资助的体系上要兼顾“投入”与“产出”，当地政府应当借助地区资源提供就业岗位，构建完善的教育资助扶贫体系。

四、教育支援扶贫模式与典型案例

教育对口支援是一项具有中国特色的政策，是指由政府发起的，在区域、行业乃至部门间建立起长期的、稳定的、相互协作的帮扶关系，发展水平较高的地区通过人力、物力、财力、智力支援的方式带动发展水平较低的地区。教育对口支援在协调东西部教育均衡发展、维护社会稳定和促进民族团结方面发挥了独特功能和重要作用。① 在教育对口支援实践中，逐渐形成了教育支援扶贫模式。

案例一：1984年，针对西藏教育基础薄弱、人才匮乏的实际，国家决定在内地建立西藏学校、办西藏班。截至2021年3月，全国有21个省（市）127所初中、高中及中职学校开办西藏班，196所高校在西藏招生，

① 郑刚．建立教育对口支援长效机制的政策分析［J］．中国教育学刊，2012（7）：17–20.

为西藏建设培养了大批人才。[①]以北京援助的拉萨北京实验中学为例，在学校建设方面，北京市政府为该中学投资建设新校区，提供完善的教育设备。在教育管理方面，引进北京教育管理人才。在师资力量方面，一方面，该中学自身的教师队伍通过线上和线下培训结合的方式提升教师队伍质量，例如，参与北京在藏区组织的大规模教育人才培训，到北京优质学校进行跟岗研修等线下培训，或借助互联网提升国家通用语言能力，在线得到教学指导；[②]另一方面，由北京选派的教师人才为该中学注入新的教育理念、教育方法，提升该中学的教育质量。[③]2014年，北京向该中学选派了一批援藏教师，致力于打造“带不走的教师队伍”，开创了“组团式”教育援藏的先河。[④]

分析：案例一的教育援藏模式呈现出几个特点。第一，在援助对象上，通过宏观政策调控实现对口精准帮扶。第二，在援助作用上，以支援教师为中心，一方面惠及当地的学生，为其提供优质的课堂教学，另一方面惠及教师，为当地的教师和教育管理者提供先进的教育理念、教育方法，实现“输血”和“造血”并重。第三，在援助的教育阶段上，明显以基础教育为主，这表明我国的教育扶贫事业对基础教育的重视，强调打好贫困学生的基础，从源头实现高质量教育脱贫。第四，在支援方式上，外来教师实地支援和本校师生线上学习两种方式并行，打破了教育支援的时空限制。但是该模式也存在一定的问题，其中较为明显的是整个系统主要由政府调控，支援地区和受援地区处于被动状态，这可能

---

① 格桑卓玛．教育扶贫、就业扶贫：让每个人都有人生出彩的机会［N］．中国民族报，2021-03-16（6）．

② 王定东，王寰安，王力志，等．高标准、精准化：教育扶贫的北京模式［J］．首都师范大学学报（社会科学版），2022（S1）：85-90.

③ 李媛媛．西藏教育扶贫模式研究［D］．拉萨：西藏大学，2019.

④ 同②．

导致支援地区缺乏动力，加重支援教师的负担，也可能导致受援地区缺乏活力，形成“等靠要”的被动状态。此外，在教育支援中，以教育教学支援为主要内容，缺乏教师文化融入方面的引导机制。由于东西部地区文化差异较大，文化融合不仅关涉教育支援扶贫的长效性，也关涉少数民族地区文化的保存与传播。

启示：案例一从受援地区的角度呈现了教育支援扶贫模式。从中可以看出，首先，教育投入扶贫模式与教育资助扶贫模式都为贫困地区提供了一定的资金保障和物质条件。在此基础上，教育支援扶贫模式的重要任务不再是给予贫困地区财务支持，而是借助发达地区的智力资源推动贫困地区基础教育的发展，这是贫困地区人力资本积累的基础。其次，应当建立健全受援地区吸引机制。例如设立实习岗位，将政府调控与自身主动性相结合，实现对口协助、互惠互利。

案例二：北京建立了“首都教育远程互助工程”，探索基于互联网平台的跨区域远程教育扶贫模式。自这一互助工程启动以来，已经落实了“和田项目”和“银川项目”。其中，“和田项目”是在北京市教委主导下，以首都师范大学为委托基地，统筹首师大人工智能教育研究院和优质的一线教育资源，借助“双优云桥”和“智慧学伴”平台，为贫困地区提供线上的教育培训和辅导；同时，还对100名中小学教师实施线上线下一体化研修，借助科技手段实现智能互动培训。“银川项目”覆盖银川6个县市区，为该区域94所学校的学生提供优质的课程资源和双师型课堂，注重培养教师的大数据教研能力和“一带一路”区域特色教育能力，在试点学校注重培养师生的信息技术素养。这一系列措施使银川成为全国“互联

网 + 教育”的典型示范地区。[①]

分析：从案例二中可以看出“首都教育远程互助工程”有以下特点。第一，在主体上，以政府为主导，充分利用支援地区的高校和中小学优质教育资源，形成多元化的支援主体。第二，在方式上，借助科学技术实现教育支援，减轻支援地区教师任务量的同时提升支援地区教师满意度。第三，在对象上，教育远程互助对象以少数民族教师为主，并且借助互联网平台实现“一对一”交流分享和点对点的精准培训。第四，在效益上，遵循“实践—总结—推广—创新—再实践”的逻辑，一方面不断完善教育支援的政策设计与实践模式；另一方面通过树立典型示范区域，实现间接扶贫，减少对政府的依赖，为其他贫困地区发展提供经验。但该模式也存在不足，主要表现为监督机制和激励机制不完善。以互联网为依托的点对点帮扶如果缺乏完善的监督和激励机制，则容易流于形式。

启示：案例二从支援地区的角度呈现了教育支援扶贫模式。从中可以看出，首先，依托互联网实施教育支援具有独特的优势，能够跨越时间与空间的障碍，以便利的方式为贫困地区提供教育资源，且在“互联网 + 教育”背景下，推广信息化教育对口支援具有必要性。其次，应当建立健全监督机制和激励机制。结合案例一可以看出，支援地区和受援地区在教育支援扶贫模式中比较依赖政府，因此，要增强二者的主动性。支援地区的激励机制和受援地区的吸引机制是一体两面的，是教育支援扶贫模式运行的内在动力，而监督机制是教育支援扶贫的保障。

① 程铭劼 . 探索教育精准扶贫支援新模式　“首都教育远程互助工程”走上提质增效新高度［EB/OL］.（2020-10-14）［2022-05-26］.https:// www. bbtnews.com.cn/2020/1014/372441.shtml.

五、教育就业扶贫模式与典型案例

教育就业扶贫是指通过职业技能训练提高贫困人口的就业能力，以帮助他们实现稳定就业或创业，从而提高自身收入，阻断贫困代际传递。由于职业教育和职业培训具有培养应用型人才的定位与功能，扮演着劳动力培养摇篮、就业脱贫直通车的角色，因而与脱贫联系最为直接。[①]

案例一： 安徽省针对农村地区就业难的问题，积极探索，不断创新实践，针对不同群体提供不同的职业技能教育与培训。一是针对农民工群体开展继续教育，涉及农学、电子商务等20多个专业，共招收农民工近1.6万人，利用安徽继续教育网络园区，实施“互联网 +”农民工继续教育。入驻园区的高校和其他教育机构达108所，共建共享课程5000多门，农民工在线学习人数超过2.5万，该项目不仅助力了农民工的求学梦，还为其提供了技能学习的便利途径。二是针对贫困地区的产业和优势特色农业，将科技与精准扶贫结合，建设科技扶贫示范基地，对科学技术和应用成果进行推广，探索科技扶贫新模式，形成企业、科技人员、贫困户的利益共同体，实现脱贫摘帽。例如皖西学院根据自身优势，结合大别山区的资源和产业基础，重点开展畜牧产业扶贫培训和种植大户产业帮扶，助推杨仙特色产业发展，实现精准扶贫“产业先行”。[②]

分析： 安徽省教育就业扶贫模式针对的是农民工的职业培训，该模式呈现出以下特征。第一，在实施主体上，充分利用省内高校教育资源，进行职业技能课程的推广和职业能力的培训与指导，实现产教深度融合，同时实现高校、企业、贫困户三者的互利共赢，也在一定程度上缓解了

---

① 李芳．职业教育扶贫：应用型人才贯通培养体制探析：以“三区三州”为例［J］．现代教育管理，2021（3）：121-128.

② 姚江龙，杨涛．安徽：构建教育精准扶贫新模式[EB/OL].(2021-04-28)[2022-05-26]. http://www.ahwang.cn/anhui/20210428/2227489.html.

就业扶贫对政府的依赖。第二，在实施方式上，借助科技手段提升职业培训的效率与质量。第三，在实施成效上，一方面通过技能培训实现了脱贫，另一方面保留并充分发展了区域特色经济产业，落实了因地施策的教育扶贫理念。但是该模式也存在一些问题。第一，针对农民工互联网继续教育的质量保障体系需要进一步优化，确保农民工能听懂、能用上；第二，在贫困地区实施职业教育容易遇到传统思想的阻力，这是实施教育就业脱贫的阻力之一。①

启示：根据安徽省职业培训就业扶贫的实践，可以得到以下几点经验。首先，在培训项目设计上，注重多元主体协作，充分利用当地的资源和优势，借助科技提升培训质量。其次，在培训内容上，要从农民工的实际需求出发，不能盲目跟风开设热门而实用性不高的培训。最后，针对农民工的职业培训不仅要注重技能的传授，更重要的是引导其积极主动地学习新技术，探寻脱贫致富的路径。

案例二：为了解决四川省藏区基础教育薄弱、学生就业难的问题，该省在2009年开始实施“9+3”免费职业教育计划，在九年义务教育的基础上，组织藏区初中毕业生和未升学的高中毕业生，到四川其他地区优质职业院校免费接受三年中等职业教育，并对这一批学生免除学费，提供生活补助资助。自免费职业教育计划实施以来，承担教育任务的学校覆盖了四川3个民族自治州以外的全部18个市，参与的学校均为国家级示范、国家级重点和省级重点的优质中职学校。先后有90所中职学校、5所高职院校承担藏区“9+3”教育任务。藏区、彝区前后选派了近千名驻校干部教师到“9+3”学校协助工作。统计数据显示，已经毕业的6届藏区

① 祁占勇，王志远．乡村振兴战略背景下农村职业教育的现实困顿与实践指向［J］．华东师范大学学报（教育科学版），2020，38（4）：107–117.

学生和首届彝区学生初次就业率均超过98%。为了保障该项扶贫计划顺利实施，该省成立了专门的工作领导小组，组建“9+3”办公室，省政府与各地区政府签订目标责任书，并纳入绩效考核。①

分析：四川省“9+3”免费职业教育计划面向的群体是贫困学生，在运行模式及特征上均与案例一有所区别。该模式呈现出以下特征。第一，在项目结构上，职业教育与基础教育并重，一方面依靠基础教育提升了学生的综合素质，在此基础上再让学生接受职业教育，能够更好地保证职业教育的质量；另一方面，将职业教育作为未能升学贫困学生的脱贫出路之一，拓宽了教育扶贫的渠道，也优化了教育扶贫的结构。第二，在项目内容上，提升了职业教育的质量。一方面，通过做好基础教育与职业教育的衔接、引进高水平职业院校、提升师资力量、提供就学资助等方式，为贫困学生提供高质量的教育内容；另一方面，这一模式不仅重视学生的技能学习，更重视道德培养，实现学生自我发展和摆脱贫困的双重目标。第三，切实的项目保障措施能够调动政府的积极性，形成责任明确、分工合作的协同机制。但是该模式也存在不足之处。第一，学生对职业教育的认同度低、学习意愿不强，培养基础较为薄弱，增大了后期应用型人才培养难度。②第二，缺乏企业的参与，这将在一定程度上导致学生所接受的教育与市场需求脱节，偏离“应用型人才”的定位。

启示：结合案例一可以看出，首先，学生的职业教育不同于农民工的职业培训，前者侧重教育本位的就业扶贫模式，而后者侧重经济本位

① 周洪双，李晓东．四川“9+3”免费职业教育：点燃民族青年的成才梦［EB/OL］．（2017-12-27）［2022-05-26］. http: //www.sc.gov.cn/10462/10464/10797/2017/12/27/10441594.shtml.

② 李芳．职业教育扶贫：应用型人才贯通培养体制探析：以“三区三州”为例［J］．现代教育管理，2021（3）：121-128.

的就业扶贫模式。其次，针对贫困学生的职业教育需要关注市场需求，使学生接受的职业教育能够切实帮助他们摆脱贫困；针对农民工的职业培训尽管也需要关注市场需求，但是更重要的是在农民工自身的素质和条件上，关注其发展需求，进而实现就业脱贫。最后，职业教育和培训均注重多元主体的参与，尤其是企业在其中发挥的培训支持、资源供给、人才接收作用。

六、教育结对帮扶扶贫模式与典型案例

教育结对帮扶扶贫模式是指在政府系统组织下，发展水平较高的教育机构对贫困地区家庭、学校、教师和学生提供的“一对一”“一对多”“多对多”帮扶。帮扶内容包括援建捐赠、师生支教、师资培训、结对关爱等，促进受援地区教育教学质量提升。教育结对帮扶包括普通教育帮扶、职业教育帮扶、继续教育帮扶、高等教育帮扶。相较于教育支援扶贫模式，教育结对帮扶扶贫模式以区域内部相互帮扶为主，精准化程度更高。

案例一：保定市阜平县在教育扶贫事业中采取了城乡中小学结对帮扶模式。其中，阜平县城厢中学在2016年与保定市第十七中学签订结对帮扶协议，阜平县城厢小学与保定师范附属学校建立帮扶关系。帮扶的维度包括校园管理理念、教师教育理念、课堂教学建设、校园活动和学生发展，帮扶对象包括学校管理者、教师和学生，帮扶方式包括讲座、网络、教师培训、教研、实体授课等。①

案例二：铜仁市玉屏侗族自治县教育“组团式”帮扶在全国起到了很

① 杨帅．城乡中小学结对帮扶现状与对策研究：以保定市阜平县为例［D］．保定：河北大学，2018.

好的示范带动作用。2018年，玉屏侗族自治县通过对多个中学搬迁、整合，调整教育布局，成立玉屏侗族自治县第一中学，选派优秀管理团队到该校支教，由此实现“打造一支带不走的优质师资队伍”。针对教育质量不高的问题，从改变课堂、改变教师、改变家长、改变校貌四个方面入手：营造良好的校园氛围，为提升学生的综合素质提供平台；太仓市教育局组织资深骨干教师和外教到学校进行帮扶；开放家校合作，让家长参与其中；提升该校教学水平。为推广“组团式”支教帮扶的经验，玉屏侗族自治县教育局将该校设立为义务教育一体化改革的初中教育联盟牵头学校，成为县域内中小学改革的典范。①

案例三：陕西省略阳县开展教师结对帮扶助力脱贫攻坚，这一模式主要采取以下措施。首先，制定结对工作方案，明确责任与分工，并印发成手册，全县中小学和幼儿园的党员教师人手一册，将帮扶工作纳入考核机制。其次，依靠信息系统，为贫困学生制定“6＋X”专用档案袋，确保帮扶措施贯穿学前教育到高中阶段。最后，争取社会团体和爱心人士资助，从经济上实施帮扶，确保学生有学上；以教师为直接帮扶主体，对学生进行心理疏导，关注学生心理健康，为孤儿和留守儿童选派合适的已婚女教师担当“代理妈妈”，引导学生健康成长。②

分析：案例一与案例二均属于普通教育阶段城乡之间的帮扶模式。二者之间存在的差别在于，保定市阜平县采取的是嵌入式帮扶模式，这一模式的优点是成本较低，缺点是帮扶深度不够，需要在帮扶项目上做更精细化的调整和落实；而玉屏侗族自治县采取的是重构式帮扶模式，与

---

① 贵州玉屏：打造教育“组团式”帮扶模式［EB/OL］.（2020-09-25）［2022-05-26］. http：//rmfp.people.com.cn/n1/2020/0925/c433051-31875349.html.

② 陕西省略阳县开展教师结对帮扶助力脱贫攻坚［EB/OL］.（2018-05-02）［2022-05-26］. http：//www.moe.gov.cn/jyb_xwfb/s6192/s222/moe_1759/201805/t20180502_334841.html.

前者相反，这一模式有利于深度改善教育质量，但是成本较高。二者之间也存在一些共同的特征。第一，在帮扶目的上，均以先进的理念促进更高水平的教育发展，这是教育扶贫从“量”到“质”的转变。第二，在帮扶对象上，不仅涉及教师和学生层面的教学帮扶，还涉及学校管理层面的帮扶，这从更高层面优化了办学质量。第三，在帮扶内容上，不仅提供各门学科课程的帮扶，还关注学生的身心发展、家长在教育中的参与。第四，在帮扶效果上，能够促进学生自身的综合水平提升，也能够提升教师队伍的质量，还能够提升学校的精细化发展水平，并形成自己的办学特色。但是城乡之间的结对帮扶模式也存在不足。首先，以上两个案例中均未涉及帮扶的保障机制。其次，没有涉及关于支援和受援学校的激励机制，这可能导致双方动力不足，帮扶浅层化。最后，随着帮扶深度不断增加，学生之间的合作交流、家校之间的合作交流需要进一步细化。

相比于案例一和案例二，案例三采取的模式是在县级政府的宏观调控下，以各学校教师为直接帮扶主体，以各贫困学生为直接帮扶对象，在模式上更为精准。该模式呈现出以下三大特征。第一，帮扶主体具有多元性，除了教师作为直接帮扶主体，政府、社会、学校均参与其中。第二，在帮扶对象上，借助信息系统记录贫困学生情况，落实了对学生的全线帮扶。第三，帮扶内容不仅涉及教育资源帮扶，更为重要的是落实了结对关爱，在一定程度上弥补了贫困学生的心理需求和情感需求。第四，在保障措施上，从政府到教师，不仅全员参与，也层层压实责任，为教育结对帮扶提供了切实保障。

启示：对比教育支援扶贫模式可以看出，教育结对帮扶扶贫模式进一步推进了教育扶贫的深度和广度。但是这种更高质量的扶贫也要求帮扶机制要进一步完善，包括监督机制、激励机制、保障机制等，尤其是像保定市阜平县的嵌入式帮扶模式，如果缺乏保障机制和监督机制，反而会导致受援学校和支援学校之间在教学观念、进度等方面产生冲突。此外，由于帮扶的精细化，这一项目在内容设计上应当更为全面、灵活，能够根据具体的形式及时做出调整。

综合三个案例可以看出，教育结对帮扶模式在结构上从上至下为“城市—县、乡、街道—学校、教师—学生”，随着聚焦点不断缩小，帮扶的精细度和深入度也不断提升，因此，教育结对帮扶模式应当构建起从城市到学生的全线帮扶，并在帮扶中增加对网络科技的有效利用。

七、其他教育扶贫模式与典型案例

新的教育扶贫模式更强调新时代背景下扶贫主体的主动性、时代责任担当以及对高科技、高质量教育技术的使用，比起传统的教育扶贫模式，呈现出全面性和综合性的特征。

案例一：石家庄外国语教育集团（以下简称石外集团）在“大家好才是真好”的办学理念下，以九大帮扶工程为主要载体和渠道，以山区学校文化建设为重点，使教育扶贫工程更加精准化、科学化。该模式采取了以下九项措施。第一，开展校长素质提升工程，通过听课、研讨、参观、交流等方式对山区校长、干部进行培训，引领、推动山区校长致力于本校文化的整体建设。第二，开展教师素质提升工程，通过支教、观摩、研学、评比等方式增强教师的政治意识、德育管理能力、学科综合素养和课堂教学能力。第三，实施同步教学工程，包括资助硬件设备，实现山区学校与市区学校同步教学，提升山区学校教学质量，推进教育现代化。第四，实施“阳光小讲台”活动，选派高三保送生到山区进行社会实践。第五，实施城乡学生“手拉手、共成长”活动，向山区学校捐赠图书、选派指导教师。第六，为山区学校建设劳动实践基地，培养学生动手动脑的能力。第七，开展“不出校门放眼世界”活动，先后接待意大利等国家10多个友好学校210名师生的访问活动。第八，开展爱心助学捐赠活动，走访贫困学生家庭。第九，通过以“教育扶贫、文化扶志”为主题的调研活动，总结教育扶贫经验，进行经验介绍与交流，促进教育扶贫模式走向成熟。[①]

分析：石外集团的学校共同体教育扶贫实践模式呈现出以下特征。首先，在帮扶的目标上，以转变思想观念为主要目的，通过引进新的管理观念、教学观念，促使教育者主动转变观念，并通过从校长到教师到学生的层层传递实现精神层面的转变。其次，在帮扶的内容上，硬件和软件并重，不仅为山区提供设备及稀缺的教育资源，注重缩小城乡差距和保障教育公平，还重点聚焦校长、教师和学生的关键能力提升，在帮扶过程中贯穿以人为本的理念，这是该模式与传统扶贫模式之间的显著区别。再次，在帮扶的主体上，以石外集团为中枢，连通政府与贫困地区，积极寻求政府的支持，为扶贫工作提供政策保障和经费支持，实现帮扶实践和政策之间的良性互动。最后，石外集团的教育扶贫实践不同于以往以政府为主导的被动型、任务型帮扶，而是基于时代责任感自觉形成的志愿帮扶精神，这是该模式区别于传统模式的另一大特征。[②]

启示：从时代的高度来分析这一模式，可以得到以下启示。首先，石外集团从构建共同体的理念出发，自觉承担教育扶贫的社会责任，这

① 教育扶智　文化筑志　精神树帜：石家庄外国语教育集团2019年山区教育扶贫实践回顾［EB/OL］.（2019-10-15）［2022-05-26］. http：//www.moe.gov.cn/jyb_xwfb/xw_zt/moe_357/jyzt_2019n/2019_zt27/jyjs/hebei/201910/t20191015_403452.html.

② 强新志．“大家好才是真好”学校共同体教育扶贫实践模式探索［J］. 河北师范大学学报（教育科学版），2021，23（1）：16-19.

种积极主动性是新时代教育扶贫需要发扬的。其次，该模式在帮扶过程中秉持构建共同体的理念，力图营造公平、协调、可持续的教育生态环境。从学校共同体教育扶贫实践模式本身的运行来看，第一，该模式覆盖面广，不只补齐教育短板，更将其深化为通过扶智与扶志结合，把人的能力建设作为教育扶贫的根本，帮助贫困地区实现教育脱贫，这是对教育扶贫内在本质的把握。第二，该模式是一种自发的依托城乡学校结合的校际帮扶。这种帮扶模式一方面能够减少对政府的依赖，充分发挥帮扶主体的积极性和主动性，使帮扶目标更明确，方式更具体，效果更显著，另一方面又能够在必要时获得政府的支持，从而提高自身帮扶能力的上限。最后，区别于传统扶贫模式的短期性，该模式有十年的规划，具有长期性，这体现了教育扶贫应当求真务实、持久推动。

案例二：在教育信息化背景下，国家开放大学实施基于云服务的教育信息化精准扶贫模式。该模式在框架结构上分为五个层次，第一层是云基础设施，即建设云数据库、云硬盘、数据仓库等；第二层是将云基础设施投到各应用服务端；第三层是形成资源服务，包括网络课程、媒体资源库、数字图书馆等；第四层是借助这些资源开展应用培训，包括教师培训、党员干部教育、社区教育、远程研修、新型职业农民培养等；第五层就是贫困地区的教师、管理者、社区居民、学习者、农民通过云教室、手机、电脑等终端进行访问学习。在五个层次中贯穿了运营维护保障、安全保障和服务保障。该模式已经落地的项目有三个。第一个落地项目是云端学习网。2014年湖南依托云端学习网帮助农民获得知识与技能，实现农民在家门口上大学。在云端学习网的支持下，毕业学员中，有超过3万名学员成长为村干部或带头人，还有的学员进入公务员行列。第二个落地项目是云教室。自2013年开始，新疆借助云教室实现优质师资共享，提高了整体办学水平。第三个落地项目是开放数字图书馆。学校通过建设开放数字图书馆为贫困地区学生提供中外电子图书、期刊、文献。①

分析：国家开放大学构建的信息化精准扶贫模式依托的是先进的信息技术。该模式具有以下几个特征。第一，科技含量高，从资源建设端到资源接收端，既需要科学技术的支持，也需要信息化设备的支持。第二，覆盖面广，使用便利，具有泛在性、即时性、差异性，能够满足学习者多样化的需求，有助于在贫困地区落实终身学习。第三，具有系统的保障措施，使一整套系统能运行好且不出问题。第四，能够切实惠及农民。但是该模式也存在一些隐性的条件要求：一是接收端需要用特定的设备；二是如果要充分发挥其作用，需要政府或学校系统且有保障的指导。

启示：对于开发端来说，信息化技术与教育扶贫的融合能够有效提升扶贫质量，但是对软件和硬件设备的开发、使用等都提出了更高的要求。对于使用端来说，信息化扶贫模式能够覆盖广泛的受众群体，实现优质资源共享，使贫困地区人口在线学习泛在化，但是需要有系统的指导。

第二节　中国教育扶贫模式存在的不足及展望

一、中国教育扶贫模式存在的不足

当前，我国脱贫攻坚已经取得了全面胜利，教育扶贫需要关注的问题不仅仅是“有没有”，更重要的是扶贫扶得“好不好”，也就是对扶贫质量提出了更高的要求。从宏观层面来看，东西部地区协同发展要求教育投入扶贫模式、教育资助扶贫模式、教育支援扶贫模式、教育就业扶

① 魏顺平，袁亚兴，吴淑苹，等．基于云服务的教育信息化精准扶贫模式研究：以国家开放大学扶贫实践为例［J］．中国电化教育，2020（9）：74-81.

贫模式更公平；从微观层面来看，统筹城乡发展要求教育结对帮扶扶贫模式。更精准、有效。宏观层面与微观层面结合，推进脱贫攻坚成果同乡村振兴有效衔接。在此背景下，我国的教育投入扶贫模式、教育资助扶贫模式、教育支援扶贫模式、教育就业扶贫模式、教育结对帮扶扶贫模式仍然存在许多不足。

（一）教育投入扶贫模式的不足

首先是宏观视角下，从中央与地方的关系层面论述教育投入扶贫模式存在的不足。例如，付卫东、崔民初基于"新机制"实施背景指出，农村义务教育经费的投入存在"挤出效应"，即在发展农村义务教育时，中央与地方本应分别各自承担相应的财政投入，但是当中央对地方增加了财政投入时，地方反而缩小了财政投入，没有满足本应承担的部分，这导致中央虽不断增加财政投入，农村教育经费反而一直不足。[①]付卫东、周威基于脱贫攻坚战的具体背景指出，中央在划拨用于脱贫的转移支付资金时，地方会优先将资金投入较为紧迫的脱贫工作中，发展经济或开展基础设施建设；教育扶贫资金有可能会造成家庭对子女的投入减少，扩大了教育结果的不平等。[②]

其次是微观视角下，从地方的角度论述教育投入扶贫模式的不足。例如，高德胜、丁泓茗指出虽然国家与各地方重视教育扶贫的财政投资，但是贫困地区自身财政收入增长难度大，财政支出多为地方刚性支出，因此教育扶贫方面的经费投入很难达到全国平均水平。[③]李俊杰、

① 付卫东，崔民初．"新机制"实施后农村义务教育经费"挤出效应"研究［J］．现代教育管理，2010（10）：24–27.

② 付卫东，周威．转移支付能否缩小贫困地区义务教育结果的不平等？：基于6省18县的实证分析［J］．教育与经济，2021，37（6）：53–61.

③ 高德胜，丁泓茗．教育精准扶贫的价值逻辑、现实困境及应对策略［J］．黑龙江高教研究，2020，38（11）：31–35.

宋来胜指出“三区三州”在脱贫过程中由于贫困人口基数大、技能培训需求大，然而教育经费主要来源于中央和地方财政拨款，使得经费不足，“雨露计划”有待进一步落实。[①]祝志芬以恩施为例，指出恩施是教育精准扶贫的重点区域，相比于武汉和宜昌，恩施在经济发展水平平缓增长的情况下，教育支出却在逐渐减少，义务教育投入严重不足，导致其成为教育贫困的重灾区。[②]张明杰、吴荣顺基于教育扶贫资金的落实过程，指出以下问题：一是教育扶贫专项资金短缺，缺口较大；二是缺乏对地方政府使用教育扶贫资金的监督，缺少复核程序，埋下了权力寻租的隐患；三是对教育扶贫资金的管理较为落后，以人力为主，缺乏信息技术的运用。[③]

再次是从城乡二元结构层面论述教育投入的不足。例如，黄伟媚、蔡毅强基于乡村振兴背景指出，城乡二元结构导致学校优质生源流失，生源减少使得学校获得的教育经费也相应减少，进而加剧了津贴发放不到位、师资薄弱的问题，造成了教育资源的再度失衡。[④]赵红霞、谢红荣指出，在城乡发展不均衡的背景下，实施“一刀切”让优质教育资源向农村倾斜，忽略了农村学校之间的差异，导致教育经费没有发挥实际效用，再次加剧区域间教育资源分配的失衡。[⑤]

最后是学者着眼于国外的教育投入扶贫模式，试图提供经验借鉴。

---

① 李俊杰，宋来胜．教育助推“三区三州”跨越贫困陷阱的对策研究［J］．民族教育研究，2020，31（1）：30–36.

② 祝志芬．义务教育精准扶贫研究：基于湖北省恩施州的思考［J］．湖北社会科学，2018（6）：85–88.

③ 张明杰，吴荣顺．教育扶贫资金的运行与监管［J］．人民论坛，2019（24）：156–157.

④ 黄伟媚，蔡毅强．乡村振兴背景下教育精准扶贫面临的问题及其解决路径［J］．佳木斯大学社会科学学报，2021，39（2）：27–31.

⑤ 赵红霞，谢红荣．义务教育均衡发展中的精准扶贫研究［J］．湖南师范大学教育科学学报，2016，15（5）：84–88.

例如，张彩云、傅王倩通过梳理发达国家教育经费的投入机制指出，美国采用的是补偿性教育经费分配机制，联邦政府根据各州低收入家庭子女数量分配教育经费，通过有针对性的资源配置实现教育扶贫；澳大利亚采用的是以需求为本位的经费分配机制，综合考虑贫困学生的家庭、教育、生活等多方面因素分配教育经费；澳大利亚和美国均设立了专项支持计划，用于改善教育教学环境、增加学生和教师的补助。①

综上所述，我国在教育投入扶贫方面存在的不足主要有以下几点。第一，在城乡二元结构背景下，教育投入资金划拨的公平性、针对性不足，没有切实考虑到乡村地区生源流失、校际差异等影响因素。第二，在扶贫攻坚战背景下，教育投入资金的流动存在结构性不足和缺乏监督的问题：结构性不足表现为中央与地方的拉锯关系致使经费没有切实落到教育扶贫上，地方自身发展对教育也不重视；缺乏监督则表现为经费的使用和管理监督不够。第三，我国教育扶贫投入以从上至下的区域划拨为主，缺乏将区域发展与个人发展结合的、有针对性的投入。

（二）教育资助扶贫模式的不足

其一是教育资助扶贫模式整体运行存在的不足。例如，余应鸿指出，精准扶贫背景下，在资助对象上存在的主要问题是识别不准确，区域推进策略客观上将一部分贫困学生排除在资助范围外，同时存在不贫困的人口占据扶贫资金的“精英俘获”现象；在执行过程中存在的问题在于帮扶内容与贫困对象需求脱节；扶贫制度和监管机制不健全，各部门之间缺乏协同思维，扶贫资金的使用也存在以公谋私的现象；在扶贫主体上，

① 张彩云，傅王倩 . 发达国家贫困地区教育支持政策及对我国教育精准扶贫的启示［J］. 比较教育研究，2016，38（6）：77–83.

政府作为单一的扶贫主体，能力有限，社会参与扶贫的格局尚未形成。[①]赵莎指出，国家的教育扶贫仍然存在一些问题，主要是帮扶对象不够精准，导致扶贫资金不能得到合理使用。[②]

其二是教育资助扶贫模式在各个教育阶段存在的不足。例如，马思腾指出，在对学生的教育资助中，从结构上来看，义务教育是接受资助最多的领域，高等教育的资助体系也相对完整，而学前教育、高中教育和中职教育的资助体系不够完善，力度也不够；从资助对象上来看，资助虽然使贫困生获得了基本生活保障，但是在方式上缺乏对其自尊心、自信心的呵护；从资助的保障上看，政策监督保障机制有待完善。[③]徐焕章等人指出在高校资助中，贫困学生的信息及资助档案不健全，资格审查方式不合理；学生对于高校的资助政策认识不到位，致使其主动性和积极性不足；对于真正贫困的学生资助力度不足，并未使其达到正常的生活水平；此外，还存在助学金发放不及时、审核流程不公开的问题。[④]杜坤林指出，高校资助存在以下问题：一是对学生的心理和能力培养不够，仅仅停留在经济资助层面；二是无偿的资助体系弱化了资助工作本身的价值；三是对于贫困生的认定还缺乏有效、科学的认定标准，导致教育资助仍存在有失公平的现象。[⑤]

---

① 余应鸿．乡村振兴背景下教育精准扶贫面临的问题及其治理［J］．探索，2018（3）：170–177.

② 赵莎．全面脱贫背景下乡村教育振兴路径探究［J］．首都师范大学学报（社会科学版），2022（S1）：50–57.

③ 马思腾．以“扶智”带动“扶贫”：贫困生群体教育公平困境及其破解［J］．中小学管理，2020（12）：10–12.

④ 徐焕章，杨仕羽，徐雪珉，等．基于“精准扶贫”的高校贫困资助政策执行情况调查：以西北地区某省为例［J］．西安财经学院学报，2019，32（2）：115–120.

⑤ 杜坤林．从保障型资助到发展型资助：高校助学工作范式转换及其实践［J］．中国高教研究，2012（5）：85–88.

综上所述，我国教育资助扶贫模式主要存在以下问题。从模式自身来看，首先，资助的主体以政府为主，缺乏社会力量的参与；其次，资助对象的精准识别存在较为明显的不足，这是教育资助落到实处的前提条件；最后，资助的执行过程缺乏监督和保障机制，包括对资助主体资金发放的监督、资助对象资金使用的引导和监督、资助效果的评估等。从教育资助扶贫模式在各教育阶段的落实情况来看，学前教育阶段、高中教育阶段和职业教育阶段是薄弱环节。此外，教育资助不仅要关注经济层面的资助，更为重要的是关注对学生的心理、精神层面的援助，这是对教育资助扶贫模式的质量提出的新要求。

（三）教育支援扶贫模式的不足

首先是教育支援扶贫模式的主体、客体、项目等要素上存在的不足。例如，郑刚指出教育支援的实施过程中存在以下四个问题：第一，在资源配置上以政府为主导，支援方和受援方的积极性均不高；第二，激励措施缺失，对口支援仅靠政策、倡导，缺乏充足的经费投入；第三，相关法律制度不健全，导致支援纠纷处理不当；第四，缺乏健全的评价和监督体系，使得支援扶贫模式出现资源浪费、效果不佳的问题。[①]郑刚、汤晨指出教育对口支援存在的问题：一是成本过高，包括直接成本和间接成本；二是方式落后，在信息化背景下，教育对口支援仍然对人员来往式的支援有较强的依赖性；三是沟通不畅，受时空限制，支援双方无法进行深入交流；四是效益不佳，在支援结束后，贫困地区的教学往往会出现“返贫”的问题。[②]

其次是教育支援扶贫模式在不同教育领域中存在的不足。例如蔡惠

---

① 郑刚．建立教育对口支援长效机制的政策分析［J］．中国教育学刊，2012（7）：17-20.

② 郑刚，汤晨．信息化环境中创新教育对口支援模式探析［J］．西北民族大学学报（哲学社会科学版），2013（6）：180-184.

指出，高职院校在对口支援西部地区时存在一些问题：在支援主体上，仅仅依靠政府牵线，企业的参与和支持很有限；在支援过程中存在浅层化问题，仅仅是单向的师资、教学援助，缺乏深度交流和文化融入；在支援的内容上，仅以专业、师资为重点，鲜有涉及文化支援；在支援的方式上，送教上门的方式容易受到时空影响；支援效果上缺乏对受援学校内生能力的培养。[①]王科飞以体育教育为对象，指出在东西部体育支援中，贫困地区对于经济发展较为重视，而对于体育教育发展重视程度不够，帮扶不平衡；协作制度体系不够健全，体育支援运行成本高，协调难度大，措施不够精准；支援方式较为单一，以交流为主；受援地区的主动性不高，致使措施落实不到位。[②]

最后是教育支援扶贫模式在具体的扶贫地区存在的不足。例如，徐珊珊、羌洲基于对口支援援藏模式指出，在国家层面，多个参与部门之间沟通协调不畅，责任划分不明确，导致政策落实效果不佳；在省市教育管理层面，一是援藏教师薪酬待遇不统一，挫伤教师的支援积极性，二是教师的前期培训质量不高，缺乏保障；在学校层面，受援地区主动性不高；在教师个人层面，师生文化差异影响支援质量。[③]覃锐琦以武汉市为例，指出该市在对口支援来凤县时存在相关政策法规不协调、政策协作机制不健全、双方缺乏长效的协作机制、缺乏完善的评估机制等主

① 蔡慧．高职院校对口支援西部的模式优化和动力提升研究：基于国家精准扶贫的政策背景［J］．职教论坛，2020（12）：143-147.

② 王科飞．协作治理视域下东西部体育支援与协作治理研究［J］．体育学刊，2021，28（2）：28-34.

③ 徐姗姗，羌洲．新时期教育扶贫模式的重大创新："组团式"教育人才援藏［J］．中国藏学，2018（3）：134-144.

要问题。[①]

综上所述，可以看出，在协同发展的背景下，以支援方的内生动力和受援方的主动需求为导向共建共享的支援模式尚未形成，具体表现为：第一，支援主导者以政府为主，支援方和受援方均对政府的依赖性较高，双方积极性不足，导致整个支援模式缺乏活力。第二，在支援方式上，缺乏对信息技术的使用，而传统的上门支援长效性不足，成本较高，方式单一。第三，在支援内容上，以教学为主，缺乏支援方和受援方的深度交融。第四，支援的保障机制不完善，包括前期的培训、中期的落实和后期的效果追踪等都不够健全。第五，支援的激励机制与协调机制均不健全，这也是导致该模式缺乏活力的原因之一。

（四）教育就业扶贫模式的不足

首先是职业教育在教育扶贫中的困境。例如，沈芳指出，一是容易受到传统观念的束缚，贫困人口对于职业教育的认同度不高；二是贫困地区职业教育基础条件不完善，硬件设备不充足，师资教学水平也不高；三是参与职业教育扶贫的各方管理人员缺乏协调，职责划分不明确，从而影响扶贫效率；四是受到区域内就业市场的限制，职业教育的人才培养定位不准确，致使培训对象无法有效就业。[②]张敏敏指出农村职业教育面临的现实困境，包括：普遍存在认知偏见；职业教育院校自身发展不足，办学定位不清晰，师资力量不足，专业设置与市场需求不匹配；职业教育的管理运行机制不完善，部门之间缺乏统筹规划；各地区采取的

---

① 覃锐琦．教育对口支援政策实施成效及改进策略研究：以武汉市支援来凤县为例［D］．武汉：中南民族大学，2018.

② 沈芳．职业教育服务于精准扶贫：现实困境与战略选择［J］．教育现代化，2017，4（39）：88–92.

帮扶模式流于形式，缺乏长效性、系统性。[①]

其次是职业教育培训方面的不足。例如，邹培、雷明指出，从项目设计上看，培训时间较短，只适合劳动技能含量较低的工种，技能型工种的培训成本较大，除了理论知识的学习，还需要学习系统操作；从开展条件上看，培训基地的硬件设备还不齐全，师资力量还不够强；从帮扶对象上来看，素质普遍不高，水平不齐，培训难度大，加上一些农民获取信息的能力不足，不知道或没有能力参加培训。[②]马建富等人指出，在农村职业教育的结构上，继续教育培训尚未成为职业教育体系的一部分，属于薄弱环节，地方政府的重视度不够，服务质量也不高。[③]罗贤宇、吴敏婷指出在乡村振兴背景下，农民继续教育存在以下问题：在条件设施上，基础设备不足；在参与人员上，一方面，农业职业教育主体不足，另一方面，农民参与培训的意愿不高，教师的教学能力不足；在培训内容上，覆盖面较窄，内容实用性不强，培训方式单一。[④]

最后是通过对国外扶贫实践的分析，指出我国职业教育在脱贫中可以借鉴的经验。例如，唐智彬、杨儒雅梳理了职业教育推动乡村振兴的国际经验：将公平正义贯穿其中，保障乡村女性和弱势群体的受教育权；在服务过程中注重乡村发展的多样化需求；并重视以现代技术推动职业

① 张敏敏．乡村振兴背景下农村职业教育发展路径研究［J］．农业经济，2022（4）：119–121.

② 邹培，雷明．教育帮扶：从脱贫攻坚到乡村振兴［J］．首都师范大学学报（社会科学版），2022（S1）：72–84.

③ 马建富，谭宝仪，邹心鋆，等．农村职业教育发展历史回溯与未来指向：从“十三五”到“十四五”［J］．中国职业技术教育，2022（12）：21–31.

④ 罗贤宇，吴敏婷．基于终身教育理念新型职业农民培育研究：现实困境与破解路径［J］．继续教育研究，2022（8）：46–51.

教育发展；成立专门负责培训的机构。[①]

综上所述，在乡村振兴背景下，职业教育和职业培训自身还存在不足，尚未充分发挥职业教育与培训在教育脱贫、乡村振兴中的重要作用，具体表现如下。首先，职业教育存在的不足有以下几点：第一，从教育的入口端来看，受传统观念或自身兴趣的影响，学生对职业教育的认同度不高，学习意愿不足；第二，职业教育自身存在定位不清晰、发展水平不高等不足；第三，培养过程中存在师资力量不足、硬件设备不足、教学方法单一的问题；第四，从教育出口端来看，培养人才与就业市场的供需关系出现错位；第五，从保障机制来看，多元主体缺乏统筹协调，且对效果的监督与评估机制不完善。其次，关于农民职业培训存在的问题有以下几点：第一，从入口端来看，生源不足，素质不高且水平不齐；第二，从培训内容来看，实用性不足，质量不高；第三，从出口端来看，农民的就业意愿不高，且就业岗位没有保障；第四，农民的继续教育受重视程度不够。最后，我国在职业教育方面的公平、公正性还有待提高，主要表现为对乡村妇女、残疾人士等群体受教育权利的保障不足。

（五）教育结对帮扶扶贫模式的不足

其一是城乡学校结对帮扶中存在的不足。例如，许世红、蔡艺孟以广州市“百校扶百校”行动为例，指出义务教育阶段校际帮扶存在三个问题：一是经费主要来源于学校，经费投入不足导致工作开展受限；二是教师人员不足，加上激励政策不完善，使得教师积极性不高；三是帮扶深度不够，存在重展示而轻研究，重接受而轻分析，重“输血”而轻“造血”

---

① 唐智彬，杨儒雅．职业教育助推乡村发展的国际经验与启示［J］．中国职业技术教育，2022（10）：26–33.

的问题。[①] 张桥生以湖北利川为例，分析了在武汉与利川结对帮扶机制中存在的问题。从帮扶过程来说，第一，校际的帮扶合作深度不够，只停留在完成任务的阶段；第二，帮扶教师自身的教学任务繁重，并未真切地投入帮扶工作中；第三，帮扶活动无法落实到学生个人身上，使得学生难以实现直接的交流学习。从帮扶的保障来说，第一，政府缺乏对整个帮扶工作过程的监督和考核机制，从而无法准确地评价帮扶效果；第二，帮扶缺乏长效保障机制。[②] 李媛媛以西藏“手牵手”教育结对帮扶模式为例，指出结对帮扶学校的互动有待提高，对信息技术的使用有待加强。[③] 倪显均指出，从结对帮扶的领导与组织层面来看，存在学校层面的领导组织与区域层面的领导组织分离的问题；从帮扶的过程来看，城乡学校结对交流的形式较为单一，内容也不全面，大多是会议讨论、听课评课、组织联考等。此外，部分学校缺乏交流的意愿，帮扶效果不明显，且学生之间的心得交流很少。[④] 程印贵指出，校际结对帮扶能够提升帮扶的精准性，但是也面临一些现实问题：一是缺乏对帮扶对象的内生动力的关注；二是缺乏持续的、长效的积极影响，导致帮扶存在形式化问题；三是由于结对帮扶涉及范围较小，缺乏可供学习的典型范例。[⑤]

其二是大小学校结对帮扶扶贫模式存在的不足，即高校与贫困中小

① 许世红，蔡艺孟 . 义务教育阶段校际间帮扶工作探析：以广州市“百校扶百校”行动为例［J］. 教育导刊，2011（1）：30–34.

② 张桥生 . 山区中学教育结对帮扶机制的问题及对策研究：以湖北省利川市为例［D］. 武汉：华中师范大学，2021.

③ 李媛媛 . 西藏教育扶贫模式研究［D］. 拉萨：西藏大学，2019.

④ 倪显均 . 统筹城乡教育背景下城乡中小学优势互补问题研究：以重庆市开县为例［D］. 重庆：西南大学，2014.

⑤ 程印贵 . 引领与担当：基于责任教育的中学校际精准帮扶探索与实践［J］. 教育理论与实践，2020，40（23）：28–30.

学结对帮扶中的不足。例如，李庆东指出高校在实施帮扶过程中存在认知不足的问题，表现为对精准扶贫的认知不足、对帮扶对象的认知不足。此外，帮扶的精准性不足，表现为帮扶模式单一，方案缺乏针对性，未能切实达到精准扶贫的目的。[①]

综上所述，教育结对帮扶是统筹城乡发展的关键环节，但是在缩小城乡教育差距上发挥的作用还不够，仍然存在以下问题。首先，从领导组织来看，城乡学校之间的管理、学校与区域教育领导机构之间的协调不足。其次，从帮扶过程来看，第一，参与帮扶的主体较为单一，以学校为主，缺乏社会力量参与；第二，帮扶的资金来源有限，这在一定程度上造成了参与者主动性不高、帮扶水平低的问题；第三，帮扶内容覆盖面局限于教学层面，忽视了学生的身心发展；第四，帮扶方式较为单一，主要是讲座、授课等传统形式，帮扶时间较短、深度不够，帮扶教师重视度不够。最后，缺乏监督与保障机制，帮扶效果难以评价，也难以发挥持续性作用。

二、中国教育扶贫模式的展望

党的十八大以来，我国扶贫事业实现了从脱贫攻坚到全面推进乡村振兴的历史性转移，在这一背景下，教育扶贫模式也需要做进一步调整与优化。总的来说，未来教育扶贫模式应当从“有学上，能上学”的数量型发展目标转为“上好学”的质量型发展目标，从注重“外部输血”转为注重“内部造血”。

（一）教育投入扶贫模式的展望

首先是对教育投入扶贫模式的制度设计进行展望。例如，刘晓红根

① 李庆东．教育结对帮扶实践及效果研究［J］．智库时代，2020（12）：196-197.

据教育扶贫投入的主体关系和运行关系提出了三个优化建议，从“谁来投”的角度，重点是提升教育扶贫投入主体的内生动力；从“投给谁”的角度，应当提升教育投入的匹配性和有效性；从“怎么投”的角度，应当遵循三个原则，即总体规划、先易后难、落实政策。[①]刘航、兰峤指出，第一，应当创设多元投入机制，一方面，明确中央与地方的财政责任，另一方面动员社会力量，多方筹措资金；第二，实行差异分配机制，形成以需求为本的补偿性教育分配制度；第三，建设专项扶持机制，重点解决教育扶贫中的困难环节；第四，健全经费监管机制，借助网络信息技术对各地方政府的财政项目进行追踪监察。[②]

其次是从教育投入模式的产出效果对教育投入进行展望。例如，彭妮娅基于国家教育经费投入对“三区三州”脱贫影响的实证研究指出，越贫困的地区，教育投入促进农民收入增加的作用越大，教育经费的投入能够直接减少地区之间的发展差异，因此在后续的扶贫过程中，国家应当加大对贫困地区的教育投入，以保障农民收入持续增长。[③]然而，蔡文伯等学者指出以教育投入的方式扶贫，其作用是有限的，存在边际收益递减规律，在资金投入与教育产出的经济收益到达一定阈值之后，增加投入反而会降低教育产出的经济收益，造成资源浪费，导致贫困地区出现资源总量过剩与相对短缺并存的局面。因此，后续的教育投入更应该关注资源的优化配置，减少相对浪费。[④]

① 刘晓红 . 教育扶贫的多元投入机制研究［J］. 西南民族大学学报（人文社会科学版），2018，39（12）：220-223.

② 刘航，兰峤 . 贫困地区的教育投入不能少［J］. 人民论坛，2017（30）：80-81.

③ 彭妮娅 . 教育经费投入对贫困地区农民收入影响的实证［J］. 统计与决策，2021（3）：67-70.

④ 蔡文伯，黄晋生，袁雪 . 教育投入对地区脱贫的影响：动态约束与边际收益：以新疆贫困县为例［J］. 教育经济评论，2021，6（1）：56-74.

最后是从教育投入的结构分布上进行展望。例如，刘晓红根据教育投入在各教育阶段的分布指出，从2004年开始，我国义务教育的投入收益率呈现下降趋势，因此，建议应当根据贫困地区发展状况将九年义务教育推广至十五年，重视学前教育的投入总量，并注重义务教育阶段人才综合素质的培养，注重加强师资队伍建设，重视学生的心理健康。[①]张彩云、傅王倩根据发达国家的相关经验指出，我国应当加强对贫困地区教师的人文关怀，从教师个人发展、家庭生活、心理等方面综合考虑贫困地区教师岗位的影响因素，以完善的经费保障制度增加山区教师岗位的吸引力。[②]此外，甘肃省在2018年实施的“1+5”教育精准扶贫先行先试工作方案是我国教育投入未来发展的典型示范。一是该省针对普通教育和职业教育存在的问题做精准谋划分析，确立各教育阶段的目标；二是针对各教育阶段精准制定方案；三是通过试点的方式精准落实方案，对学校的食堂、宿舍等硬件设备和师资、教学等软性指标做进一步投入提升，致力于实现教育扶贫全面发展的目标。[③]

综上所述，教育投入扶贫模式主要从三方面进行展望。首先是制度设计方面：第一，实施多元主体参与投入并明确责任；第二，提升投入对象精准度，实施以需求为本的投入；第三，完善投入的保障制度，包括监管制度、专项制度。其次是从产出效果来看，要保障投入资金充足，更要注重激发贫困地区的内生动力。最后是从投入的结构分布来看，一

---

① 刘晓红 . 教育扶贫的产出效应研究［J］. 西南民族大学学报（人文社会科学版），2019，40（7）：215–221.

② 张彩云，傅王倩 . 发达国家贫困地区教育支持政策及对我国教育精准扶贫的启示［J］. 比较教育研究，2016，38（6）：77–83.

③ 平凉市教育局 . 聚焦重点　先行先试　积极探索教育脱贫攻坚有益经验［EB/OL］.（2019–10–15）［2022–05–26］. http：//www.moe.gov.cn/jyb_xwfb/xw_zt/moe_357/jyzt_2019n/2019_zt27/jyjs/gansu/201910/t20191015_403614.html.

是要做好新阶段的顶层设计，制订合理的投入目标与方案；二是要合理覆盖各教育阶段，重视短板部分，例如学前教育；三是要合理覆盖各类群体，注重教育投入的人文关怀。

（二）教育资助扶贫模式的展望

其一是关于教育资助扶贫模式的制度设计展望。例如，马思腾指出，针对贫困生的资助需要从以下几方面进行完善：一是完善资助政策监督保障机制，制定问责机制，避免“一刀切”的现象，更为精准地确保资助落实到贫困生手中，制定问责机制；二是重视学前教育阶段和高中阶段的贫困生；三是要重视对贫困生的心理关怀。①余鸣娇、徐吉鹏指出，第一，在制度目标上，设定将资助与育人结合的目标，把思想道德、价值观念的教育引入资助过程；第二，为学生打造社会实践的锻炼平台，提升贫困生的综合素质；第三，整合多方教育资源，重视对贫困生的心理资助；第四，完善资助体系的信息宣传与反馈机制，包括重视宣传、效果评估与反馈，以保障资助成效。②

其二是关于教育资助扶贫模式在各教育阶段的实施策略展望。例如，梅耀云指出，中职的教育资助应当从以下角度进行优化：第一，转变观念，重视职业教育；第二，做好顶层设计，落实资助政策并细化和规范资助流程；第三，注重资源配置过程中的公平和效益，注重弥补区域间发展不平衡；第四，实现从助困到育人的转变，要重视学生精神层面的成长需求。③周红、陈娟指出，第一，应当加大对学前教育资助政策的

① 马思腾.以“扶智”带动“扶贫”：贫困生群体教育公平困境及其破解［J］.中小学管理，2020（12）：10–12.

② 余鸣娇，徐吉鹏.新资助政策体系的教育功能及机制研究［J］.高教发展与评估，2013，29（5）：38–42.

③ 梅耀云.新时代广东省中职教育资助工作：特点、困境与展望［J］.教育导刊，2020（12）：30–35.

宣传力度；第二，应当严格学前教育资助对象的审核标准；第三，应当增加资助的力度，并根据经济发展做动态调整；第四，应当健全相应的社会保障体系，形成扶贫的社会合力。① 展伟指出，高等教育的资助应当实现精准育人的转向。一是要树立精准育人的思维，重视对学生的内生能力培养；二是要创新实践方法，准确识别贫困学生，借助互联网进行动态的管理与关怀，并根据学生个体差异因生施策；三是要调整资助的内容结构，以发展性帮扶为理念，重视培养学生的社会实践能力。② 檀学文指出，教育资助应当有合理限度，不能盲目提高。具体来说，学前教育相对薄弱，可以采取免学费或提供相应标准的资助等形式；义务教育、中职教育、高中教育和高等教育现有措施可基本满足需要，只需从生活保障、学业补助等方面做进一步补充即可。③

综上所述，未来我国教育资助扶贫模式可以从以下几方面改进。一是在资助目标设定上，从经济资助提升到道德育人层面，在提供经济支撑的基础上实现“志智双扶”；二是在资助主体上，注重多主体参与，引导社会力量参与；三是在资助对象上，进一步强调对象认定的精准化、认定流程的标准化；四是在资助方式上，增加社会实践机会，重视对贫困生的精神资助，重视贫困生的个体差异，注重使用信息技术；五是在资助的保障方面，加强对资助政策的宣传，完善资助效果的监督、评估机制；六是在资助的结构分布上，重视学前教育阶段的贫困资助。

① 周红，陈娟 . 南京市幼儿园家庭经济困难幼儿学前教育资助现状调查与分析［J］. 南京晓庄学院学报，2020，36（2）：51–57.

② 展伟 . 高校贫困生精准资助中的精准育人转向［J］. 江苏高教，2018（6）：80–82.

③ 檀学文 . 中国教育扶贫：进展、经验与政策再建构［J］. 社会发展研究，2018，5（3）：223–241，246.

（三）教育支援扶贫模式的展望

其一是对教育支援扶贫模式的顶层设计进行展望。例如，张王勇基于对教育援藏政策的梳理指出，在政策制定上，应当明确援藏工作的目标，明确各主体的分工与协作关系，并完善政策配套措施和经费保障；在执行中，援受双方要树立互利共赢的理念，发挥支援教师的“传帮带”作用，转变受援地区的“等靠要”思维，并重点突破边疆地区的薄弱环节；在保障方面，建立监控与评估制度，确保援藏工作有序、规范、高效进行。[①] 杨虎得、韩喜玉指出我国援藏模式虽然已实现从无偿援助到互利合作的转型，但还需做进一步努力，首先需要从组织法与行政法的角度制定关于地方政府合作的法律法规，完善地方合作的法治体系性；其次，要建立强有力的合作机制，完善利益的分配与补偿，并实现合作方之间的信息互通与共享；最后，要加强社会动员与宣传，推进民众的理解和参与。[②] 郑刚、汤晨指出，要将信息化教育对口支援纳入扶贫工作的中长期规划中，研发保障技术，建立远程网络，确保信息化对口支援切实可行。同时应设立专业的服务机构，为信息化教育支援扶贫提供项目设计、制作、维护等服务；还需要根据区域特色开发数字资源，例如双语教学案例；在保障方面，一是要形成以政府为主导，企业、社会、市场参与的高效运行机制，二是要多方筹措资金。[③]

其二是对各教育阶段的支援做出展望。例如，徐媛媛、刘玉杰基于东西部职业教育融合发展现状指出，第一，政府的统筹规划是边疆与内

---

① 张王勇 . 和平解放以来教育援藏政策变迁历程研究［J］. 西藏研究，2021（6）：8–18.

② 杨虎得，韩喜玉 . 从无偿援助到互利合作：新中国援藏政策转型的理性思考［J］. 青海民族研究，2021，32（3）：68–73.

③ 郑刚，汤晨 . 信息化环境中创新教育对口支援模式探析［J］. 西北民族大学学报（哲学社会科学版），2013（6）：180–184.

地职业教育融合发展的前提；第二，要形成政府、企业和其他社会力量等多个层面的合作，形成多元共治的局面；第三，要注重内地与边疆的文化融合，在支援的专业设置、课程设置上均应体现出地方文化特色。[①]李良俊指出，新时代背景下，要做好高等教育援藏，一是应当建立起从教育部到支援受援学校的考核评价机制；二是应当发掘合作共赢的基点，高校可据此建设特色专业，受援地区可据此补齐短板；三是应当加强对口支援院校之间的沟通合作；四是应当提升受援高校的可持续发展能力和现代化治理能力，从观念与文化上支援，缩小与内地的差距。[②]

综上所述，可以看出，未来我国的教育支援扶贫模式可以从几方面改进。在顶层设计上，第一，在立法层面完善关于地方合作的法律条例；第二，建立健全合作机制，包括教育管理部门与学校的合作、支援方与受援方的合作、多元主体之间的合作；第三，注重将信息化教育融入支援扶贫中。在具体的措施上，第一，注重找准支援方与受援方的合作点，以此调动双方积极性，转变两者在政府主导下的被动状态；第二，注重支援过程中的文化交流，把握文化特色与文化融合之间的平衡关系。

（四）教育就业扶贫模式的展望

其一是关于职业教育扶贫模式的展望。例如，房亮等人指出，一是应当从制度设计上激发职业教育内在活力，包括完善政府经费保障制度、建立责任与成本分摊制度、强化办学保障制度；二是应当从办学层面提升职业教育质量，实现“产”“教”协同的发展格局、资源配置方式及对接机制；三是应当形成职教返贫防治共同体，多主体参与、多部门协调，

① 徐媛媛，刘玉杰．新时期边疆与内地职业教育融合发展理路：基于对口支援的视角［J］．教育学术月刊，2022（5）：72–77.

② 李良俊．对新时代高等教育援藏工作的几点建议［J］．西藏大学学报（社会科学版），2021，36（2）：213–218.

形成共同的价值目标。[①]雷明等人指出，在教育赋能脱贫的背景下，有以下几个改进要点。一是提升中等职业学校的办学能力，完善硬件设备与提升师资力量；二是加强公共实训基地建设，形成校企合作、产教融合的培养模式，落实学生的学做合一、知行合一；三是重视对学生实用技能的培训；四是注重职业教育的系统培养和长期培养，改变职业教育短期性、应急性的培养模式。[②]邢芸、胡咏梅指出，中职教育能够有效实现减贫，应当提升职业教育的吸引力，提高中等职业教育在高中阶段教育分流的地位。为实现这一目标，一方面需要提升职业教育的人才培养质量，包括提供前沿技术培训、制定订单式人才培养方案；另一方面要提升职业技能人才的收入待遇，以转变人们的认知观念，提升职业教育的核心吸引力。[③]

其二是关于职业培训就业扶贫模式的展望。例如，平卫英等人基于对农民群体的就业扶贫实证调查指出：第一，就业扶贫要和扶志与扶智相结合才能发挥真正效用，要破除农民思想上的固化和保守，增强其脱贫的内在动力；第二，要推进就业培训供给侧改革，对农民的培训应当围绕着企业支持、市场需要开展。[④]雷明等人针对职业培训缺乏专业化的问题指出，未来的职业培训应当树立起专业思维，第一，动员多方力量构建专业的职业培训扶贫组织；第二，建设专业且适合农民群体的培训

---

① 房亮，孙翠香，李海斌．农村职业教育助力返贫防治的内在逻辑、现实问题与实践路径［J］．教育与职业，2022（11）：21–27.

② 雷明，王璠，刘曦飞．赋能：教育扶贫之根本：中国脱贫之道［J］．首都师范大学学报（社会科学版），2022（S1）：7–21.

③ 邢芸，胡咏梅．中等职业教育可以缓解相对贫困吗？：基于能力贫困理论的实证分析［J］．中国职业技术教育，2022（21）：73–86.

④ 平卫英，罗良清，张波．就业扶贫、增收效应与异质性分析：基于四川秦巴山区与藏区调研数据［J］．数量经济技术经济研究，2020，37（7）：155–174.

队伍；第三，立足本土经济和文化状况开发专业培训课程；第四，从思想、物质、环境三个维度构建扶贫效果评估系统，通过线上跟进和线下调查等方式进行评估。[①]

综上所述，可以看出，首先，针对贫困学生的职业教育在教育扶贫中虽然有多重目的，但是其落脚点应该在教育上，关键在于优化劳动力的综合素质，因此，未来的职业教育扶贫应当从以下几点进行优化：第一，在目标设定上，从就业脱贫转向职业素养提升，培训技能与扶志、扶智并重；第二，提升办学质量，包括先进设备的引进、师资队伍的提升、知识与技能并重；第三，构建学校、企业、社会、政府的多元主体协作机制，明确责任分工；第四，提升职业教育在教育体系中的重要性。其次，针对农民群体的职业培训落脚点应是培训，更强调技能的实用性，在于提升农民与其他弱势群体的劳动能力，因此，需要从以下几点进行优化：第一，在目标设定上，传授技能的同时注重激发农民的内在就业意愿；第二，在办学质量上，提升职业培训的专业性，但也应当注重实用性和可接受性；第三，重视对培训效果的评估。

（五）教育结对帮扶扶贫模式的展望

首先是关于城乡学校结对帮扶扶贫模式的展望。例如，张桥生认为结对帮扶可以从以下几方面进行优化，一是政府需要增加结对帮扶学校的经费，包括为帮扶学校设立专项资金补贴、完善受援学校基础设备；二是在校际之间建立合作机制，提升帮扶学校、教师的主动参与意识，建立教师互助小组；三是推进校际教师交流制度化建设，规范教师交流，并构建交流平台；四是增加学生之间的直接互助学习机会；五是健全帮

① 雷明，王璠，刘曦飞．赋能：教育扶贫之根本：中国脱贫之道［J］．首都师范大学学报（社会科学版），2022（S1）：7–21.

扶的监督、激励和评价机制。[①]另有学者聚焦于具体的措施，指出贫困地区中心校与各教学点之间要建立起结对帮扶的关系：一是实现教师资源共享，选派骨干教师开展支教、教研等活动；二是为教学点提供技术支持；三是积极向上级管理部门反映教学点的需求；四是构建网络平台，实现资源库共享；五是借助互联网进行常态化的远程教学。[②]还有学者从帮扶学校的角度提出了优化路径。例如，程印贵指出，校际结对帮扶应当基于责任教育的理念。首先，在理念上，帮扶学校要有时代责任担当，秉持对国家、对教育、对学生负责的态度对待帮扶工作。其次，在帮扶实践中，一是要建立有责任担当的帮扶教师队伍，二是对受援教师群体实施以责任教育为主体的课程；三是建立校际联盟，立足于互联网提升受援学校教育和管理质量；四是以责任教育的活动实现精准帮扶的深入；最后，形成可供宣传、推广的校际结对帮扶典型模式。[③]

其次是大小学校结对帮扶扶贫模式的展望。贾小伟、李倩基于城乡义务教育均衡发展构建了"大小结对"助教机制：一是组建包含教育部门、高校、乡村小学和企业在内的组织机构；二是构建基于互联网的教育平台；三是搭建课程体系，包含家庭作业指导、素质训练、心理疏导、安全教育、活动锻炼等课程形式；四是制定效果评价方案，并对高校设立奖励机制。[④]李华等人指出，贫困地区教学点与高校建立结对帮扶关系，

① 张桥生．山区中学教育结对帮扶机制的问题及对策研究：以湖北省利川市为例［D］．武汉：华中师范大学，2021.

② 李华，刘宋强，宣芳，等．教育信息化助推民族地区教育精准扶贫问题研究［J］．中国电化教育，2017（12）：33–40.

③ 程印贵．引领与担当：基于责任教育的中学校际精准帮扶探索与实践［J］．教育理论与实践，2020，40（23）：28–30.

④ 贾小伟，李倩．基于城乡义务教育均衡发展的"大小结对"助教机制研究［J］．教育理论与实践，2022，42（5）：21–24.

可以借助高校的教育资源优势为受援地区提供帮助。同时，在国家层面或者省级层面可以对高校设立一些基础教育信息化发展瓶颈问题的课题，以激励高校进行帮扶。[①]

最后，还有学者从纵向的师生帮扶角度总结实践经验。杨玉美、熊伟以西藏教育扶贫实践中的教职工结对脱贫帮扶模式为例，指出在帮扶关系上，应根据不同标准划分不同帮扶对象，进行结对帮扶，例如教育局局长一对一帮扶一户建档立卡贫困户，副局长二对一帮扶一户建档立卡贫困户、三名普通教师帮扶一户建档立卡贫困户；在帮扶内容上，包括理清发展思路，寻找就业门路、创业方法或技术培训机会，辅以财物帮助。[②]

综上所述，学者对多种结对帮扶扶贫模式的展望存在一些共同认识：首先需要建立多部门、多主体的协作机制；其次采取多种方式提升帮扶质量，包括培训帮扶学校教师、搭建帮扶平台、设置针对教师和学生的帮扶内容、采取校际帮扶和师生帮扶等多种形式；最后是完善评价机制和激励机制。

此外，从各种形式的结对帮扶相关文献可以看出，关于高校结对帮扶乡村小学、贫困地区内部发展水平较高的学校对发展水平较低的学校的帮扶、纵向的师生帮扶，相关研究均比较少。结对帮扶应当是教育扶贫五种模式中聚焦程度最高、精准程度最高的，但是相关研究文献数量相对较少，且主要是学位论文，而学位论文中的观点大同小异。结对帮扶作为一种精准性较高的模式，相关研究反而较少，这意味着我国关于

---

① 李华，刘宋强，宣芳，等．教育信息化助推民族地区教育精准扶贫问题研究［J］．中国电化教育，2017（12）：33-40.

② 杨玉美，熊伟．西藏教育精准扶贫模式：增权与长效脱贫［J］．佳木斯职业学院学报，2019（4）：30-31，33.

教育扶贫的精准落实程度还需要进一步加强。

第三节　中国教育精准扶贫概述

教育精准扶贫是教育扶贫发展的新阶段，是全国精准扶贫工作的重要组成部分。早在2015年，习近平总书记就明确提出，将“发展教育脱贫一批”作为精准扶贫战略中“五个一批”工程的重要内容。探索教育精准扶贫模式，对于实现教育扶贫的精准化，具有十分重要的意义。教育精准扶贫模式作为教育扶贫的技术治理方式，愈发彰显出其强大的本土价值和生命力。

一、教育精准扶贫的内涵及特点

（一）教育精准扶贫的内涵

教育精准扶贫是指名师和名师共同体针对区域、学校、教师教育教学的实际需求而提供的精准指导和扶贫服务，在学校管理、师资队伍建设、教育教学重难点问题等方面进行精准识别、精准扶贫、精准管理、精准评估，运用精准思维，精细、准确、高效地推进帮扶工作，针对性地解决实际问题。

精准贯穿教育扶贫全过程，主要体现在帮扶对象精准、需求调研精准、项目安排精准、资源配置精准、措施落实精准、信息反馈精准、帮扶成效精准等方面。

教育精准扶贫的着力点是教师，通过对教师的精准扶贫，推动教育教学变革，促进教师专业化发展和教育教学质量提升。教育精准扶贫既关注教师个体，也关注教师群体；注重教师个体持续成长，更强调个体融入群体的整体性发展。教育扶贫要做到因时、因校、因人、因事的精准，克服形式化、表层化、散点化的问题。

（二）教育精准扶贫的特点

教育精准扶贫符合教师成长内在机制和教育帮扶的一般规律，是精准扶贫理论的具体运用，具有聚焦、聚力、结构化、蝴蝶效应式影响四个特点。

1. 聚焦

教育扶贫要走向精准和高效，首先必须聚焦扶贫对象，聚焦实际问题。做好两个聚焦，是教育扶贫取得实效的重要保障，也是教育精准扶贫区别于一般教育扶贫和常规教师培训之处。基于大数据对各区域、各学校情况进行细致分析，明确教育教学相对薄弱的区域、学校、学科，摸清教师个体的具体情况，结合教师发展愿景，从中筛选、确定教育帮扶对象。影响教师教育教学的因素很多，教师发展面临的现实困难也多，既有共性问题，也有个别化问题。这需要聚焦具体扶贫对象的关键问题、瓶颈问题，将优质教育资源持续作用于具体对象和具体问题，因地制宜，因人而异，因势利导，精准施策，才容易产生效果。

2. 聚力

教育精准扶贫需要调动各个方面的积极因素，凝心聚力，优化资源配置，集中力量办大事、办好事。教育精准扶贫强调盘活优质教育资源，在更大范围发挥名师的影响力，名师共同体齐心协力，同时引入高校教授、各级教研员和区域外名师智力资源，让帮扶者与帮扶对象交互作用，催生、汇聚更多的新力量。相关部门和个体各司其职，各尽其责，协同发力。在这样的良性循环中，众多力量形成合力，攻坚克难，破解教育教学难题，补齐区域教育短板，最终改变薄弱区域教育事业面貌，推动社会良性发展。

3. 结构化

教育精准扶贫涉及人、财、物等诸多主客观条件，众多要素组成立体、互动、动态发展的结构。在帮扶过程中，应当结构化设计与实施教育精准扶贫，将扶教力量和帮扶对象、扶教内容和方法等要素视为有机关联的整体，加强顶层设计和资源整合，建立和完善扶贫机制，精准识别帮扶对象的难点、痛点和堵点，通过一系列针对性的扶贫活动精准解决问题，有效促进帮扶对象的自我成长和整体性提升。

从扶贫力量来看，名师、名师工作室、名师共同体都有各自的特点，既有优势，也有不足，需要整合力量，优化配置，从而达到最优效果。此外，帮扶对象是多层次和多类型的，所涉及的区域、学校、学科、教师都是复杂的系统。教育精准扶贫需要抓住关键点发力，区域内一体化、持续性推进，变“大水漫灌”为“精准滴灌”，变“散点式”帮扶为“结构化”扶贫，变外部“输血”为自我“造血”，最终达成帮扶对象良性的自我发展，从单个教师发展、单个学科发展走向学校整体发展、区域教育持续发展。

4. 蝴蝶效应式影响

在教育精准扶贫中，要从区域、学校、学科的总体情况通盘考虑，选准扶贫对象。从学段、学科、地域、名师自身优势、客观条件等角度综合考虑，适切匹配，以个体或小组形式对接帮扶对象，开展具体的教育帮扶活动。围绕教师的教育教学的动力和能力科学设计和统筹安排，以名师、名师工作室、名师共同体的精准扶贫促进帮扶对象改变，以帮扶对象的变化促进精准扶贫的系统结构化、优质化和广域化，形成良好的辐射、示范和引领作用，形成持续的影响。开展多层面、多路径、多策略、持续性、大面积、长效化的精准扶贫，不断优化提升，促进教师群体良性发展，带动区域、学校和学科整体发展。帮扶者和帮扶对象按一定规则建构学习、知识、价值的各种关系，这种良性关系将发育成有益于教师成长的文化，成为教育发展的促进力量。教育精准扶贫看似着力于一个个小小的点，最终带来的却是教育事业的巨大变化。

二、教育精准扶贫的主要政策依据

教育精准扶贫是与国家脱贫攻坚政策同频律动的。《关于实施教育扶贫工程的意见》《关于打赢脱贫攻坚战的决定》《教育脱贫攻坚“十三五”规划》等文件明确了扶贫、教育扶贫、教育精准扶贫的顶层设计、行动路线、工作机制及实施方略。扶贫—教育扶贫—精准扶贫—教育精准扶贫—教育精准帮扶这一发展脉络，体现了国家意志、战略考量、重点工作目标与要求。作为精准扶贫“五个一批”工程的重要内容，教育精准扶贫发挥着“既扶志又扶智”“拔穷根，阻断贫困代际传递”的先导性、基础性战略作用。

《关于打赢脱贫攻坚战的决定》指出:“坚持精准扶贫，提高扶贫成效。扶贫开发贵在精准，重在精准，必须解决好扶持谁、谁来扶、怎么扶的问题，做到扶真贫、真扶贫、真脱贫，切实提高扶贫成果可持续性，让贫困人口有更多的获得感。”“突出问题导向，创新扶贫开发路径，由‘大水漫灌’向‘精准滴灌’转变。”“加大对乡村教师队伍建设的支持力度”，“推动城乡教师合理流动和对口支援”，“实施教育扶贫结对帮扶行动计划”。

《教育脱贫攻坚“十三五”规划》强调:“分类施策，精准发力。坚持量力而行、尽力而为原则，准确把握不同地区、不同群体教育需求，分类制定教育脱贫举措，找准教育脱贫实施路径，推动教育脱贫政策精准实施、脱贫资金精准投放。”

在打赢脱贫攻坚战、全面建成小康社会之后，巩固拓展脱贫攻坚成果，推动乡村全面振兴，促进人民群众迈向共同富裕成为重要任务。教育精准帮扶是巩固脱贫攻坚成果、振兴乡村教育的重要路径。教育精准扶贫的关键在于教育精准帮扶，我们必须站在国家战略的高度，加大教育精准扶贫力度，聚焦教师的内生动力，提高教师的可持续发展能力，使区域教育能更好地协同发展、联动发展、均衡发展、内涵式发展，以满足广大人民群众“学有良教”的基本诉求。

《关于全面深化新时代教师队伍建设改革的意见》是当前和今后一段时间教师队伍建设的指导思想和行动指南。该意见提出了我国教师队伍建设的新愿景，即“到2035年，教师综合素质、专业化水平和创新能力大幅提升，培养造就数以百万计的骨干教师、数以十万计的卓越教师、数以万计的教育家型教师”，强调“立足我国国情，借鉴国际经验，根据各级各类教师的不同特点和发展实际，考虑区域、城乡、校际差异，采取有针对性的政策举措，定向发力”，“大力振兴教师教育，不断提升教师专业素质能力”，“全面提高中小学教师质量，建设一支高素质专业化的教师队伍”，“开展中小学教师全员培训，促进教师终身学习和专业发展”。在教育薄弱地区，尤其是乡村，教师的专业发展面临诸多困难，教育精准扶贫是助力乡村教师专业发展的有效途径。

三、教育精准扶贫的重要意义

（一）有效促进受助教师专业发展，建设高素质教师队伍

教育精准扶贫针对教师专业发展的现实问题，通过名师送教、资源共享、结对帮扶、专项培训、种子教师培养、名师工作室联盟研修等活动，激发受助教师的内生动力，提升其教育教学水平。受助教师在教育理念、教学技能、生涯规划、精神世界构建等方面得到润泽，由“站岗放哨”转向“自我提升”，由“自感满足”转向“自我超越”，由“喊破嗓子”转向“甩开膀子”，由“单打独斗”转向“群策群力”，由“一花独秀”转

向“百花齐放”，在实现人的全面发展的道路上获得强有力的支撑。同时，受助教师的改变可以带动更多教师向专业化发展，促进学生健康成长。

（二）推动受助学校教育质量提升，建设高品质学校

名师共同体多路径、结构化、持续性精准扶教，不仅针对教师个体、单一学科，而且还整体考虑学校各年级、各学科、各类型教师的具体情况，立足学校特点，通过系统规划、统筹安排，采取有力措施，多路径、结构化、持续性精准扶贫。经过扶贫双方的共同努力，受助学校教育水平得到明显提升，学校特色得以提炼，实现受助学校的高品质发展。

（三）助力区域教育优质均衡发展，提高区域教育质量

针对各区域内不同学校的需求，分层次、分学科、多形式开展教育精准帮扶。大力扶助薄弱学校和薄弱学科，建构区域良好教育生态，整体促进教师专业化发展，打造出一支师德高尚、知识扎实、能力突出、结构优良、积极进取的教师队伍，能够缩小区域教育特别是义务教育之间的差距，成为区域教育优质均衡发展的有力保障，解决人民群众享受高质量教育的迫切要求与优质教育资源供给短缺和发展不平衡的矛盾。

（四）实现名师高品质联动发展，扩大名师辐射带动作用

通过开展教育精准扶贫，名师能增强责任担当意识，形成合作开放心态，促使名师工作室主持人及成员从自发改革到自觉改革，再到课题式改革、系统化变革，汇聚内部活力和外部活力，生成丰硕的教育教学成果，促使名师团队越来越强大。帮扶方与受助方双向互动，共同进步，辐射引领，促进原有名师更优秀，新名师不断涌现。

四、教育精准扶贫实施中的主要问题

2015年6月，习近平总书记在贵阳召开的部分省区市党委主要负责同志座谈会上，作出了扶贫开发工作“贵在精准，重在精准，成败之举在于精准”的重要论断。教育精准扶贫属于精准扶贫的下位概念，是对精准扶贫的丰富和发展。教育精准扶贫作为一种扶贫方式，强调扶贫先扶智，要求帮扶对象、帮扶项目、帮扶措施等都精准到位。因此，在教育扶贫工作中，只有深入理解教育精准扶贫的理论和现实意义，才能做到“看真贫、扶真贫、真扶贫”。由于我国教育区域发展不平衡，城乡差距又较大，教育扶贫长期面临着扶贫对象识别模糊、帮扶措施针对性不强、扶贫项目管理不力等问题。

（一）教育精准扶贫的定位不准确

1. 教育精准扶贫的重心仅放在改善办学条件和资助学生上

教育精准扶贫的重心不能仅放在改善办学条件和资助学生上，而须准确地诊断致贫的原因，并探究政策的实现条件。在扶贫开发的攻坚期，必须从根源上解决贫困问题，重点关注深度贫困和返贫现象。而破解扶贫难题，必须转变扶贫开发和教育扶贫的模式。教育精准扶贫必须关注学校教育结构的变革，根据贫困学生的心理和文化特征，重新设计学校教育的目标、内容和方法，通过教育供给侧的结构性改革为“寒门出贵子”创造有利条件。

2. 扶贫对象精准度不够

扶贫对象精准度不够主要是指很多扶贫政策带有普惠性质，缺乏精准性，没有“扶真贫”，一部分真正困难的群体难以得到有效帮助。同时，很多贫困地区存在基础教育薄弱、教育质量不高、学生厌学、教师厌教的现象。如果对这些地区的教育帮扶仅仅是改善区域办学硬件，在很大程度上是对义务教育阶段扶贫资源的浪费。

3. 教师补充和培训精准度不够

目前贫困地区农村教师的学科结构性矛盾突出，远远满足不了中小学生对全科教育和优质教育的需求。主要问题有：一是缺乏对审美教育、心理教育、外语教育教师的精准补充；二是对教师的培训也未能有的放矢，无法有效提高他们相应学科的专业能力。

4. 教育扶贫手段精准度不足

教育扶贫需要根据不同地区的实际需求采取多种途径和手段予以实施。目前在教育扶贫工作中，主要的手段还是捐款捐物，但是很多受助方却不能合理、精准地使用这些钱和物。授人以鱼却没有授人以渔，未能从根本上激发贫困家庭学生的内生学习动力，使之变成反哺家乡的重要力量。

（二）教育精准扶贫体系缺乏一致性与系统性

目前需要转变教育扶贫理念，建立精准的教育扶贫对象识别机制，提升扶贫对象自我发展能力，精准实施扶贫项目，构建多元主体共同参与扶贫的治理体系等，充分发挥教育精准扶贫作用，帮助农村贫困人口实现脱贫与发展。

1. 教育精准扶贫目标重合、重复投入或政策对象重合

首先，要进一步注重教育精准扶贫体系内涵的一致性与系统性，逐步转变目前存在的目标重合、重复投入或政策对象重合的现象，协同各部门相互配合，进行系统投入。其次，有效识别真正需要扶贫的范围和对象，科学求证并分析导致贫困的原因，实现精确瞄准和精准发力，为教育精准扶贫和精准扶贫提供必要的前提条件。最后，要合理丰富教育扶贫的财政经费筹措主体和机制，还可通过免税、减税和捐资助学等多种方式促进多种渠道和社会资本进行教育扶贫，扩大教育资源的供给渠道，保障其持续进行。

2. 教育精准扶贫政策的管理、执行、监督与评价体系缺失

教育扶贫的成果具有积累性，甚至需要经过一到两代人的积累，才能看到教育对个人和家庭的提升作用。目前精准、长效的教育扶贫监管和评

估体系还比较缺乏，因此，实施过程难以受到精准监督，也缺乏合理的评估体系，影响了政策的落实、反馈及后续对项目的评估、改进和完善。

3. 教育精准扶贫缺乏教育专业领域的内生式扶贫

由于我国教育发展总体水平不高，区域发展不平衡，城乡差距又较大，教育扶贫长期面临的最大问题是优质教育资源不均衡的问题。对贫困地区来说，教育硬件条件的改善是可以通过增加财政投入或借助发达地区资助解决的，但是教育质量的提升却不是一朝一夕的事。教育扶贫要做到精确施策，对教育贫困的界定、教育帮扶措施的针对性都需要重新定义。教育帮扶仅仅停留在物质上的意义已经不大，更重要的是教育专业领域的内生式扶贫，从“输血式”转向“造血式”，促进区域教育水平可持续提升。

第三章 县域嵌入式教育帮扶赫章模式①

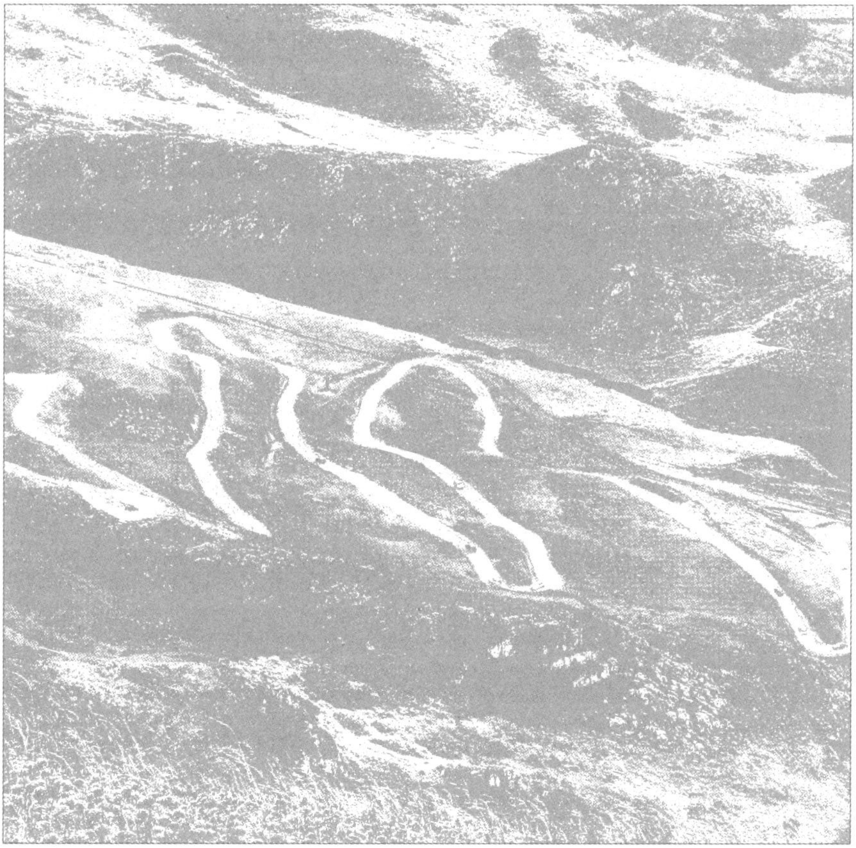

① 本章内容为教育部人文社会科学研究一般项目（编号：17YTA880040）“区域教育均衡发展的 G-U-S 协同创新模式研究”成果之一。

扶贫必扶智，扶智的重要手段是教育帮扶，通过教育阻断贫困代际传递是扶贫的根本策略。中国教育学会认为，贫困具有社会建构性，不能单纯地将贫困的原因归结为个体能力或文化基因的缺陷，贫困群体的能力缺陷和贫困文化的形成，通常也是社会结构使然，是贫困群体在面对强大的外部社会制约时的必然结果。在介入赫章教育帮扶的过程中，中国教育学会始终采取十分审慎的态度，以"不再额外添加工作，不对中小学教师额外增加负担"为前提。

中国教育学会在我国决胜全面建成小康社会、决战脱贫攻坚的关键时期，发挥专业优势支持教育脱贫攻坚，发出"扶贫扶智，教育为本"倡议，吸纳和整合来自全国知名高校、教研机构、中小学、幼儿园等的专家和一线优秀教师，带着初心去扶贫，带着感情真扶贫，带着使命助脱贫，以决战决胜的精神状态，成功探索了一条推进县域教育内涵式优质均衡发展的精准扶贫之路。

第一节　赫章模式的建构与发展

2018年，习近平总书记对毕节试验区工作作出重要指示，强调要确保按时打赢脱贫攻坚战，努力把毕节试验区建设成为贯彻新发展理念的示范区。中国教育学会认真学习习近平总书记关于教育扶贫的系列重要指示精神，深入研究赫章教育帮扶的着力点和推进策略，针对我国教育扶贫政策中存在的理念偏重经济思维、内容侧重基础领域、保障重视行政导向、评估侧重模糊描述等问题，[①]创建了由中国教育学会牵头的“政府—高校与研究机构—中小学与幼儿园”（以下简称“G–U–S”）多方协同推进机制，探索出嵌入式教育扶贫的有效途径，得到了中宣部、中央统战部、民进中央等部委的高度肯定和大力支持。

一、赫章模式的基本含义和基本特征

中国教育学会组织专家团队系统学习和研究习近平总书记关于扶贫的重要论述，并以此作为推进赫章县域教育扶贫工作的根本遵循和行动指南，以高度的政治站位，自觉加强理论武装和科学研究，综合运用“基于证据”（evidence–based）的方法、教育持续改进理论、区域质量管理理论、自组织理论、权变理论等国内外教育研究成果，基于事实、数据和证据的支持，提出有多方协调、多元发展性要素支持的赫章模式。

---

① 姚松，曹远航 . 我国教育扶贫政策的成就、反思与展望［J］. 河北师范大学学报（教育科学版），2020，22（4）：57–63.

（一）赫章模式的基本含义

赫章模式是对中国教育学会县域嵌入式教育帮扶模式的概括。嵌入式是赫章教育帮扶制定战略规划、确立发展定位、构建推进机制、实施推进策略的基本方法论，使得推进工作有效地顺应和无缝对接县域教育改革与发展，并表现出强有力的撬动和助推力量，因而也使得扶贫推进工作在较短的时间里，不仅得到了县委县政府、教育行政部门、学校校长与管理干部，以及广大教师、学生及其家长的普遍接纳、认同和高度赞扬，而且为区域教育扶贫提供了可借鉴的成功经验。

赫章模式中的嵌入式涉及认知嵌入、结构嵌入、文化嵌入等方式，其内在机理源于朴素的顺应和融入的专业支持设想。一是调研赫章教育的发展状态，明确县域教育当前的发展优势和存在的主要问题，找到帮扶的逻辑起点，针对县域教育发展愿望不强、发展能力薄弱和缺乏专业引领等现状，给予强有力的专业支持，并顺应赫章行政推进计划，明确帮扶定位目标。二是研究如何将帮扶工作有机融入赫章县教师专业发展、校长队伍建设、区域教育整体推进过程，建立更加精准匹配的推进方式和精准扶贫策略。三是通过组织来自全国不同省市的教授、专家、名师、名校长等，建立“全国知名教育专家指导工作站”，搭建专业支持资源平台，确保赫章扶贫有效借助外来智慧。四是借力“互联网+”，整合来自全国的示范课、优质课、专家报告等共享资源，构建丰富的资源共享平台。通过以上四点，赫章模式嵌入县域教育需求，引领赫章教育走出一条有专业支持的县域教育内涵式发展之路。

（二）赫章模式的基本特征

赫章县域教育帮扶体现了“G-U-S”多方协同推进机制，其整体建构思路是：政策导向、科学定向、专业引领、结对帮扶、自主发展、典型带动、辐射推广，促进赫章教育走内涵式优质均衡发展之路。赫章模式有以下五个基本特征。

1. 适切性

赫章模式顺应赫章县域教育的改革与发展方向，建立适切性精准扶贫长效机制，依次嵌入促进教师专业成长、提升校长课程领导力、促进县域教育整体推进的板块。

2. 协同性

赫章模式在专业支持的推进机制上，重视激活和构建来自县域行政、高校和研究机构、县域中小学和幼儿园等多方力量，协同参与和建立“G–U–S”多方协同推进机制，组织专家分期分批嵌入不同主体，专业引领指导工作，组织专家持续跟进现场开展引领指导工作。

3. 专业性

赫章模式在实施专业引领指导上，重视启动阶段引导学校基于调研基础进行自我诊断与规划，重视持续推进阶段的主题化、递进性推进，通过专业引领，深度嵌入不同主体的培训和指导过程。针对不同推进主体和不同推进阶段，设置有针对性的主题推进活动。如推进教师专业成长方面，在助推乡村名师工作室建设时，选择“科研引领教师专业发展”主题，通过跟进式调研，明确工作室基于行为改进的研究课题和各骨干成员学校承担的子课题；通过专家报告和现场交流指导等形式，给予工作室切实的指导。在学科教师专业成长推进工作中，依次选择教师专业发展的路径与策略、大单元整合设计与优质课堂建设等主题，通过专家报告、深入结对学校参加听评课和同课异构等活动，给予专业引领指导。

4. 联盟性

赫章模式在实践指导方式上，重视建立跨区域的多样化学校发展联盟，先后建立起赫章中小学、幼儿园与北京、山东、广东、四川、江苏、河北、河南、甘肃等地学校间的“一对一”“多对一”的学校联盟。通过跟进赫章现场和走进受助学校的多样化交流互动活动，激活赫章中小学、幼儿园内生的自主变革力量。

5. 共享性

赫章模式重视提升县域教育现代化水平，充分利用“互联网+”云平台，搭建教育资源共享和交流平台，解决了疫情期间不能举行现场交流活动、教师缺乏优质学习资源的问题，有效地提升了县域教育现代化水平。

二、赫章模式的设计理念

中国教育学会项目组在深入研究国家政策、相关文献和深度调研的基础上，组织专家深入研究赫章模式发展规划和具体实施策略，在持续开展的实践探索与修正、经验筛选与理论研究过程中，不断调整与优化，构建起赫章模式及其“G-U-S”多方协同推进机制。

（一）创建赫章模式框架

赫章模式以需求为导向，以专业为引领，其框架由“一个理念”“两大转变”“七大策略”及“三位一体”质量保障机制构成。

1.“一个理念”

“一个理念”是指深化对脱贫攻坚战略的认识，确立“扶贫先扶智、教育拔穷根”的理念，深入认识教育扶贫是从根子扶贫、从根子脱贫，摈弃扶贫“一阵风、走过场”的现象，坚定脱贫攻坚决心，凝聚多方合力，推进赫章教育在达到国家教育扶贫验收标准的同时，促使县域中小学、幼儿园产生较强的发展愿望，实现发展能力“质”的变化。

2.“两大转变”和“七大策略”

“两大转变”是指让干部教师由被动发展走向主动发展，一些有发展愿望的教师由有自主发展愿望到有可持续发展能力，把短期脱贫与教育长远发展有机结合起来，推进赫章教育帮扶由“输血式”向“造血式”转变，解决一些教师和学校发展愿望不强和发展能力不足等问题。

“七大策略”是指政策导向、战略规划、专业引领、结对帮扶、资源共享、典型带动、辐射推广。一是要按习近平总书记的指示和党中央的部署，推进赫章教育帮扶工作；二是基于政策导向和赫章教育的发展需求，制定县域教育扶贫规划，签订“中国教育学会与赫章县人民政府教育帮扶项目方案”，有计划地推进赫章教育帮扶工作；三是通过专家报告和专家跟进式指导等方式，强化教育扶贫工作的高位引领指导；四是通过建立跨区域“一对一”“多对一”学校结对帮扶机制，让更多教师和校长走进率先发展起来的学校，搭建互联网线上交流对话平台，给予赫章教育切实的实践指导，形成互利共赢机制；五是借力互联网、多媒体等现代信息化手段，建立“专家团队—结对学校—赫章中小学、幼儿园”多元对话和资源共享平台；六是在赫章县培植典型，让率先行动起来的学校、校长和教师发挥辐射带动作用；七是通过搭建县域教育交流平台，以现场交流、经验分享、主题研讨、课题研讨、同课异构等方式，发挥榜样力量，推动县域教育高位均衡发展。

3.“三位一体”质量保障机制

“三位一体”质量保障机制是指高校与研究机构、政府、中小学与幼儿园多方协同推进机制。在理论研究、实地考察调研阶段，主要由中国教育学会牵头组建专家团队，地方教育行政部门配合，开展理论研究、调查研究，研制发展规划。

在规划实施阶段，突出政府主导和专家引领，通过专家报告、送课、结对帮扶、搭建资源共享平台、培植典型和发挥其辐射带动作用等，促进区域教育优质均衡发展。

（二）构建赫章模式运行的质量保障机制

赫章模式及其质量保障机制的运行，体现了“多方协作、多措并举”的扶贫工作推进原则。

赫章县人民政府负责撰写自我诊断报告，汇报当前县域教育改革的工作重点、优势推进项目和存在的主要问题等，提供各种基础性研究材料、必要的工作条件和必要的经费保障等。嵌入式帮扶机制特别重视组织和保障工作，包括双方协同拟写推进方案、帮扶人力资源和课程资源对接与有效利用、相关服务及经费保障工作等。

赫章模式的质量监控和保障体系建设，突出了发展性质量保障体系（发展性体现在选择区域教育最具发展活力的要素，使其从现有发展水平到达可能的发展水平），建立要素间的互联互动运行机制，提升其整合效益。如在赫章县嵌入式推进项目学校的发展性质量评价，其质量指标包括理念与文化、现代学校制度、课程与教学改革、校长和教师队伍建设、学生自我管理、多元化资源建设、监控与评价反馈回路体系等。在评价过程中重视各要素的发展规律及其互联互动机制，如探索“三方协作”（行政主导、专家跟进、学校自主变革的组织实施机制）、“四需驱动”（因需而究—自主机制、因疑共探—合作机制、因异而异—个性机制、因势利导—激励机制）、“五连归因”（理念—课程—制度—队伍—学生）等，不断提升其整合效益，推动区域教育走自主发展、内涵式发展之路。

纵观国内外有关成果，在多方协作推进县域教育发展方面可借鉴的经验有很多。发达国家区域教育运作方式的转型，体现在由外控式管理转变为区域自组织变革，通过开展实地调研或诊断，系统地分析区域教育原有发展状态及学校所处的环境。基于问题开展研究，确定优先发展指标，确立发展目标，制定发展规划，充分挖掘区域内部的潜在资源。按照新的价值观建立发展支持系统，提升区域教育发展效能，最终整体提升教育质量和水平，使其具有系统性、合作性、持续性、递进性、自主性等特点。对本研究而言，这些经验具有较强的导向性和借鉴价值。从目前我国已有的区域研究成果来看，仍存在一些不足：依赖自上而下的教育行政推进和指令性要求，主动变革的愿望和能力较弱；区域教育自组织变革层面缺乏专业引领，自主变革的愿望和能力较弱；停留在操作层面的经验或技术总结较多，基于证据的理论与实践相结合的研究较少；缺乏系统性理论和实证研究，尚未建立起必要的理论框架及运行机制，成果可迁移应用的价值不高。

当前，推进县域教育综合治理，加快推进教育治理体系和治理能力现代化，已经成为我国教育改革和发展的时代主旋律。赫章模式重视赫章县域教育综合治理帮扶，通过创新教育扶贫模式，变单向输送为双向点亮的对话式、互动式、参与式、情境式帮扶，促进县域教育内生性变革，探索出一套符合中国实际的教育扶贫模式。

第二节　赫章模式的作用与现实意义

教育作为重要的扶志渠道和扶智源泉，在巩固扶贫效果、防止脱贫地区再次返贫、阻断贫困代际传递等环节中扮演着至关重要的角色。

赫章模式不再把“两不愁三保障”尤其是“义务教育有保障”单纯看作是教育问题，而是视为综合性的社会问题。面对教育扶贫因目标偏移、角色冲突陷入资源短缺的困境，勇于打破分散化、碎片化、各自为战、运行失范的制约，实现多元主体扶贫效能的发挥和扶贫效益的提升。

一、赫章模式的作用

摆脱贫困不仅要和物质贫困告别，而且要提高人的素质，实现人的全面发展。中国教育学会通过嵌入式教育帮扶，着重以教育为路径，从文化观念、科技知识、环境资源、制度建设等方面实现对人的“智志双扶”。

（一）内生式嵌入，帮助完善地区教育治理

传统的教育扶贫大部分仍局限在为贫困地区建新学校、配置教学设施、选派师资等“输血式”扶贫，缺少对观念、知识、技能、精神等可行能力方面的帮扶。事实上，单纯依靠有限的教育体系，很难破解贫困地区教育体系面临的现代化侵蚀、多样化需求和系统性缺位等难题。因此，要从生态的视角看待贫困地区教育系统各要素间的整体性、有机性、互动性和生长性，从要素的相互关系及相互作用的动态性、和谐性探讨问题所在和解决之道。

在贫困地区开展教育扶贫工作，要把握当地教育内生力的内涵，建构嵌入式教育扶贫体系，从其环境概况、内部结构、主体特征等不同维度，具象化考察当地教育的生态构成，感知其教育优势和不足、矛盾与冲突、内因与外因等环环相扣、互动循环的关系性存在，并在此基础上制定针对性的优化策略。

嵌入式教育扶贫体系就是要从提升教育帮扶的精准度出发，立足原有教育生态精耕细作，注重与当地原有教育体系的互动互补：既要围绕生态主体，整合资源，形成合力，以全域思维做好精准扶助，又要挖掘内生潜力，构建契合当地特色的公益帮扶体系，精准补齐当地教育生态短板。如针对素质拓展教学不足，项目教学内容应突出“第二课堂”主线，开发或引进专业化素质拓展课程，补嵌人文素质教育缺位。围绕实现支智与支志的同向性问题，课程设置可以突出理想信念、成长规划、职业启蒙等特色内容；为破解留守衍生难题，项目可以开发家庭回访、情感连线、成长档案等子模块，强化亲情陪护和心理诊疗。

（二）依托专业教育学术组织的号召力，凝聚教育扶贫合力

完整的、持续的教育帮扶行动，需要营造良好的公益环境，多方参与，优势互补，精准发力。在各地的脱贫实践中，我们可以看到教育的投入不断加大，有效缓解了资源短缺的问题，但也必须看到教育扶贫仍然面临着效率不高、针对性不强、扶贫绩效边际效益递减的困境，缺少对教育反贫困协作机理的探讨和研究，缺少对当地教育“生态丛林”的深入理解和补嵌施策。精准化、项目化、专家化、常态化的教育帮扶项目严重不足，致使政府、企业、公益组织等优势团队虽然拥有大量的资金、人力等“硬支撑”，但缺乏地方化的专业、技术、经验等生态“软资源”，大型教育扶贫公益协作项目的运行成效堪忧。

中国教育学会聚集了大批高素质的政策制定、理论研究和实践推广团队，在项目规划、智力支持、社会信用、项目实施等环节具有突出优势。以中国教育学会为扶贫枢纽，联合政府、企业、社会组织等运行的嵌入式教育扶贫体系，可以有效突破传统公益模式资金短缺、经验缺乏、动力不足等局限性，形成优势互补的公益合力，实现公益力量的有效整合，通过精准补嵌激活贫困地区教育生态的内生活力。一方面，发挥资源优势，在组织架构、教育条件、教学方式、衍生服务等方面补齐基础教育短板；另一方面，明晰多主体参与的角色定位，差异化、精准化补嵌当地教育职能，最终助力贫困地区教育达到能够循环成长的教育生态动能。

二、赫章模式的现实意义

（一）赫章模式是双向互动式的点亮

中国教育学会的赫章模式，已经不是单向输送，而是帮扶方和受助方之间的双向点亮，是对话式、互动式、参与式、情境式的帮扶模式。

扶贫是创造我们自己的故事，也是创造当代中国最伟大的故事。点亮一名教师，就点亮了一群孩子；点亮一群孩子，就点亮了美好的未来。

（二）赫章模式是新时代文化价值的建构

教育扶贫强调“精准”，即面向帮扶对象，精准匹配他们的真实需求，不只考虑城市优质学校可以提供什么资源，更多的是考虑薄弱学校和教师的实际需求。如果城市优质学校的资源与薄弱学校学生的认知特点、学生需求、教师教学能力以及当地自然与文化不匹配，那么在薄弱学校极易出现“水土不服”的情况。要将优质教育资源和教育经验传递给薄弱学校，就要先切实了解这些学校目前遇到的困难和教师想要得到的帮助，再寻找与这些需求相匹配的学校和专家资源。只有这样，才是真正的嵌入。

教育是唤醒学生内心力量的过程，在乡村教育帮扶的过程中更要如此。乡村教育帮扶要教会学生学习的方法，让学生从这些方法中获得进步的力量。当一个学生的内心力量被唤醒，在教师的感召下，知道要走什么样的路，要成为什么样的人，要选择什么样的职业，他就会变被动学习为主动学习，就会自觉地去自我塑造、自我实现。赫章模式追寻的正是这样一种走进心灵、唤醒内心力量、激发生命潜能的教育，这样的教育充满爱的情感和生命温度。

决战决胜脱贫攻坚以来，贫困地区教育的外在条件已经发生了巨大的改变，原来泥土垒起来的房子变成了水泥砖砌成的新房，人们的生活方式在改变，学生的生活状况也已经改善许多，只是他们的精神面貌还是原来的样子。赫章教育帮扶的首要任务是激发这些学生的信念，让他们树立信念、梦想。

在各级政府的努力下，乡村教育得到了空前发展。但社会的大环境还没有形成重视教育的良好氛围。扶贫先扶志，教育扶贫首先要扶的是精神。唯有如此，才能促进贫困地区教育的可持续健康发展，才能让教育真正影响一个地区，造就一个时代。扶贫先扶智，兴业先兴才。赫章模式为赫章县域教育发展点亮心灯，照亮薄弱地区教育的改革创新、自主发展之路。

（三）赫章模式是对教育精准扶贫模式的创新

教育精准扶贫要遵循规律，尊重主体。中国教育学会在赫章教育帮扶的过程中，尊重主体，激发其活力，构建主动性、能动性县域教育推进机制，探索出精准扶持县域教育脱贫模式，是对中国教育精准扶贫模式的创新。

赫章教育帮扶工作正是沿着这样的思路推进，不断激发教师的成长愿望，不断发掘学校自主变革的内生力量。

第三节 赫章模式的实施路径

习近平总书记明确指示，摆脱贫困首要并不是摆脱物质的贫困，而是摆脱意识和思路的贫困。扶贫必扶智，治贫先治愚。贫穷并不可怕，怕的是智力不足、头脑空空，怕的是知识匮乏、精神委顿。脱贫致富不仅要注意富口袋，更要注意富脑袋。西部地区要彻底拔掉穷根，必须把教育作为管长远的事业抓好。东部地区要在基础教育、职业教育、高等教育等方面，通过联合办学、设立分校、扩大招生、培训教师等多种方式给予西部地区更多帮助。

中国教育学会认真贯彻落实习近平总书记的重要指示精神，深入研究当前教育扶贫面临的问题和挑战，通过科学诊断和论证，基于证据创建赫章模式框架及其运行机制，并在实施过程中对基本模式框架做进一步修正和完善。

一、赫章模式的路径选择

为认真学习和贯彻习近平新时代中国特色社会主义思想和党的十九大精神，深入贯彻落实全国教育大会和《中国农村扶贫开发纲要（2011—2020年）》精神，充分发挥教育在扶贫开发中的重要作用，决胜脱贫攻坚，中国教育学会与赫章县达成帮扶意向，旨在充分发挥教育学术团体的学术影响和教育教学改革引领能力，通过实施专业引领、搭建交流平台、培育名师团队、辐射带动县域教育发展等措施，协助赫章县打赢教育脱贫攻坚战，促进县域教育内涵式均衡发展。

2019年5月，时任中国教育学会副秘书长游森，副秘书长、研究员高书国带领专家团队深入赫章县开展调研。本次调研侧重了解县域教育内涵式均衡发展过程中的教师专业发展状况，以及县域教师专业发展的基本情况，并且归纳总结县域教师队伍建设的主要优势、面临的主要问题，在此基础上对推进县域教师专业发展提出建议，为专家组通过专业引领指导赫章县教师队伍建设、促进县域教育内涵式均衡发展奠定基础。

（一）县域教育基本状况与调研过程的说明

1. 县域教育基本状况

赫章县位于贵州省西北部，境内居住着汉、彝、苗、回、白、布依等26个民族。县内有各乡各类学校545所，其中幼儿园298所，完全小学153所，小学教学点44个，其中初级中学28所，九年一贯制学校8所，十二年一贯制学校3所，完全中学7所，高级中学1所，工读学校1所，特教学校1所，中职学校1所。有在校学生191245人，其中幼儿园37607人，小学85552人，初中43318人，高中21081人，中职学校3531人，特教学校114人，工读学校42人。有教职工12725人，其中专任教师11113人；有省级乡村名师和名校长共25名，有县级学科带头人和校（园）长工作室35个。2019年时，全县准备在2020年底完成课改示范校的申报和评审工作。

中国教育学会带领部分专家组成调研组，深入赫章县开展教育扶贫需求调研，通过实地考察、访谈、座谈、问卷等方式，摸清了赫章教育发展的基本状况，明确了发展优势和存在的主要问题，研究制定了嵌入式赫章教育帮扶的目标定位、推进模式和具体的推进策略。

调研组在调研过程中，充分感受到赫章教育人浓厚的教育情怀和强烈的发展愿望，感受到了赫章教育发展有追求、有措施、有成效。但从总体上来看，赫章教育还处在起步阶段，持续推进县域教育深层次变革急需转变传统自上而下的行政推进方式，促进教师走专业化发展之路，探索学校自主变革方式，推动县域教育内涵式均衡发展，让每个学生都能享受高质量的教育，为申报课改示范区做好准备。

2. 调研过程说明

本次调研经历了以下两个阶段。

（1）研制调研工具

2019年5月6日启动本次调研工具的研制工作，由中国教育学会时俊卿研究员和齐鲁师范学院教授、山东省基础教育课程研究中心主任李红婷共同起草。时俊卿研究员前期到赫章县调研考察，与时任中央统战部挂职赫章县委常委、副县长王华及县教育科技局领导进行反复沟通交流，在明确县域教育改革面临的基本任务基础上，制定了《赫章县干部对教师教育教学实际情况调查问卷》《赫章县教师教育教学实际情况调查问卷》两份问卷，通过征求双方有关教研人员和专家意见，进行了修订。在此基础上，分别研制了教育干部访谈提纲、教师访谈提纲。

干部和教师问卷的问题涉及赫章县教师队伍建设的基础数据、学习与培训、课改理念与教学改革、课程理解与课程建设、教研与科研状况、教师专业发展情况、信息技术与课程资源建设情况等。干部和教师访谈提纲，旨在了解主管部门对教师队伍建设所采取的措施及效果、教师对学习和培训的看法、教师对深化基础教育课程改革的理解和认识、教师对专业发展的需求等情况。设计涉及干部和教师两个不同主体的问卷，既有利于不同主体问卷间的互相印证，也有利于统计过程中的交叉分析，以提高结果的可信度和准确性。

（2）实地考察和问卷调查

2019年5月，中国教育学会调研组赴赫章县。调研组听取了县教育科技局局长、副局长等领导对县域教育基本情况的介绍，查看了有关文件和相关文献资料，采访了县委书记、常务副书记、分管教育副县长，以及教育科技局教研室主任等，通过访谈了解了县域经济社会发展状况，县域教育发展的政策支持、发展思路、发展优势、发展需求及面临的主要问题等。

5月22日、23日，分校长与管理干部组、教师组两个调研小组分头调研。主要调研形式包括对校长、教育行政干部、教师、学生四个主体的座谈和访谈，实地考察不同学段学校的办学状况和需求等。先后召开了有县幼儿园、城关镇幼儿园、赫章三小、兴发乡中心小学、六曲职中、野马川初级中学、赫章一中、赫章二中、赫章三中等学校校长参加的学校管理干部座谈会，召开了有兴发乡中心小学、赫章三小、野马川初级中学、赫章三中等教师参加的省市两级工作室负责人和骨干教师座谈会。座谈内容主要包括学校办学条件、师资、生源、教育教学改革情况、需要扶持的工作重点和省市两级工作室开展情况等。中国教育学会在此基础上，实地考察了赫章三中、野马川初级中学、县幼儿园、中等职业学校等。通过校园文化考察、校长访谈、师生座谈、深入课堂听课、查阅课程建设和制度建设有关文献等，了解了各学段落实立德树人根本任务和促进学生全面发展的情况、县域教育落实新高考政策的情况、县域各学段学生流失情况和教师专业发展方式等方面的情况。

此外，调研组还通过县教育科技局组织了问卷调查。通过对赫章教育情况的摸底，调研组对赫章县教师队伍建设情况、县域教师教育改革的主要优势和主要问题有了切实深入的了解，为开展教育帮扶奠定了扎实的基础。

（二）主要发展优势和面临的主要问题

深化县域教师教育改革既需要明确主要发展优势，提振精神，树立发展信心，又必须立足现实，找到深化改革面临的主要问题，以明确发展方向，确立发展目标，持续推进县域教师教育快速发展。

近年，赫章县顺应新时代推进基础教育课程改革的趋势，在教师队伍建设、乡村名师工作室建设等工作中取得了突出的成绩，教师的职业认同感和发展愿望等普遍增强。

1. 主要发展优势

（1）教师的职业认同感较强，对课程改革理念的理解较深入

教师的职业认同感较强。有80.38%的教师选择了“主动选择了这个职业，所以非常喜爱”，另有11.83%的教师选择了“毕业分配到这个职业，现在越来越喜欢”。将这两项相加，喜爱自己职业的教师占92.21%。这从校长访谈中也得到印证，认为本地教职工喜欢教师工作，职业认同感强，普遍具有敬业精神。

有超过一半的教师（占比51.81%）认为提高课程教学有效性的关键是“让学生学会自主学习”，22.18%的教师认为是“把握教学目标”。

65.73%的教师认为一节课是否达到预定目标，应“观察每个学生预期的变化”，13.98%的教师认为应该是判断教学过程“是否符合新课标倡导的精神”。这说明教师重视学生自主学习，重视教学目标的达成和新课标的落实。

被问及“教师开展课题研究最重要的动因”，74.87% 的教师认为“能提高教育教学质量”，66.13% 的教师认为“能拓宽教师的专业视野”。

对“教师对参加培训的迫切期望”，排在前三项的依次是“学习现代教育理论、先进的教学方法和手段，改进自己的教学”“接受有针对性的师德教育，提高从教的使命感和责任感”“拓宽和加深专业和相关知识”，占比分别是85.28%、64.44%、62.5%。这说明教师对培训目标的理解比较到位。

小结：赫章县中小学教师有较强的职业认同感和敬业精神，在落实国家课程标准、提升教育教学质量、促进学生自主发展等方面，具有较高的认识水平；对持续推进县域教师专业发展，具备较强的理念认同感和认识基础。

（2）省县两级工作室制度，有力地提升了县域教师队伍建设水平

根据国家和贵州省有关教师队伍建设、教师培训模式改革、乡村教师培训等文件精神，结合赫章县教师队伍建设现状，地方政府制定了《赫章县教育局学科带头人和校（园）长工作室章程》，出台了《赫章县各级名师等工作室管理暂行办法》，于2017年2月创建了赫章县学科带头人和校（园）长工作室，同时将县域内贵州省乡村名师工作室纳入，统一组织实施，在推进县域教师队伍建设中发挥了重要作用。赫章县教育科技局成立了以教育科技局局长、分管局长分别任工作室领导小组组长、副组长，县直学校校长、各乡（镇、街道）教育管理中心主任为成员的领导小组，全面推进全县19个贵州省乡村名师工作室、35个县级学科带头人和校（园）长工作室服务乡（镇、街道）的工作。工作室设主持人1人、5—10个核心成员，每个成员带2个学员，要求每期学员在工作室学习满1年及累计满60学时。每个工作室服务的4—6个乡（镇、街道）即称为 1 个教研片区，工作室活动要在对口服务片区的学校开展。工作室在某学校开展活动时，

要安排片区所含乡（镇、街道）选派相应学科教师参加。从调研反馈情况来看，省县两级工作室通过开展集体备课、课堂观摩、同课异构、专题报告、课题研究、教学资源开发、送教下乡等活动，充分发挥了骨干教师、名师和优秀校（园）长在教学、科研、培训等方面的辐射带动作用，对提升全县中小学教师的教育教学水平，促进县域教育均衡发展，发挥了重要作用。

小结：借力贵州省推进乡村名师工作室活动，赫章县通过制定章程，出台县级学科带头人和名师工作室文件，将19个省级乡村名师工作室、35个县级学科带头人和校（园）长工作室，纳入县域工作室统一管理。每个工作室服务一个片区，覆盖4—6个乡（镇、街道），充分发挥了骨干教师在教学、科研、培训等方面的辐射带动作用，为中国教育学会在该县开展“卓越教师发展计划”、组织开展主题活动等方面奠定了良好基础。

（3）教师专业发展愿望较强，对课程改革理念和实施方式的理解水平较高

全县上下高度关注教师队伍建设。除县域工作室制度外，各乡镇也采取了有效推进教师队伍建设的一些措施，有的乡镇提出了“一年称职，两年优秀，三年骨干”的口号。面对各级集中培训针对性不强和效果不佳问题，开展了镇域内老带新和听评课教研活动，取得明显成效。校长和管理干部问卷显示，58.06%的干部认为，学生喜欢某课程的主要原因是“教师讲授的内容生动精彩和教师有人格魅力”。在被问及“对教学实践中的问题有何新的想法时”，有65.52%的教师选择“会在方便的时候写下来，即使没有发表也不在意，只是为了积累更多的教学经验”。近年来，部分学校自发地寻求和广东等地的学校建立外来帮扶关系，邀请这些学校的校长和教师到校指导，并多批次派本校教师到帮扶学校跟岗学习，将新理念、新思维方式和课改经验带回学校，带领全校教师进行课堂教学

改革探索，收到了明显的效果。在干部问卷中关于“全面加强新时代教师队伍建设”的调查显示，多项选项占比最大的是“加强教师专业发展理念与师德师风建设”，占91.11%，其他依次是“提高教师专业知识和专业能力”“改进教师激励与评价机制”“转变教师对学生的态度与行为”“提高教师地位和待遇”。值得关注的是“提高教师地位和待遇”排在了最后，在一定程度上说明学校校长和管理干部更关注教师专业发展能力和水平的提升，这与访谈时获得的反馈具有一致性。

在回答“最有利于学生学习的教学方法是什么”时，教师认为“小组合作学习、参与讨论式”“体验式”“自主探究式”分别是47.45%、23.66%、11.29%，三种学习方式共占比82.4%，回答“讲授式”的仅占6.25%。64.58%的教师认为信息技术的使用能“增强学生的学习兴趣，扩大学习空间，扩展学生的知识面”。干部调查问卷的结果显示，上述数据达90.56%，说明干部队伍更加肯定信息技术的使用。干部认为信息技术的使用有利于“提高教学效率”和有利于“改变学习方式”的占比分别为79.72%、73.89%。有49.44%认为对信息技术的有效使用探索不够，教学效果不够理想。从总体上来看，全县干部和教师对信息技术使用的认识比较到位。

小结：县域教育通过设立工作室等措施营造了良好的教师专业发展生态，在促进县域教师队伍协同发展方面取得了突出成效。教师专业发展愿望较强，师德师风好，对教育教学方式和信息技术应用的认识较到位，为专家组实施高位引领指导打下了坚实的基础。

2. 存在的主要问题

尽管近年来赫章县教师队伍建设取得了较为突出的成效，但与教育发达地市相比，仍存在师资配置不均衡、教师队伍建设水平不高、教师课程意识淡漠、科研水平较低、教师自主发展愿望不强等问题。

（1）教师学历达标率不高，师资配置不够均衡

教师问卷显示，61.29% 的教师具有大学本科学历，17.41% 的教师具有大专学历，教师学历达标率与发达地市有较大的差距；干部问卷显示，认为教师的教学质量与教师的学历水平关系非常密切和比较密切的人占91.39%，这一调查也在一定程度上反映教师专业发展水平仍依赖学历教育，岗位自主发展水平不高。尽管访谈中干部对本校教师的教学能力和水平等总体满意度较高，但问卷显示，选择“非常满意”和“满意”的人仅为26.11% 和51.39%。在师资配备、教师发展机会和发展愿望等方面，城市学校和乡村学校、乡村学校与乡村学校之间的教师配置不均衡。通过访谈了解到，县城学校师资配置较好，而乡村学校，尤其是偏远乡村学校，在师资配置上与城区学校差距较大。乡村教师专业发展机会也较少。调查问卷显示，校长认为教师对促进学生发展的课改理念认识到位，但涉及建设学校多元化、选择性课程时，有些有心无力，原因可能是教师对理念的认识仍停留在口头上，难以在实践中落实。问卷显示，近五年66.4% 的教师没有上过1节公开课，27.35% 的教师上过1—3节公开课，仅有1.48% 的教师上过10节以上公开课。除参加远程研修及部分教师参加当地名师工作室或学科带头人和校（园）长工作室活动外，能够有机会外出学习的教师很少。

小结：与发达地区比较，赫章县教师学历水平相对较低。在师资配置、教师专业发展机会等方面，存在城市学校和乡村学校、乡村学校与乡村学校之间的师资配置不均衡。与城市学校相比，乡村学校在师资配置、获得优质资源的渠道、外出学习机会等方面有较大差距。持续推进县域教师队伍建设，需要重视建立城市与乡村、优秀教师与乡村教师“传帮带”工作，突出以骨干教师为核心的片区教师团队建设，推进县域教师队伍均衡发展。

（2）教师队伍建设水平不高，专业发展方式单一，教师研究成果水平较低

依托各级教师网络培训、名师工作室等，赫章县在提升教师的教育教学水平和专业发展能力方面取得突出成效。但从整体上来看，教师队伍建设水平较低，教育教学能力薄弱，致使许多优质生源外流到毕节市或贵州省的其他市县。

名师工作室负责人及骨干教师，缺乏高位专业引领指导，所开展的活动多数是经验层面的推介或指导工作，自身成长缺乏专业支持。工作室在理论指导、课程建设、课题研究等方面，领导力和专业支持力不足。

各学段存在不同程度的教师队伍建设问题。如小学学段教师老龄化现象较严重，一些老教师面临退休，出现职业倦怠和等靠退休现象；初中学段教师学科性缺编较严重，不仅音乐、体育、美术、信息技术等存在学科缺编现象，有的学校语文、数学、外语等主干课程也存在缺编现象，甚至存在美术、体育等学科教师上主干课程的现象。高中学段教育相对薄弱，升学率不高，加之县域内只有一所职业学校，招生数量有限，直接影响义务教育阶段学校推进改革与发展的积极性。一些发展水平属于中等偏下范畴的学校，教师只关注那些升学有望的学生，不能对学生一视同仁。

教师专业发展方式单一。在访谈中了解到，教师专业发展方式主要是参加教研活动、省县两级工作室开展的课堂教学研讨活动。尽管省县两级工作室在促进教师专业发展中发挥了积极作用，但工作室建设水平和职能发挥很不均衡，有些工作室存在教师参与热情不高、参与面不广、缺乏基于问题开展的专业引领指导等现象。干部问卷显示，有55%的人选择的是“学校内部教师交流与研讨”，仅有31.94%的人选择的是“参加区县开展的教研活动”。有些学校反映，与省外学校建立帮扶关系，选派

干部和教师到帮扶学校跟岗学习，效果很好，但能够建立这种联系的学校很少，一般是学校个体行为，缺乏行政支持，可持续性难以保障。

各级教师培训效果不佳，缺乏针对骨干教师专业提升的培训。从各类培训效果的调查问卷显示，有50%的人认为“教师培训内容与教学实际脱节”。在回答“目前教师培训存在的主要问题（最多选三项）”时，认为“培训机会少”和“培训与工作矛盾较大，走不开”的占比相同，均为58.89%，认为“培训内容与教学实际脱节”的占50%。访谈结果显示，因缺乏经费支持、信息不畅、专业发展愿望不强、工作负担重等问题，少针对骨干教师开展的培训活动，缺乏促进骨干教师专业发展的针对性培训和外出学习的机会，担任工作室负责人的骨干教师期望在教研方式、课题研究等方面，获得更高层次的专业引领指导。

此外，校长反馈，来自校外的行政性事务繁多，各级领导安排到学校的检查督查等活动太多，而这些活动几乎不涉及教学，学校领导和教师疲于应付，挤占了用于教学研究的时间，对学校正常的教学秩序影响较大。有些学校教师的日常周课时量已超过18学时，还不包括教师承担的留守儿童教育等任务。

教师专业发展水平较低，也反映在教师各类获奖、课题和研究成果数量少、层次低。其标志性成果的评价指标包括参加县优质课比赛、省微课大赛获奖，参加课堂教学技能或课堂实录比赛获奖，当选县骨干教师、县优秀教师，以及论文在《毕节教育》等期刊上公开发表等。

小结：县域教师队伍建设水平较低，仅有的促进教师专业成长的方式，多数停留在学校内部教研、县域教研、参与省市两级工作室活动等层面，方式单一，层次较低。主要问题有：一是缺乏县域层面的顶层设计，除了省市两级工作室，缺乏县域整体推进思路和措施；二是缺乏针对县域名师、学科带头人等骨干教师的专业引导或培训措施。持续推进县域教师队伍专业发展，需要基于问题，项目驱动，通过教育行政部门主导，借力专家团队的专业支持，改进教研方式，强化对骨干教师的针对性培养，开展有针对性的专题培训、与省内外建立学习帮扶机制等方式，推进县域教师队伍建设快速发展。

（3）教师课程意识淡薄，学校课程建设水平较低，促进学生全面发展难以落实

教师课程意识淡薄，学校课程建设能力较薄弱，缺乏课程育人的系统思考和课程的深入实施能力。教师的发展需求仍停留在课堂教学的技术操作层面。

教师课程开设水平低，不能开全课程。一些学校不能按国家课程方案要求开全课程，国家课程的校本化研究水平较低，地方课程、校本课程的开设率和开发水平较低。有部分学校开设了传统文化、校本活动、心理咨询等少量活动课程，但同质化现象突出。

教师把握教材的能力较薄弱。干部问卷显示，认为全校90%以上的教师和全校70%—80%的教师能准确地把握教材的占比分别是47.5%、37.78%，认为全校50%—60%的教师能把握教材的占13.6%。学校干部对教师把握教材的能力的评价不高。

在访谈中，校长和教师对不同层次的远程研修课程和课改专家的专题报告，认同度普遍不高，他们更期望从课堂教学技术层面获得切实有效的方法。这一方面说明当前自上而下的教师教育远程研修资源的供给方式和内容需要改革，专家报告不能停留在课改理念和通识培训上，需要跟进教师的实践需求；另一方面也在一定程度上说明本县教师缺乏对理念、理论学习的内在需求，对高层次发展的需求不高。这种现象在教师调查问卷中也得到证实。近一半的教师（占比49.26%）将影响教学目标达成的因素归因于“学生厌学”，归因于“资源不足”的仅为9.41%。

应试教育现象仍比较突出。在访谈中，有的校长认为，到省外高水平学校跟岗学习最有价值的是能够获得这些学校的各类考试卷和复习题。有的校长认为通过周练、月考的方式倒逼着教师出好考试题，是提升学生成绩的好办法。在一些学校，校长、教师眼盯课堂教学，只重视展示知识点、考点和训练学生解题能力，加之教育行政部门对学校教育质量的评价方式较单一，学校只重视学生的学业成绩和升学率的现象较为普遍。由于学校开设课程单一，缺乏多样性、可选择性课程，难以满足学生的个性化发展需求，学生的学校生活单调、枯燥，导致后进生对学习失去信心，甚至厌学和辍学，这也制约了学校育人的质量和水平，制约了学校自主变革的积极性和主动性。

小结：自2001年启动新一轮基础教育课程改革至2019年，已经历了18个年头，但赫章县教师仍普遍存在以下问题：课程理解和课程育人意识淡薄，学校课程建设水平较低，国家课程校本化水平和能力较低，课程缺乏多样性和选择性，学生全面发展难以落实。在当前全面落实立德树人根本任务、促进学生发展核心素养、落实新高考改革方案的背景下，急需增进县域教师课程理解，强化学校课程育人理念和育人体系建设，进行课例设计、主题课程、拓展课程、项目式学习课程等方面的专业引领和跟进式指导。

（4）教师科研意识和研究能力薄弱，课程与教学改革缺乏专业支持

访谈和问卷显示，教师普遍具有敬业精神和努力做好育人工作的教育情怀，但对深化课程与教学改革缺乏深层次认知。有学校考核成绩位次靠前的校长说“有点成绩是硬拼出来的”。教师最关心的是教学设计和课堂教学的操作技术，缺乏基本的课程理解和研究动力，教师研究成果较少，水平较低。

多数教师缺乏科研意识。从对科研的认识水平来看，多数教师缺乏

科研意识，仅有的研究停留在教研活动和撰写案例等实践操作层面。调研问卷显示，一半以上教师（占比54.3%）在被问及“开展教育科研的主要途径”时，回答“对自己感兴趣的问题搜集资料，撰写论文”，超过一半的教师（占比59.54%）选择“教研活动并撰写案例/介绍经验/参加论文评选”，只有约三分之一的教师（占比33.8%）选择“参与立项的课题研究”，有24.8%的教师选择“为达到评职称或考核的要求，撰写论文”。在被问及“学校促进教师专业发展的主要方式”时，仅有4.72%的人选择的是“教师做课题研究”。

教师专业发展缺乏高位引领指导。调查问卷显示，促进教师专业发展的主要方式是“学校内部教师交流与研讨”和“参加区县开展的教研活动”，分别占55%和31.93%，“聘请校外专家指导”和“教师做课题研究”分别仅占3.06%和4.72%。

教师专业发展缺乏研究支持。问卷结果显示，教师接受新课程理念多数“经历实践中探索”和“克隆他人课件”等，分别占48.89%和18.06%，“创造符合个人教学特点风格”的仅占21.94%，还有约十分之一的教师，仍习惯于传统的教法，不重视新理念的运用。

教师专业发展领域狭窄。在回答“助力教师专业发展的最重要方式”时，超过一半的教师（占比52.89%）选择“课堂观摩与交流”，选择“开展课题研究”“专家持续跟进指导课程与教学改革”的人分别占21.44%、24.19%。调查问卷显示，有超过一半的教师（占比51.14%）在教师的专业发展方面，认为最需要提高的是“学科专业知识和教学技能”，认为需要提高“学科课程理解及其校本化研究”“学科拓展与学科融合的课程开发”的仅占3.16%和4.23%。从总体上来看，教师专业发展水平不高，多数仍停留在课堂实践操作层面，教学效率和效益较低，缺乏基本的教学研究能力和信息技术使用能力，课程与教学改革的专业支持水平较低。

小结：县域教师普遍关注课堂教学效果，看重教学操作层面的技术性改进，教研活动多数停留在教学经验交流层面，省市两级工作室活动多数采用示范课、展示课等形式。区域教育推进课程改革缺乏研究支持，教师研究能力薄弱，研究成果较少、水平较低。因此，急需推进基于问题解决的课例研究，推进课程校本化和校本课程研究，落实立德树人根本任务，落实新高考改革方案和指向学生发展核心素养的课题研究。

（5）高水平教师数量少，留守儿童数量多，县域教育均衡发展面临困境

全县专家型教师的数量较少。2019年时，全县只有1名正高级教师，有省级乡村名师和名校长共25人。名师工作室制度对全县教师队伍建设发挥了示范引领和辐射带动作用。但从总体上看，高水平教师数量少，全县教师专业发展水平仍停留在实践操作层面，多数教师只关注课堂教学表现和学生考试成绩，44.62%的教师认为自己不能有效地调动学生学习的积极性，自己任教的学科成绩不佳。在被问及什么人对自己的专业发展影响最大时，59.1%的教师回答是“学生”，其次是“家人”“专家”“校长”“教研员”，占比均低于16%，这在一定程度上也反映出在教师专业发展中最大的影响因素主要是学生学习成绩提升和学生成长发展的需求，教师在学校课程建设和教学改革中促进自身成长的需求较弱。

赫章县是贵州省深度贫困县之一，外出务工的人数较多，导致留守儿童较多，有些学校的留守儿童人数比例甚至超过80%。由于缺失家庭教育和缺乏情感关怀等因素，留守儿童的学习水平差异较大，教育困难程度较高。加之教师多关注升学有望的学生，对留守儿童的教育缺乏研究，难以调动这些学生的学习积极性。此外，学校开设的可选择课程很少，难以激发学生学习和发展的愿望，教师提升教学质量的难度较大，这在一定程度上影响了党的教育方针的全面贯彻落实，县域教育均衡发展面

临较大困境。

小结：县域教师队伍建设不仅整体水平较低，而且高水平教师数量少，留守儿童数量多。城乡之间、乡镇与乡镇之间在生源质量、教师队伍建设水平等方面，存在较大差异。满足学生个性化发展需求，关爱留守儿童的精神成长和学习水平差异，需要通过名师团队有针对性的引领指导，辐射带动工作室教师、各学校学科教研组团队协同发展，提升县域教育师资水平，促进县域教育均衡发展。

（6）教师自主学习愿望不强，主动应用现代信息技术及相关资源的能力较薄弱

“教师有读书写作的习惯”的问卷显示，约有三分之一的教师（占比32.78%）是“因为学校有要求”，“偶尔能读书写作”“想读书写作，但没时间”分别占40%和24.72%，可见偶尔读书或不读书的教师约占64.72%。干部问卷显示，约有三分之一的教师（占比31.11%）认为“工作负担太重，实在没有时间和精力学习”。有一半以上的教师（占比57.5%）认为“繁重的工作任务过多挤占了教师的时间”。关于“教师自我学习、自我提高的态度”的调查显示，“有计划、有目的地选择个人的学习内容和方法”的约占一半（占比54.44%）。教师备课时，除弄懂教材外，查看自己平时看的课外资料、网上资料的分别占38.61%、33.61%，课余时间能够借助网络学习的仅占三分之一多一点。由此看出，大多数教师不读书或很少读书，多数教师强调工作负担重等客观原因，缺乏结合日常教学改革需求而开展的学习和研究，缺少自主学习和自我发展的意愿。在开展的工作室调研中了解到，有些工作室负责人发起了工作室教师集体阅读指定书籍和文献的活动，但因为目标性不强，缺乏专业指导，出现“读不进去”“即使读了也感觉用处不是太大”的反馈。

40%的干部认为教学方法和信息技术的应用不能有效地激发和吸引

学生。有超过一半的教师（占比52.35%）在日常教学中主要采用的课程资源是网络课程资源，选择应用“校内开发的课程资源”“优秀教师开发的课程资源”的分别只有 18.15%、25.34%。可见，地方和学校自己开发的课程资源较少，没有搭建起地方或学校个性化的资源共享平台，县域内可利用的内生性优质资源缺乏及时优化和充分利用。从干部座谈中了解到，县域各学校已经严格按照国家标准要求的生均比例配置了计算机，“班班通”的比例已覆盖90%以上，各学校参加国培远程研修培训，均可在学校内进行，目前急缺的是适合教师自主选择的高水平网络资源。持续推进县域教师专业发展，需要搭建高水平网络资源供给平台。

尽管有84.95%的教师表示自己与家长沟通最常用的方式是“主动和家长联系，讨论学生的学习情况，希望家长给予密切配合”，但进一步调查发现，有超过一半的教师（占比53.36%）认为“学校教育需要社区、家庭配合，但是目前情况不太理想”，10.22%的教师认为“家长与社会经常对学生产生负面的影响”，11.69%的教师认为“社区、家庭教育内容和形式很难与学校教育匹配”。这在一定程度上说明，学校对社会资源的开发和利用水平较低，甚至对可利用的资源缺乏基本的认识或缺乏开发和利用资源的信心。

小结：大多数教师在工作之余不读书或很少读书，部分教师想读书但不知道读哪些书、怎样读书。在信息技术高度发达的时代，多数教师不能充分利用网络资源等开展学习和研究活动。尽管县域信息技术硬件配套较完善，但因缺乏县域和学校自主建设的共享课程资源，没有高水平网络平台资源可供选择，教师在日常学习和工作中利用网络资源的积极性不高，出现利用率低和效果不佳等现象。持续推进县域教师专业发展，引进高水平网络资源平台，协助地方搭建区域性资源共享平台，有利于专家团队利用网络资源跟进指导，有利于解决县域学校驻地分散、集中研修路程遥远和费用高等问题，有利于解决学校与留守儿童家长的沟通问题等。

二、赫章模式的路径实践系统

中国教育学会认真贯彻落实中央扶贫开发工作会议精神和《中国农村扶贫开发纲要（2011—2020年）》精神，充分发挥教育在扶贫开发中的重要作用，按照“政策导向、行政主导、专业引领、联盟发展、典型带动、辐射推广”策略，通过专家团队持续跟进，协助推进县域名师团队建设，提升教师专业化建设水平，促进中小学、幼儿园走自主发展之路，辐射带动县域基础教育均衡发展。

（一）建立多方协作组织方式和运行机制，推进县域教育内涵式均衡发展

构建政策导向、地方政府统筹、专家引领指导、联盟学校互动交流、社会力量支持的多方协作、多措并举的协作推进机制，按照“政策导向、行政主导、专业引领、联盟发展、典型带动、辐射推广”策略，基于问题、项目驱动，优化路径，着力建设一支县域高水平名师团队，辐射带动县域教师队伍走专业发展之路，提升县域教育内涵式均衡发展水平。

建立高效的组织方式和运行机制，为项目顺利实施提供保障。中国教育学会和赫章县分别成立由主要负责人牵头的“赫章县卓越教师发展计划”项目办公室（以下简称县项目办）。在此基础上，经双方协商成立“赫章县卓越教师发展计划”项目领导小组办公室。办公室设在中国教育学会，主任由中国教育学会主要领导担任，执行主任和副主任由双方领导担任，其成员为“全国知名教育专家指导工作站”的专家和赫章县教研室研究人员等。赫章县项目办需整合县域内由县教研室教研员、名师、名校长组成的专家团队（以下简称县专家组），在中国教育学会专家组的指

导下，撰写“赫章县卓越教师发展计划实施方案”，并承担日常项目推进工作，与中国教育学会专家组一起，持续跟进项目开展，在提升“赫章县卓越教师发展计划”人选专业水平的同时，不断提升县域内专家团队的专业发展水平。

（二）基于问题，明确任务目标和重点工作，制定“赫章县卓越教师发展计划实施方案”

由中国教育学会组织专家深入赫章开展教师专业发展状况调研，诊断当前赫章教师队伍建设的发展优势和存在的主要问题，明确县域名师团队建设的任务目标和重点工作，撰写“赫章县教师专业发展状况专家诊断调研报告”。赫章县专家团队要开展县域教师专业发展状况的内部调研，撰写“赫章县教师专业发展状况自我诊断调研报告”。经中国教育学会专家组与县专家组开展对话交流，由县专家组完成“赫章县教师专业发展状况诊断报告”，并在中国教育学会专家协助下撰写“赫章县卓越教师发展计划实施方案”，经广泛征集各级领导和专家的意见，由双方专家组研究修订确定。

（三）遴选“赫章县卓越教师发展计划”人选，构建促进卓越教师专业发展的课程体系

遴选“赫章县卓越教师发展计划”人选（以下简称项目人选）。赫章县教育科技局综合考虑项目人选的遴选条件，可考虑从县域内省县两级工作室负责人中遴选，也可考虑从县域更大范围内遴选，兼顾片区覆盖面和卓越教师的辐射带动力等。经过两年的培训，学员完成培养方案中的修课要求与研究任务，经审核答辩，可确认为“赫章县卓越教师”。

研制项目人选的课程体系。该课程体系由四大模块（篇）和若干主题组成。在实施过程中，可根据阶段性推进需要，适当调整各模块和主题的实施顺序，如申报和完成一项立项课题，作为持续推进的长线项目，

可提前到第一阶段启动。

（四）提升课程领导力，强化课程校本化研究能力，深化县域教育课程改革

课程领导力是以校长为核心的学校课程团队为提升学校课程品质，在课程实践过程中体现出来的规划、执行、建设和评价的能力。学校课程团队不仅包括校长、中层领导，还包括教师、学生和家长等。目前急需提升项目人选的课程领导力，让其走到前台来指导学科团队开展课程与教学改革研究，以增强学生对学科原理本质的理解能力，增强学科拓展、多学科整合，以及学科与生活、社会等资源的统整等方面的课程理解与实践能力，切实落实立德树人根本任务，促进学生发展核心素养。在当前教育改革背景下，提升课程领导力旨在全面提升学校育人质量和品质，让每个学生享有公平而有质量的教育，促进学生全面而有个性的发展，全面提升国民整体素质。赫章县域教育的当前发展阶段，急需提升校长和学科骨干的课程领导力，以完善学校育人系统的顶层设计，包括厘定课程育人哲学，构建学校课程育人体系，创新课程实施方式和建立监控评价运行机制，搭建课程资源平台和建立保障体系等。

在转型期，提升学校课程领导力比以往任何时候都更加重要和意义深远，也比以往任何时候都需要高度、深度和广度。教师作为课程建设的领导者，需要“跳出来”，明确学科课程育人的价值观和育人目标，构建学校和学科团队特色鲜明的课程育人体系和实施方式；教师作为课程领导者，需要“扎下去”，提升学科教学设计能力，强化优质课堂建设，增加课程实施操作的深度。

通过专家报告、跟进式课程整合与校本化研究、主题教学设计或项目式学习研究等活动，增进教师课程理解能力和课程实施能力，辐射带动县域教师全面提升课程建设水平，让全县中小学、幼儿园共享更高水

平的课程建设成果。

（五）提升行动研究能力，强化研究成果的区域应用和推广

突出项目人选课题研究工作。可采用长线项目（课题研究）与各类主题并行的做法，让项目人选体验有专家指导的课题研究的全过程。通过课题研究，指导教师基本掌握研究方法和研究规范，让研究成为教师职业生活的一种习惯。

增强课题研究的专家指导。聘任课题指导专家，采用导师制，带领学员了解选题（可以是正在研究的课题）、开题论证、研究过程、研究成果提炼、发表与推广等环节，以集中培训和个别指导的方式跟进名师研究全程指导。

加强项目人选的课题立项工作。要求每一名人选都要申报一项县级以上课题，经专家评议和指导，参加中国教育学会等机构的专项课程申报。

强化项目人选成果的应用推广。有关落实立德树人根本任务、指向学生发展核心素养的课程建设与教学改革，学科整合、拓展和多学科统整，以及教师专业成长、学生自主发展等方面的研究成果，应及时跟进指导，及时搭建主题性成果推广交流平台，向全县乃至更广泛的地区推广。

重视项目人选成果的提炼和结集出版。项目推进过程中会产生不同主题的研究论文、优秀课例和课题研究成果等，从中遴选部分高水平研究成果，结集出版，作为县域“卓越教师发展计划”项目的阶段性成果，进行更大范围的应用推广。

（六）将专题培训与跟进式指导结合、跟岗学习与远程指导结合，搭建多种形式的交流平台和网络资源平台

根据项目实施方案及其课程要求，结合项目人选的实际需求，搭建多种形式的交流平台和网络资源平台。

一是将专题培训与跟进式指导结合。设置研修专题及其跟进式实践指导活动，将专家报告和实践改进需求紧密结合起来。二是将跟岗学习与远程指导结合。一方面，选择北京、山东等地快速发展起来的学校或名师，建立“一对一”或“一对多”帮扶与协同发展，在交流互动与跟岗学习中提升教师的专业发展能力；另一方面，通过 QQ 群、微信群、引进外地援助的网络资源平台等，搭建网络资源学习和交流平台，根据主题推进需要，精选学习和研讨主题，专家组通过网络跟进指导，让更多教师共享优质研修资源，增强研修效果。

研修采用线上与线下结合的方式。其中，线下集中研修要求明确主题，引进省内外高水平专家和名师，实施高位引领和示范性指导。项目人选结合研修主题，采用主题报告、同课异构等方式展示学习成果。

（七）强化示范作用，辐射带动区域教育均衡发展

搭建县域交流平台，辐射带动区域教育均衡发展。启动本项目旨在培植县域名师，充分发挥其示范引领作用，在区域教育内涵式均衡发展中做出应有的贡献。安排有专家跟进指导的专题培训、主题研究等活动，提前发布活动主题及内容预告，向工作室负责片区或县域开放，借力专家资源和不同形式的研讨活动，搭建更广泛的交流平台，辐射带动区域教育走内涵式发展之路，促进区域教育均衡发展。

各乡镇可以模拟本项目推进方式，遴选本乡镇“卓越教师发展计划”人选，通过组建外聘专家、县和乡教研员、乡镇名师、名校长组成的专家团队，持续跟进指导，培植典型，辐射带动镇域教育均衡发展。

（八）重视过程监控，建立评价激励机制

各项目人选应按计划完成预期的学习、研究、带队伍和辐射片区活动等任务，提前申报和发布主题活动，以便县项目办及时跟进督导和指导。县域层面开展的主题活动，经县项目办专家集体确认，主讲课例可纳入县级示范课或展示课管理。各相关学校、教育行政部门，在评选地方名师、学科带头人、优质课、示范课等方面，应给予项目人选更多参评机会；在教学工作量、外出学习、论文发表和出版等方面，应给予项目人选适当的政策倾斜和经费保障。

第四节　赫章模式的长效推进机制

在中国教育学会赫章项目组专家团队深入调研撰写诊断报告和赫章县教研室牵头县域教育自我诊断的基础上，经过多轮次双向交流和研讨，形成了基于证据的赫章县县域教育扶贫推进方案，初步构建了赫章模式推进框架和长效推进机制。

一、深入调研确立赫章模式精准扶贫方案

在确定将赫章县作为教育扶贫点之后，中国教育学会成立调研组，赴赫章县了解县域教育发展基本状况。专家与地方教育行政部门、学校校长、教师交流，并实地考察了部分学校。专家反馈，县域教师队伍建设存在活力不足、专业发展水平低的问题，确立了以促进教师专业发展，嵌入式开展精准扶贫的方式，制定了《赫章县干部对教师教育教学实际情况调查问卷》《赫章县教师教育教学实际情况调查问卷》，抽样调研干部360人、教师1488人。

2019年5月21日至23日，经中央统战部搭桥，时任中国教育学会副秘书长游森，副秘书长、研究员高书国率领调研组赴赫章县，以座谈、访谈、问卷、查阅文献等形式对管理干部以及中小学和幼儿园校（园）长、教师、学生和家长五个主体开展调研。参与本次调研的中小学、幼儿园共20余所，后续持续进行不同主题指导活动的调研。本次调研进一步确

认了乡村教师队伍建设是赫章教育的短板，明确提出把县域教师队伍建设作为精准扶贫的主线和重点；以启动“全国知名专家教育指导工作站”为引领，联结和协调不同层面的教育专家和多样化共享资源；以专业支持嵌入县域教师队伍建设为主线，兼顾县域教育整体推进的资源性供给，统筹规划，启动赫章县教育扶贫项目，在持续推进县域教师队伍专业发展的同时，引领县域教育走改革创新、自主发展之路。

在明确了赫章县域教育帮扶思路后，专家组经与赫章县政府、教育行政部门、一线校长和教师等反复研讨论证，初步建构起了由“一个理念”“两大转变”“七大策略”及“三位一体”质量保障机制构成的赫章模式框架。

二、研制精准扶贫规划推进多样化资源供给

在深入调研的基础上，针对县域教育发展优势和存在的主要问题，确立嵌入式精准扶贫方案，其主要帮扶策略有以下四点。

一是建构专家团队，实施高位引领指导。通过主动邀请和广泛宣传吸纳，建构起一支充满教育情怀、志愿扶贫的专家队伍，包括来自全国知名高校、教育研究机构、中小学、幼儿园的专家、名师、名校长和一线教师等，分期分层压实系列性主题推进工作，助力赫章县达到国家教育扶贫验收标准。

二是精准谋划提升县域教师专业发展水平的主线嵌入推进策略。以“全国知名教育专家指导工作站”为基础搭建专业支持资源平台，嵌入全省持续推进的乡村名师工作室、县域教师队伍建设主题活动等，夯实扶贫主线推进工作。

三是在借力外来专家和名师开展系列主题活动的同时，牵线搭桥，建立跨区域学校“一对一”“一对多”结对帮扶机制，促进专业支持资源

供给的可持续性，助力赫章教育快速提质发展。

四是搭建广泛的交流平台和网络资源供给平台。中国教育学会先后纳入北京、山东、四川等地的教育共享资源。在疫情期间，“互联网＋”带来协同学习的契机，仅山东省济南市历城区教育和体育局，就在全区不同学段遴选优质资源课，向赫章县推送了141节优质资源课，为赫章县教师输送了丰富的学习和应用资源。疫情期间丰富学习资源的注入，充分调动了赫章教育人学习的积极性和主动性，校长和教师自我加压，努力学习研讨，同时克服各种困难向学生推送在线学习资源。

赫章县教育科技局高度重视资源管理和应用，及时监控和协调指导。中小学、幼儿园主动吸纳外来智慧和资源，增强了学校自主变革的愿望和能力，提升了赫章教育内涵式均衡发展水平。

三、搭建结对帮扶交流平台促进专业发展

中国教育学会发挥自身学术平台优势，组织发动来自北京、山东、广东、四川、江苏、河北、河南、甘肃等省市42所中小学、幼儿园与赫章82所中小学、幼儿园结成了结对帮扶对子。

一是帮扶学校持续为受助学校提供跟岗学习、送教送课、分享资源等多种形式的支持和帮扶。

二是帮扶学校针对受助学校不同阶段校长、教师群体的专业发展需要，持续分批次深入赫章，以校长、骨干教师系列讲座和现场听课、评课交流形式，实施专业引领指导。在帮扶过程中，重视县域教师队伍主线嵌入帮扶的规划落实和阶段性主题设计，体现进阶式持续推进和对新生成问题的重点突破。针对乡村名师工作室在开展课题引领教师专业发展过程中存在的问题，中国教育学会邀请来自北京、天津、山东、四川等地的专家，多批次深入赫章乡村名师工作室指导教师开展“基于问题”“课

题驱动”“行动研究”活动，高位引领教师开展教学和科研工作，解决教学问题，促进专业成长。2019年11月，中国教育学会邀请重庆市巴蜀小学等全国部分省市的国家级教学成果奖获得者，前往赫章县开展系列性成果推广活动，通过对课题选题、过程培育、成果提炼等环节进行理论与实践指导，同时呈现多学科生动鲜活的课例，与千余名教育工作者进行面对面交流分享，指导当地教师开展教学设计和课堂改造。参与活动的教师纷纷表示与名师对话受益匪浅，这样的帮扶太给力了，可谓是“真实情境引领带动”“具体实操体验成长”。

随着专家团队的深层次介入、帮扶学校跟进指导和多样化区域推进资源持续供给，各类主题性研讨、教研新机制建立、家校共育、学生管理、课题驱动等新扶贫支点和推进策略相伴而生。发现问题和及时解决问题，已经成为专家和结对帮扶学校的自觉行为，扶贫工作已从嵌入转向融入长效机制。疫情期间，针对学生线上学习，专家指导研发引领学生自我管理的地方课程，并为赫章学生网络直播授课。针对部分学校教研效果不佳的情况，专家自觉深入学校指导开展“研训一体”的校本研修，对如何从推进课程建设和教学改革实践中选题、如何开展自我反思和同伴互助提升教研效果、如何从教研选题中遴选研究课题、如何申报课题和撰写成果报告、如何组织校内外培训等方面，进行深入细致的指导。

中国教育学会领导和专家持续跟进现场指导和持续推进系列性主题活动，让赫章的学校和教师在帮扶长效机制中深切感受到了持续的获得感。

四、构建教育扶贫保障机制实现长效脱贫

中国教育学会重视系统规划帮扶赫章县教育脱贫方案，构建由“一个理念”“两大转变”“七大策略”组成的赫章教育脱贫基本保障体系及其

运行机制，分期分层压实系列性主题推进工作，助力赫章县打赢脱贫攻坚战，由“输血”向“造血”转变。中国教育学会杨银付秘书长多次带队前往赫章县，指导扶贫工作，要求“尊重主体、激发活力，构建主动性、能动性县域教育推进机制”，赫章县帮扶工作正是沿着这样的推进思路不断激发教师的成长愿望，不断发掘学校自主变革的内生力量。

扶贫先扶智，兴业先兴才。时任中央统战部挂职赫章县委常委、副县长王华对教育帮扶工作给予热情洋溢的称赞，认为中国教育学会帮扶团队是摘除赫章教育长期落后帽子的重要力量，为教师专业发展点亮心灯，照耀着赫章教育开启改革创新、自主发展之路。

第五节　赫章模式的整体布局机制

赫章模式在持续跟进的帮扶过程中得到验证、修正和完善。中国教育学会项目组专家将扶贫方案的实施，无缝对接赫章当前教育改革与发展过程，嵌入赫章教育日常工作中，以解决赫章教育存在的问题和不足，使其教育实施过程得到高水平发挥，教育效果逐渐趋近优质。这样的帮扶不会给教师增加额外负担，相反，由于优化了教育方法，教师能感到教育的愉悦和美好。共享式教育帮扶是平等的内驱力触发过程，帮扶学校的教师像朋友一样与赫章各校教师融洽相处，在相互信任的基础上开展教育帮扶工作，使赫章教师变得更主动、好学、钻研；帮扶学校教师被赫章教师在艰苦条件下努力前行的态度所感动，发现了提升自己的新视角，这样的帮扶呈现出双向提升的态势。

中国教育学会对组建的赫章帮扶专家团队实施规范化、精密化、常态化管理，同时不断拓展多方协同资源供给，形成嵌入式区域教育精准扶贫合力。

一、实施“捆绑式”专家配置，强化专业引领

中国教育学会建立“G-U-S”多方协同推进机制，通过成立项目领导小组，负责统筹协调、审议、决定重大事项，成立“全国知名教育专家指导工作站”，组织项目组专家开展诊断性调研、主题性培训、校长和教师培训活动、跟岗学习等。在扶贫工作推进过程中，中国教育学会分阶段推进工作，确定重点推进主题，选派有教育情怀、有专业帮扶针对性的专家持续跟进现场指导。根据帮扶学校和受助学校的优势和实际需求，建立“一对一”或“一对多”结对帮扶机制，并制定帮扶实施细则，确保帮扶工作深入开展，双向互利共赢。

帮扶工作涉及学校文化、学校管理、课程建设、教学改革、教师队伍建设、学生自主管理、学校特色发展、资源平台建设等若干领域，中国教育学会针对不同推进阶段的需要和不同学校个性化发展的需求，分期分批跟进现场指导。在帮扶过程中，持续跟进教师队伍建设，指导乡村名师工作室深入开展主题性研究工作；跟进学科教研，组织开展单元整合教学设计，收集和整理课堂教学优秀课例视频和教案资料等教学资源；跟进课堂，开展同课异构、课堂观察与评价指导；跟进高水平教师队伍建设，鼓励赫章校长、教师到教育发达城市跟岗学习。一系列由专家和帮扶学校队伍跟进的助推活动，让赫章校长和教师在开阔视野、拓宽思路、增长见识等方面有了快速的提升，为整体推进赫章教育发展注入了生机与活力。

案例

学会搭建银河桥，琼英携手幼教行
——常州银河幼教集团帮扶赫章学前教育案例

○ 赫章县第一幼儿园　陈　琼

初结缘，时老牵线琼英会

2019年10月，中国教育学会帮扶赫章第二阶段的活动即将结束。临行前，带队的时俊卿教授叮嘱我说："你尽管放手做，资源的事我来帮你。"几天后，正在杭州学习的我收到了时老的消息："我帮你搭建了最好的平台——常州吴亚英园长团队，你自己得牢牢抓住机会咯！"我随即向吴园长发出了添加微信好友的请求，还要了她的手机号码。得到吴园长应允后，在结束学习的当天，我踏上了杭州到常州的高铁。

见面时，吴园长已在正午烈日下等候我多时。餐桌上，她认真地听我讲述偏远山区学前教育的现状、教师专业发展的困境，以她二十年前的亲身经历回应我她的感受。轻松愉快的交流很快就将初见面的拘谨和生涩感消除了。午饭后，吴园长把自己休息室的床让给我休息，自己在外间沙发上打了个盹。

下午，吴园长带着我参观了幼儿园，向我介绍园所文化和建园治园的经验。因为突然接到上级紧急任务，她又把我托付给了正要组织教研活动的汪田田老师，让我参加幼儿园的教研活动。夜深人静了，我和吴园长还在促膝交谈，她向我详细了解赫章学前教育现状、幼儿园办园理念和目标、存在的困难和发展需求。

此后，我们俩开始了频繁的线上交流，在对赫章的幼儿园布局、师资队伍、课程和教研基础、问题需求有了全面了解的基础上，吴园长带着她的团队为赫章量身制定了帮扶引领方案。

名师课，隔空送教传真经

2020年6月，吴园长团队与赫章县学前教育云端牵手，开启第一阶段长达100天的“云端名师课堂”送教活动。吴园长列出了丰富多样的课题菜单，供赫章的教师点餐式选择，利用钉钉群进行示范课展示。王彦园长的体育活动“勇敢的小伞兵”，让教师知道体育活动中如何利用身边的资源设备来达成幼儿的体能锻炼目标，如何化解安全保护和鼓励挑战的矛盾冲突。吴园长的数学活动“拨整点”提前让教师熟悉教案，让大家明白教学设计中如何把握《3—6岁儿童学习与发展指南》领域目标，预设各个环节中可能出现的情况，做有专业深度的老师。课例展示之后，吴园长解读如何运用“兵教兵”教学法，激发幼儿学习中的主动性和主体性。陈华芳园长的美术活动“伞花朵朵开”让教师领会如何将艺术活动生活化、情境化和游戏化。

每次示范课展示之后，吴园长都要带着教师一起进行线上教研，让教师能看得懂课，能理解专家的理念和设计意图，能学到教学方法和技能。吴园长设计的学习心得反馈很实在，她要求每个教师从“你学到的点有哪些”“对你而言哪些地方会存在困难”“你接下来有何打算”几个方面进行审视反思，提交学习心得，她在对教师的学习情况反馈进行分析后及时调整下一步的培训指导内容。三个多月的线上学习刷新了大家对网络学习粗放性、随意性的认识，虽远隔千里，但教师真真切切学到了新的教育理念，得到了方法的指导，更感受到了吴园长严谨厉行的学习和工作作风。

赫章行，智慧成溪情长流

2020年10月，国庆长假还未结束，中国教育学会专家和吴亚英园长带领的常州幼教帮扶专家团队来到了赫章，开始了第二阶段的入园视导、面授培训。五天的时间，专家们深入大山深处，了解农村学前教育的现状和教师工作的状态，倾听一线教师的困惑和需求，对幼儿园园所文化、课程实施进行现场把脉，为幼儿园发现问题、梳理问题、解决问题，分享自己在园所管理、文化打造、课程建设等方面的智慧和经验。

10月9日下午，在中国教育学会联引各地名校（园）帮扶赫章签约仪式上，常州市银河幼儿园与赫章一幼、五幼，常州市新北区魏村中心幼儿园与赫章三幼、六幼，溧阳市东升实验幼儿园与赫章四幼，常州市金坛新城实验幼儿园与赫章七幼分别签订了结对帮扶协议，“三领”“三做”“三还”的帮扶引领目标将在后续帮扶活动中逐步落实。千里情缘银河牵，银河幼教集团与赫章学前教育携手共建的基调已定，全方位帮扶引领将再上一个台阶。

育种子，精心培养展真诚

在第一阶段的名师课堂交流中，吴亚英园长提出了为赫章不同幼儿园培养50名幼教种子教师的计划，这一计划与我的想法不谋而合。到赫章后，种子教师的选拔培养计划进一步落实，目前已在城区七所幼儿园中遴选53名种子教师，经过为期一年的培养，助其成为引领全县各幼儿园教师专业发展的“领头雁”。日前，53名种子教师正在吴园长的指导下，分成10个阅读小组，开始了理论奠基——阅读打卡行动。每名教师要在一年内完成精读5本幼教专业论著的任务。每一本书，吴园长都会指定一名领读教师，进行导读、打卡统计，并在整本书读完之后，进行全员读书分享，让教师将书中的精华及其与工作能对接的点进行分享交流，达到学有所思、学以致用的目的。这样“理论 + 技能 + 实践”同步推进的培养方式，让种子教师得到更有质量的专业滋养，成为打开赫章学前教育新局面的种子力量。

琼英情，亦师亦友携手行

如果说一年前时教授的联引是红线，我的常州行是遇知音，那么后期我们得到的帮助则不仅仅是源自吴园长及其团队对时老的承诺，还源自他们对赫章幼教人的鞭策与支持和对赫章学前教育的情怀与担当。常州、赫章携手共建模式全面展开，网上研训、现场互动、经典共读、园际岗对岗合作，都将会是1+1>2的助推器。在吴亚英园长等专家的引领下，赫章幼教群英荟萃的美好愿景指日可待，赫章的学前教育定会向上向好。

二、突出行政主导，构建多方协同推进机制

“G–U–S”多方协同推进机制成立项目领导小组，负责统筹协调、审议、决定重大事项。设组长两名，副组长三名，分别由中国教育学会和赫章县人民政府领导担任。下设办公室、调研组、专家组，广泛吸纳社会各方力量参与帮扶工作，形成了地方行政主导、专业力量支持、结对学校帮扶的多方联动、智慧众筹、多方协同推进机制，在帮扶过程中凝聚起了推动赫章县域教育改革的巨大力量。

赫章县各级政府和教育科技局领导非常重视中国教育学会给予赫章破茧成蝶的变革机遇，期待中国教育学会对赫章各学校改革的回应，期盼中国教育学会给予学校提升的务实建议。县政府高度认同中国教育学会指导赫章教育全面深化改革的理念策略，坚决支持中国教育学会在赫章的帮扶，多次表示与中国教育学会勠力同心，其利断金，时不我待，

必须只争朝夕。县政府领导多次指示各学校校长要提高政治站位，紧紧依靠中国教育学会，汇聚各方力量，坚持一张蓝图绘到底，一以贯之抓落实，再接再厉、接续攻坚，将中国教育学会专家的帮扶意见落实到位，如期完成任务。科学分析教育质量上不去的多种因素，围绕主要矛盾，兼顾次要矛盾，综合施策，对症下药，靶向治疗，激发教师的内生动力。集中智慧、集中力量、集中资金，形成“一盘棋”，合力推进赫章教育质量提升，多举措并举，实现赫章教育的全面发展。

中国教育学会专家团队在前期整体调研和跟进式研究的基础上，向赫章县教育管理部门提出改进建议，改善学校的教育生态，明确学校和教师的责任边界；尊重教育规律，减少非教学专项工作进校项目，控制挤占正常教学时间、德育活动时间、体育锻炼时间开展各类行政系统的“任务”，设定各学校考核的最高次数限制，减少形式主义的行政检查和督导评估，对学校开展的督导评估采取随机抽取检查对象，禁止提前通知学校准备迎接行政检查和督导评估；给予学校更多的办学自主权，减少对学校管理的行政约束，给学校“松绑”，改变当前有些学校紧盯升学率，急功近利，学生被动听讲、机械训练和作业量大、低效等违背立德树人宗旨的现状；建议教育管理部门列明权力清单，明确学校应该完成什么、政府应该保障什么，加强学校的内部治理体系，让学校把主要精力投入到发掘内在潜能，盘活内生力量，提升教师专业发展自觉，努力建设高质量育人体系；建议赫章跟上教育现代化的脚步，建议赫章政府建立网络学习公共服务体系，保障赫章中小学生的网络学习；各种培训应该有规划周期，要有启动、有实施、有评估。

赫章县委县政府高度重视帮扶工作。中国教育学会每次组织大型的帮扶活动，县委县政府都委派分管领导至现场调度和协同指导，充分发挥了行政主导作用。赫章县教育科技局制定和完善主动接受对口帮扶和跨省远程交流的相关措施和具体办法。当地表示，赫章县要抢抓中国教育学会教育对口帮扶的机遇，全力以赴抓好教育提升攻坚保障工作，为按时高质量打赢教育脱贫攻坚战提供人才支撑和政策保障。

县政府的全力支持是中国教育学会做好帮扶工作的重要条件。我们需要建立教育扶贫的长效机制，通过教育阻断贫困代际传递。教育帮扶不是今天扶今天好，明天不扶明天倒。我们要着重建立起教育帮扶的长效机制，努力实现从“扶着走”到“自己走”的转变，努力实现全方位教育帮扶，建立精准的教育帮扶预警长效机制，防控教育返贫，找准教育帮扶的着力点，实现教育帮扶的愿景。

县政府强大的动员能力和支持力，促进了中国教育学会项目顺利实施。一年的时间，中国教育学会在赫章的教育帮扶已实现学前、小学、初中、高中全覆盖。

㊟㊢

获取办学智慧经　实现转型促发展
——中国教育学会和北京市第五中学通州校区帮扶贵州省赫章县六曲河镇初级中学纪实

○ 赫章县六曲河镇初级中学　余德学

课堂教学的低效是我校教学质量提升的障碍，凭借中国教育学会和北京地区的优质教育资源，开展结对帮扶，在名校教育的引领下，我校课堂教学由低效向高效转型，教学质量得以提升，学校教育得以长足发展。

2019年9月22日，在中国教育学会的协调帮助下，我校与北京市第五中学通州校区（以下简称北京五中）结对。经两所学校领导商定，决定先由我校派出教师到北京五中进行跟岗学习。

我们学校是一所山区学校，教师很少有机会外出学习，甚至有的教师直到退休也没有外出培训过。当刘光文校长在全校教职工大会上把跟岗学习的消息告诉教师时，很多教师都问："刘校长，我们真的可以到北京去?""什么时候可以去北京?""可以让我去吗?"教师都渴望着、期待着能去北京看看。

派哪个学科的教师去最合适？派谁先去？难题来了。刘校长把班子成员召集起来，广泛征求大家意见。通过讨论，大家一致认为，优先考虑教学管理人员和学科骨干，先强化教学常规管理，学习发达地区课堂授课经验，实现课堂转型，尽量减少无效、低效课堂，创建高效课堂，向课堂要质量，逐步提高办学质量和办学水平。工作思路形成后，由校长室指导，学校办公室牵头，其他各处室协助，根据《六曲河镇初级中学教职工量化、绩效考核方案》《六曲河镇初级中学班主任考核方案》《六曲河镇初级中学教职工考勤制度》对教职工量化考核结果，教师早、晚辅导次数统计结果，教师教育教学常规工作表现等进行综合考核评价，最终推荐分管教学的副校长刘文举同志和教学骨干沈宇老师到北京五中跟岗学习。

2019年11月8日，两名教师怀揣着无比激动与期待的心情，踏进了这所名校，开始了为期一周的跟岗学习之旅。在韩竹副校长的帮助下，他们深入课堂，感受一流的高效课堂教学。朱宇辰老师精心设计导学案，在整个教学过程中非常注重对问题的设计，提出的每一个问题，都会留充足的时间给同学们思考和讨论；对同学们给出的回答，她都会及时回应，让每一名学生都感到自己被关注，真正体现了学生在学习中的主体地位，教学效果非常好。杨海英老师的化学课，更让他们激动不已，颇受启发：从观看多媒体视频到现场实验演示再到学生的表达与交流，直至得出结论，都体现了探究式学习。像这样的课堂，他们在北京五中还观摩了许多许多……北京五中先进的教育理念、高效的教学方法和对待教学工作的严谨态度，深深地影响着我们派出的跟岗教师。

两名跟岗教师回来后认真撰写学习心得，在教师业务学习会上分享经验，起到较大的辐射引领作用。沈宇老师率先进行示范课堂转型，他重新思考和设计自己的教学，一开始遇到了很多问题，举步维艰，但他从不气馁，下定决心，一定要让课堂活起来，要让学生学起来。他利用在北京五中学到的方法，从课堂提问入手，精心设计每一个问题，让同学自己思考和总结。一节课下来，他发现效果比之前直接告知结论、机械式讲授好多了，学生掌握得更好了，也更愿意思考了，化学课被他上活了。看到沈宇老师的课堂成功转型，其他老师也跟着效仿，有效课堂教学在我校慢慢展开。

为精准帮扶学校教育教学，提升课堂教学水平，2020年10月12日，时俊卿教授、北京五中教学副校长韩竹同志赴我校开展课堂教学调研和分享课堂教学听评课成功经验活动，我校部分师生共60余人参与活动。

两位专家听取我校骨干教师唐兴敏老师的授课后，进行问诊评课。韩校长从专业知识、教材把控、教学基本功方面肯定了唐老师，随后诊断唐老师在课堂教学层面的问题：她希望唐老师在课堂上留给学生一定的时间，对当堂教学重难点进行练习检测；及时介入学生问题探究，多定性评价，多激励赞扬；多设问，多让学生展示；多点评，多与学生交流互动，保障课堂高效。韩校长指引教师在课堂教学时必须要心里装有学生，教学才能做好，要把课堂交给学生，让课堂成为与学生真正交流的平台，给学生的学习增值，塑造课堂的智慧教师和真学习的学生，实现课堂转型。时俊卿教授指导教师如何在评课时选择一个点进行问诊，希望教师在听评课时能找到缺点，真正把教研搞好。两位专家的评课得到参评教师的高度认同，学校领导及参评教师衷心感谢两位专家的帮助。

两位专家临行时，建议学校再派教师进京“取经”。2020年11月13日，学校又选派罗斌和郭冬两名优秀班主任赴北京五中跟岗学习，他们不但参与走进课堂、备课等教研活动，还特别参观、学习、体验北京五中的社团活动。两名教师开阔了眼界，增长了见识，深有感触。回校后，他们将学到的经验传达给学校的其他教师，将先进的方法用于学校的社团活动。学校以乡村学校少年宫为依托，成立乡村学校少年宫办公室并明确专人负责，组建道德讲堂、书法、美术、手工标本制作、舞蹈、器乐、声乐、心理咨询、足球、篮球、棋艺、阳光少年之家等社团，结合学校实际拟定活动方案，计划并抓好落实。

仰仗中国教育学会，牵手北京五中，我校课堂转型的理念得以传播，“生本教育”的内涵在这里得到了很好的实践，高效课堂得以实施，教学质量得到提高，学校中考成绩逐年提升，由2017年的全县倒数第一名跃升至2020年全县第二名，期末统考、中考联考的成绩也在同类乡镇中名列前茅。我校听评课也发生了变化。经两位专家指导后，我校的听评课不再流于形式，而是由学校班子成员自由组合，进行推门听课，而且听完课后，专挑毛病进行评价交流。经这般操作后，有效课堂得以展示，教师的专业技能也得到提升。社团活动多姿多彩，丰富了学生的课余生活。

自结对帮扶以来，我校有1名教师获贵州省教学科技成果辅导三等奖，1名教师获市级足球优质课竞赛二等奖，2名教师分别获县级实验技能大赛一、二等奖，6名教师分别获县级优质课竞赛一、二、三等奖，2名教师被评为县级骨干教师；2019年学校获“毕节市文明校园”荣誉，2019年学生社团活动组织获赫章县二等奖，经典诵读《少年中国说》获2019

年赫章县中小学生经典诵读大赛三等奖，《军港之夜》《中国，中国，鲜红的太阳永不落》获赫章县第四届中小学生器乐团队大赛暨2019年乡村少年宫成果展示二等奖，推荐参赛的器乐节目获毕节市第四届中小学中小学生交响乐（器乐）团队大赛优秀奖，2019年获赫章县第四届中小学校园足球联赛初中男子组第一名、女子组第二名；2019年团支部获“赫章县五四红旗团支部”荣誉，2020年团支部壮大为团委，同年5月获得“赫章县五四红旗团委”和“贵州省五四红旗团委”荣誉，同年团委干部参加“毕节市团委书记团务技能大赛”获团体组织一等奖；2020年少先队获“赫章县优秀少先队大队集体”荣誉，2020年八（6）中队被评为“贵州省优秀少先队中队”；2020年组织学校足球队参加2020年毕节市校园足球联赛暨青少年足球锦标赛获初中男子组第七名。

目前，我校课堂教学发生了质的改变，教学质量也相应有了很大的提高，学校社团活动丰富多彩并极具特色，教师专业技能不断提升，学校正朝着实现中国“教育梦”的伟大进程迈进。

三、开发多元课程，让校园充满生命的活力

以学生发展为本，增加课程多样性、选择性，促进学生全面而有个性地发展，为每个学生建构完满的学习生活，为每个学生终身成长和可持续发展奠基，已经成为新时代中小学、幼儿园深化课程改革的价值追求。改变一些学校不能开齐国家三级课程，只开设升学考试课程，忽视开设多元化、可选择的校本课程，课程校本化研究水平低、教学效益低下等现状，成为中国教育学会帮扶工作的重中之重。

针对上述问题，中国教育学会派出高水平课程改革专家通过作报告、跟进现场指导等方式，解决学校校长和教师的观念转变问题、课程理解和课程建设专业支持问题。结对学校通过线上线下交流研讨、案例示范

和手把手指导，提升教师课程资源整合和课程研究能力，以大单元整合、大概念统整、主题课程设计等方式，引领教师开展学科教学设计、跨学科主题教学设计和项目化学习设计等，使学校的课程日益丰富、教师的教学水平不断提升，学生的校园生活日趋丰富多彩，课堂教学改革不断深入。基于问题和自身经验反思的研究创新，从破解教育教学难题出发，通过集体校验、专题设计研究等，发展了教师的研究兴趣。有专业支持的教学生涯增强了教师的职业幸福感，促进了赫章教育范式转型，提升了学校整体育人的教学质量和水平。

案例

心手相联结对共研讨　提升学校课程育人品质

○ 赫章县珠市彝族乡中心小学　普顺艳

珠市彝族乡中心小学坐落于贵州屋脊韭菜坪山麓，学校创办于1921年9月，距今已有一百余年。它历史悠久，历经沧桑，是赫章县唯一一所彝族乡中心小学。2012年10月，学校正式被毕节市民宗委授牌为“彝汉双语和谐环境建设市级示范点”。在中国教育蓬勃发展的今天，为适应新时代教育发展的需要，努力办出让人民满意的学校，在帮扶专家和结对学校的引领和指导下，学校以质量发展、安全护航、特色丰富、富有内涵为办学思路；以书香校园、人文课堂、涵养教师、儒雅学生为办学愿景；以培养习惯、润育潜质、个性发展、奠定未来为办学理念；以索玛花作为学校的文化载体。从培养学生行为习惯入手，以促进学生发展核心素养为目标，建构让学生德、智、体、美、劳全面发展的高质量育人体系，让学生像索玛花一样绽放，光彩耀人。以“索玛花儿红，索玛朵朵开”为育人理念，并以此设置索玛花课程。学校里的彝族学生擅长铃铛舞、撒麻舞、乌蒙欢歌、彝族民歌等，学校借此优势，将彝族的传统舞蹈乌蒙欢歌改编成课间操。近年，学校举办校园民族操比赛、彝族服饰展演、彝族舞蹈比赛、民族知识讲座与开设彝汉双语课等，使民族特色办学成果更加喜人。

学校地处偏远山区，学生对外面世界的憧憬、对未来的迷惘、对知识的渴望像树木对阳光雨露的渴望。就在这个时候，中国教育学会就像一颗闪亮的明星，把光芒洒向我们学校。他们为我校的师生带来了“外面的精彩世界”，带来了求学的理念，带来了精神财富。

2021年4月12日上午，中国教育学会协调深圳市光明区东周小学何维泉校长一行4人组成专家团队，到我校开展结对帮扶送教活动。

活动从上午8点30分开始，第一节课安排在学校的梦想教室里。东周小学五年级英语备课组长周妍老师为我校三（4）班的学生带来了一节题为“At the zoo”的英语示范课。执教中，周老师以精彩的视频动画引起了学生的兴趣。在学习单词时，周老师出示多彩的卡片教具，让学生掌握单词的发音之后，每一次出示卡片时就做相应动物的动作，并且带领全班一起做动作，由此引出句型。她利用高低声和升降调的小活动让学生操练句型，利用小游戏让学生积极参与课堂教学。整节课上，学生学得很专注，教师听得很认真。周老师的语言表达落落大方，温暖而有力度，让学生沉浸在英语学习的氛围中。课程结束时，周老师赢得了师生的阵阵掌声。

第二节课，由东周小学的语文科组长郑燕銮老师为我校五（2）班的学生带来了题为《自相矛盾》的文言文示范课。文言文教学是我校教师的弱项，他们不知道怎么教才能让学生接受。郑老师的课思路清晰，问题设计有层次，给教师指明了方向。在本堂课的开始，她利用精心制作的教学课件，向学生展示了矛和盾的图片，让学生一看图就知道什么是矛、什么是盾，从而揭示本课主题。郑老师先用动听的声音示范朗读，再让全班齐读，以多种阅读方式引导学生把课文读通顺，让学生在朗读中感受文言文的韵味。在梳理文中难懂的句子时，她用组内帮的方法让学生进行小组合作探究，交流探讨疑难字词、句子的意思和文言文大意。通过小组讨论，学生发言时表现得很好，郑老师及时表扬了他们。最后，郑老师采用看图讲故事的方式引导学生背诵课文。整节课师生互动，生生互动，体现了新课标中“学生是主体，教师是主导”的理念。这样由浅入深的启发引导，使学生对文言文的学习兴趣逐步提升，也使学生在自主学习探究中既明白了《自相矛盾》的有关知识点，又掌握了文言文的学习方法，更重要的是让听课的教师懂得了如何教学文言文。

在课例分享及评课环节，授课的两位教师先进行说课，参与听课的教师进行了精彩点评。何校长为我校教师解答和解决了教学中遇到的疑问、困难等并进行了指导。何校长指出教研活动对教师的重要性，并分享了他们学校的教研模式。教师依次发表自己独特的见解，碰撞思维的火花，大家相互学习，取长补短，共同提高，共同前进。我校的教师一致认为，两位授课教师专业的教学技能、精心的教学设计和精彩的课堂展示等为大家带来了一次促进教学技能提升的学习机会。他们发自内心地表示，在今后的教学中，要继续向东周小学的同仁多“取经”，从而促进自身专业能力的提升。

随后，何校长以《务实管理，“五育”并举，稳步提升教育教学质量》为题给珠市彝族乡中心小学的班子成员进行了精彩的专题讲座，并对我校提出建议。何校长从东周小学的教育教学管理、教师队伍建设和“五育”管理措施等方面分享了该校的办学经验，将活动推向了高潮。

活动进入尾声时，珠市彝族乡中心小学负责人龙朝义同志向专家组汇报了我校的办学情况，并代表全体师生对何校长一行关心乡村教育、主动结对送教的行动表示深深的感谢。最终双方协商，在中国教育学会和赫章县人民政府的正确领导下结成心手相连的兄弟学校，以多措并举的方式开展结对帮扶，提升学校各方面的工作水平。

俗话说："没有规矩，不成方圆。""规矩"对学校工作而言，就是学校的管理制度。通过何校长等专家的指导，我校行政部门及时召开会议，革新管理思路，再次修订了我校的管理章程《珠市彝族乡中心小学学校管理章程》。该章程分为四篇。第一篇为学校建设篇，共四章；第二篇为岗位职责篇，共二章；第三篇为学校制度篇，共二十九章；第四篇为学校特色篇，共三章。该章程是我校在全面贯彻实施素质教育，依法治校，以德治校，不断推进管理体制改革过程中的成果，是提高我校全体教职工综合素质、全面加强和提高教育教学管理水平，进一步加强师德师风建设的重要依据。

在中国教育学会专家团队的指导及再次修订的学校管理章程的引领下，学校各方面得到了改观。学校常规管理更上一个新台阶，做到有章可循、有据可查，进一步明确了每一名教职工的具体职责，使每一项工作落实到人，真正做到教职工时时有事做，事事有人做。学校校务会领导班子每周积极召开会议研讨常规工作，再召开教师会议进行宣布等。教学常规管理更加规范，教师有了工作的积极性，每周开展集中学习、集体备课、公开课、听评课等教学活动。经过几周的努力，教师专业素养及教学技能有所提升，课堂气氛逐渐活跃；教师的班级管理水平有了明显的提高，学生行为规范逐步走向正规化，校园环境卫生得到了很大的改观等，这些改变都是东周小学帮扶指导的结果。

帮扶如春风，恩情深似海！专家准备离开时，学生犹如一群可爱的小精灵，跟随着专家来到操场，我校的师生和专家一同合影留念。彝族人自古以来都有热情好客的传统美德，教师用一首《留客歌》来表达对远方客人深深的祝福和最真诚的挽留，东周小学的专家在我校教师依依不舍的歌声中远去。

第六节　赫章模式的教师队伍建设机制

针对赫章县教师课程理解和课程建设水平较低、教学设计和课程实施能力薄弱、教师队伍专业发展水平较低等现状，中国教育学会制定了提升赫章县教师专业发展水平规划，形成了“模块课程 + 课题驱动 + 网络研修 + 跟岗学习”的立体化教师专业发展水平提升模式。

一、构建教师队伍建设课程体系

推进教师队伍建设课程体系主要包括以下四大模块。

第一，理念篇，含如何在教育教学实践中落实立德树人根本任务、促进学生发展核心素养、落实新高考改革方案和全国教育大会精神等，突出理念学习与行为改进的紧密相连。

第二，主题课程篇，含单元课程和校本课程开发、学科整合、跨学科整合、专题课程和项目式学习课程的开发与应用等。

第三，实践篇，含不同学科的观课议课，包括观课量表制作、观课过程体验、观课评价等；含深入跟岗帮扶学校学习，完成主题课程开发和教学设计任务，完成跟岗学习后的单元设计、课例设计、专题设计和项目式学习设计、主题报告等。

第四，名师课程篇，含撰写名师成长规划、邀请名师指导、完成网络远程研修专题学习和指导、申报和完成一项学会或县以上立项课题、发表一篇论文等。

二、增强对乡村名师工作室的科研支持

贵州在全省开展的乡村名师工作室工作中取得了突出成效。中国教育学会专家组深入乡村名师工作室进行嵌入式指导，以“基于问题、课题驱动”的方式，引导教师选择在日常教育教学过程中的“真问题”，确立研究课题，通过指导教师开展课题研究，引领教师走专业化发展道路。如赫章县六曲河镇中心小学何廷杰老师是毕节市道德与法治方向的省级乡村名师工作室负责人，他的选题是“用陶行知教育思想指导农村小学生良好行为习惯养成教育实践研究”。这样的选题无疑具有很强的研究价值，也适合农村小学教师开展研究。但专家在深入指导的过程中发现，何老师对此课题研究缺乏信心，主要原因是感到无从下手。事实上，陶行知教育思想可谓博大精深，课题研究的价值引领难以聚焦。中国教育学会专家针对这一现实问题，引导工作室教师一起梳理陶行知教育思想的理论基本点，如生活即教育、社会即学校、教学做合一，通过分析聚焦“生活教育”理念，将选题改为“‘生活教育’理念下的农村学生良好习惯养成研究”。何老师及其工作室的教师豁然开朗，感到课题研究目标更加聚焦，指向性更加明确，可操作性更强，因而对课题研究充满了信心。专家针对工作室骨干教师所在学校的实际需要和研究基础，协助三名骨干教师分别选择了“‘尊重教育’理念下的农村学校合作学习能力培养”“‘体验教育’理念下的农村学校主题课程设计”“‘安全教育’理念下的农村学校游学课程设计”，使得工作室的研究工作得以顺利开展并取得突出成效。

三、搭建嵌入式教师培训的资源平台

中国教育学会调度部分省市的优质网络资源，包括“一师一优课”“优质课”“示范课”等，无偿提供给赫章县教师开展网上研修和日常学习与研究，由赫章县教研室组织校长、管理干部、不同学科教师、班主任等，分组、分专题开展研学。因新冠肺炎疫情暴发，线下活动受到一定影响，中国教育学会及时提出创新在线教育和培训的方法，借力全国部分省、市学校的优质网络资源，搭建网络教育资源平台，举办远程教育培训，开设各学科、各学段学习群，覆盖赫章绝大多数教师。自2020年3月以来，在结对帮扶学校的大力支持下，学会组织了数十场线上研修，参与教师2万多人次；建立了涵盖中小学所有学科的10个线上学习群，参与教师近4000人次。

四、推进跨省域跟岗学习

中国教育学会发挥自身学术平台优势，组织发动来自北京、山东、广东、四川、江苏、河北、河南、甘肃等省市的42所学校、幼儿园，与赫章82所学校、幼儿园建立了结对帮扶对子，帮扶学校持续为受助学校提供多种形式的支持和帮扶，如跟岗学习、送教送课、分享资源等。

新冠肺炎疫情期间，中国教育学会组织开展“云上输送”优质教育资源，开展线上帮扶。此外，各省市帮扶学校主动邀请赫章县受助学校的教师跟岗学习，将新理念、新思维方式和课改经验带回学校，带领全校教师进行课堂教学改革探索，收到了明显的效果。一座座结对帮扶的桥梁在赫章教育帮扶中发挥了重要作用。

案例

教育帮扶：柳暗花明又一村

○ 赫章县水塘堡乡初级中学　韩三琴

教育是国之大计、党之大计。党的十八大以来，以习近平同志为核心的党中央高度重视教育事业发展，把教育作为最大的民生工程，把教育摆在更加突出的位置。习近平总书记对教育工作作出了系列重要论述、指示，党中央、国务院制定出台了系列政策措施，支持教育事业高质量发展，促进教育改革向纵深推进，教育事业迎来了春天。

贵州是全国脱贫攻坚的主战场，作为贵州省深度贫困县之一的赫章县，是贵州的贫中之贫、坚中之坚，如何高质量打赢脱贫攻坚战，是全县干部和群众思考得最多的问题。做好教育保障工作是全县教育系统在脱贫攻坚工作中的政治责任。如何才能让学生真正实现“进得来、留得住、学得好”，实现义务教育阶段建档立卡贫困户子女零辍学、非建档立卡贫困户子女辍学学生动态清零，一度困扰着全县广大教育工作者。

扶贫先扶智，扶智办教育。办好教育是阻断贫困代际传递的治本之策。为了深入贯彻落实习近平总书记在决战决胜脱贫攻坚座谈会上的重要讲话精神，中国教育学会从2019年开始，充分利用自身平台优势和地方教师教育计划，以嵌入式的帮扶方式促进扶贫联系点赫章县的教师专业成长、学校改革发展以及办学水平、教育教学质量的进一步提升。中国教育学会通过嵌入式的教育精准帮扶，为赫章县按时且高质量打赢脱贫攻坚战、扎实做好脱贫攻坚教育保障工作奠定了坚实基础。

2019年，赫章的秋天如期而至，因高海拔的地理位置而略显阴冷。

不一样的是，作为贵州省尚未脱贫的贫困县之一的赫章，决战决胜脱贫攻坚的号角已经吹响。

在中国教育学会的牵线搭桥下，我们和北京五中结成帮扶学校。我有些惊喜，因为北京是我心目中最向往的地方！当然，我也有些担心，担心这不过是一次和往常一样冷淡而陌生的“任务式”帮扶。很快，我们开始了和北京五中的合作。赫章的一群校长，包括我在内，收到了去北京五中参观学习的邀请。至此，我仍然没感觉到这与以往的帮扶有什么不同。但通过行前的几次细节对接，我隐约觉得与往常的帮扶有些不一样，我们感受到北京各校的主动与热情、细致与周到。初次来到北京，站在北京五中门口，阳光灿烂，我突然觉得自己就像一朵鲜花，想要奋力绽放！接下来，韩竹校长和其他教师的热情与真诚让我对此次帮扶有了更多的期待。在京期间，我们双方商定并签订了帮扶协议。随着帮扶工作的推进，我们之间有了越来越多的交流和交集，我惊喜地发现，那个有些墨守成规、缺乏自信的我在不知不觉中慢慢蜕变，一个充满活力、自信开朗、勤于学习、善于思考的自己正在形成。也许是因为每次与韩竹副校长通话时都被她在夜深人静时依然坚持学习的精神所打动，也许是因为被时俊卿教授虽身体抱恙却依然坚持工作的精神所感染，那个曾经有些循规蹈矩、目光短浅的自己正在悄然变化。

2019年是赫章最为艰难但又最受期待的一年。我们离决战决胜脱贫攻坚的时刻越来越近，肩上的担子越来越重。中国教育学会也将助力赫章高质量打赢脱贫攻坚战作为帮扶赫章的核心工作目标。“三保障”之一的“义务教育有保障”工作的重担落在了每个教育人的肩上，我们必须全力以赴。但单凭我们的一己之力，我们感到心有余而力不足。中国教育学会的帮扶就是我们的救命稻草，我们必须牢牢抓住，借力发力，借力使力。

穷则思变，变则通。“变”是这场战役胜利的关键。我们一群校长从北京考察学习回来后不久，便收到了北京五中希望我们派教师到校跟岗学习的邀请。与兄弟学校商议后，我们两校先派遣了4名教师跟岗学习一周。先进的教育教学理念，科学规范的管理，针对性强、实效性高的教研教改，精彩纷呈的课堂，让我们的教师蜕变了。首批跟岗学习的教师回来后，在其推动下，我们的课堂不再循规蹈矩、毫无生气，教研教改不再走过场、流于形式，学校管理不再墨守成规、粗枝大叶。

2019年底，时任中国教育学会副秘书长游森又带领专家至学校指导、调研，详细了解学校发展情况和帮扶需求，对学校教育教学、管理工作等做了详细指导，可谓雪中送炭。突如其来的疫情并没有让帮扶戛然而止，韩竹副校长通过钉钉课堂，让赫章的学生在家就享受了北京名师的精彩课堂；中国教育学会举办的钉钉群线上培训、教研活动一直不断，让赫章的学校行政领导、各学科普通教师享受到众多专家学者的指导。无情的病毒、2000多公里的距离，都不能阻挡北京帮扶的真情和我们学习的热情，也让这个春天显得与众不同，令人难忘。目前，中国教育学会、东西部各学校与赫章的教育帮扶故事依然在续写，更多的改变、更多的情谊在帮扶中诞生。

2020年，赫章决战决胜脱贫攻坚的总号角已经全面吹响，中国教育学会与赫章的教育帮扶、东西部各学校的合作也越来越频繁。中国教育学会领导、专家学者再次莅临赫章。从学前教育到高中教育，从教师专业成长到学校管理，实现了理论与实践的有机结合。丰富的帮扶内容、嵌入式的帮扶成果模式，让帮扶成果在赫章遍地开花。

帮扶的故事犹如一缕缕阳光，总会在每一个清晨照进心灵，温暖着我们；东西部各学校的一次次携手，像一场场甘霖，滋润着赫章教育的久旱之地；帮扶的故事真诚而令人感动，双方之间早已超越了帮扶的关系。我们是朋友，真诚坦率；我们是战友，并肩战斗；我们是亲人，体贴包容；我们是同伴，相互扶持，共同续写帮扶的感人故事。

那些温暖的人和事永远值得我们铭记与感恩！因为有了你们，我们在脱贫攻坚路上的步伐才更加坚定果敢；因为有了你们，赫章教育保障工作硕果累累。

通过中国教育学会的帮扶和东西部各学校的协作，赫章教育事业迎来了可喜的变化。教师的思想观念发生改变，业务水平得到提高，课堂更加有趣、有魅力；学校管理走向规范化、科学化、精细化，环境更加优美、温馨，活动更加丰富、有吸引力，教育教学质量稳步提升；学生更加开心、舒心，家长更加放心、安心，真正实现了“进得来、留得住、学得好”，为脱贫攻坚教育保障工作书写了浓墨重彩的一笔。

中国教育学会的帮扶和东西部各学校的协作，让赫章广大教育工作者豁然开朗，顺利找到突破发展瓶颈的钥匙，一度困扰他们的问题迎刃而解，真可谓“山重水复疑无路，柳暗花明又一村”。

第七节　赫章模式的课程推进机制

中国教育学会高度重视教育扶贫在脱贫攻坚中的基础性作用、根本性作用，努力推进学校走改革创新之路，促进教师专业成长，不让一个学生掉队。针对赫章已有的教育基础，选择对推进县域教育内涵式发展具有持续影响力的领域，作为县域教育嵌入式重点推进工作，力求通过精准嵌入赫章教育，为县域教育的可持续发展助力。

中国教育学会对赫章教育帮扶采取县域内全面覆盖，多种帮扶举措针对性实施，促进赫章教育多主体协同改进的策略，具体做法是：有具体调查，有精准方案，有针对课程，有倍速方式，有常态指导，有激励措施，有长效跟进，有家校协同，协调全国的优质教育资源，建设赫章县网络平台，实现优质教育资源共享。

一、推进课程变革，落实全面育人

针对赫章县中小学、幼儿园教师对课程理解的水平不高，课程开设不全和建设水平较低等问题，专家组与一线校长和骨干教师反复研讨，确定全面落实国家三级课程育人体系，站在全人教育的高度推进课程改革，深入落实立德树人根本任务，发展学生核心素养。一是开全地方课程和校本课程，增强学校活动课程建设，丰富学生校园生活。通过课程专家报告，帮助学校转变观念，增进课程理解，提升课程育人体系的建构和实施能力。通过来自北京、山东、广东等地的帮扶学校的课程建设示范性案例和跟进式指导，帮助学校开设具有鲜明地域特色的学科拓展课程和系列校本课程。二是为解决部分学校教师不能基于课程标准开展校本化研究、必要的课程整合，学生停留在“零散”“碎片化”知识学习阶段的现象，指导学校从教学走向教育。在学校课程改革推进中，重视指导教师开展大单元整合设计，基于问题情境创设启动学生探究性学习活动，突出对学科本质和原理的揭示，促进学生深层次学习，发展学生综合思维能力，促进学生发展核心素养，着力提升学科课程育人水平。三是通过专家和帮扶学校教师，手把手指导受助学校教师进行课程资源整合和校本化研究，开展大单元教学设计及课堂教学实践，组织小课题研究培训和推荐发表小论文等活动，在有效改进教师教育教学实践效果的同时，切实提升了教师专业发展水平。

二、构建优质课堂，切实提升学校育人水平

为解决部分中小学、幼儿园课堂教学低效甚至无效的问题，通过专

家报告、专家评课、专家讲座、名师示范课、研究课、同课异构，引领教师专业成长，开展高质量、高品质、高效率、高效益的优质课堂建设。首先是重视改变教师观念，教师从独霸课堂、灌输式教学，变成课堂的参与者、协作者、促进者；其次是重视改变学生的观念，学生从“被学习”“被发展”，转向自主性、体验性、协作性、创新性学习；最后是重视课堂文化建设，着力构建具备自主、开放、包容、接纳、质疑、批判等特征的课堂文化氛围，让学生学会学习、学会思考、学会合作、学会解决问题。

重视以案例分析的方法面对面指导教师和学生，实现课堂转型。时俊卿教授指导教师在评课时选择一个点进行问诊，并总结了69个课堂观察点，指导教师要把以往的听评课改为问诊，听评课要找缺点，才能把教研搞好。专家组指导赫章教师学会引导学生进行思维训练，通过比较阅读、自主读书完善板画、故事再现等有效策略，落实本单元的语文要素。幼教专家教给赫章教师一个重要法则：凡是孩子能做的，让孩子自己做。教育要从幼儿的心理需要出发，作为教师要安静倾听，用专业的态度、专业的能力读懂幼儿。以“游戏体验读人心”，“问题聚焦谋发展”，教会教师“三领”“三做”“三还”。“三领”，就是领方向、领路径、领态度；“三做”，就是领着做、携手做、跟着做；“三还”，就是把时间还给孩子、把空间还给孩子、把材料还给孩子。教师借助充满童趣的活动来进行教学，让学生在好学、乐学、勤学的基础上进一步感受学习的魅力。如在音乐课上，学生在围绕游戏展开的活动中感受音乐，在教师的引导下相互合作，共同完成学习任务。短短一节课运用了一系列活动方式，使学生在玩中学，学中乐，在生动有趣的课堂氛围中愉快地学习知识、培养能力、发展智力、提高审美能力。

专家组指导赫章教师学会“以学定教，顺学而导”的教学方法，注重创设情境，以游戏方式激发学生兴趣，让学生尝试解决实际问题，在自主探究中产生多样化的解法。通过生生互动，师生互动，智慧碰撞，思维启迪，彻底变革“满堂灌”的、违背学习规律的错误教学方式。

三、强化校本教研，构建联动助推机制

中国教育学会开展赫章帮扶以来，已牵手了近百对友好帮扶学校（园）。结对学校之间的互动不仅是简单的沟通，而且实现了资源、活动、教师、学生的多维叠加共享联动。帮扶学校为赫章县教师输送了丰富的学习和应用资源，并通过互派教师往来学习，相互取长补短，开展同课异构、集体备课等教研活动，促进两校交流合作往深里走、往实里走，实现互利共进。

课堂教学改革强调从教研、备课、教学资源、作业筛选、课堂实况到评课、检测方式的全面打通。帮扶学校毫无保留地分享经验，受助校虚心学习与借鉴，两校共同改进提升。

山东省济南市南上山街小学郝涛老师以《在变革中守望教育初心》为题做讲座，以从变革的大潮中寻路、从团队的互助中生长、从自身的探索中追梦三个方面分享了自己的成长历程。讲座中生动的案例、鲜明的观点、精彩的互动，给人以深刻的启发。

北京五中重视帮助结对学校通过备课分析学生学习情况，钻研教材教法，将教学内容与生活环境和生活现象结合。同时，遵循课堂教学规律，注重学生学科核心素养和思维能力的培养，整合教材知识的多方向联系，让学生动手、试错，归纳整理知识衔接，总结知识重难点，形成知识系统化，努力打造高效课堂，提升教学质量，使学生实现实践—理论—实践—应用的能力提升，加深了对知识的理解。此外，注重评课分析课堂教学得失，找出存在的问题，提出改进方案。

中国农业科学院附属小学（以下简称农科院附小）为解决结对学校的实际困难，共享优质教育资源，在赫章平山镇中心小学建立数学学科、音乐学科、科学学科金穗名师工作室，提升教师专业发展水平，成为全县小学名师的“孵化器”。农科院附小 Future Star 中队和赫章县平山镇中心小学四（2）中队结为“手拉手”英语学科中队。农科院附小与赫章县兴发乡中心小学结为“海洋教育结对中队”，开展海洋科普讲堂、海洋教育校园广播站、海洋环保宣讲、海洋主题征文、海洋主题绘画与摄影大赛、环保海模竞赛、海洋训练营等多项活动。

四、搭建网络平台，提升资源共享水平

中国教育学会为赫章校长、管理干部、学科教师、班主任等开设了十个钉钉教研群，每个群里都有对口支援省的教研部门或学校提供的专家报告、课例教学、视频与课件等资源，让赫章干部及教师大开眼界，大家十分珍惜这样的学习机会，主动请教专家。许多学校感慨教研群使赫章与发达地区的教育联系近若咫尺，触屏可及，线上交流和学习更加便捷、全面，真正实现资源共享，优势互补，共同发展。此外，山东省济南市历城区教育和体育局在全区不同学段遴选优质资源课141节，在疫情期间向赫章县推送优质课例资源，有力地提升了“互联网 +”背景下教师的专业发展水平。

中国教育学会还通过互联网搭建起专家、结对双方教师之间的长期互动、多维交流对话平台：确定好线上教研的时间，采用工作坊的互动形式，线上教研增加美术、音乐等学科，安排每月工作计划，不要给帮扶双方增加工作量；鼓励赫章一定要有自己的想法；对接学校的帮扶工作一定要有效果，拿出能打动人的内容、方式，以推动线上展示工作。

第八节　赫章模式的学校管理机制

在新时代全面深化基础教育课程改革，促进学生发展核心素养，全面落实立德树人根本任务的大背景下，学校课程团队建设亟待转型，即从管理者走向领导者。领导者不仅需要“跳出来”，明确发展方向和发展战略，还需要“扎下去”，提升教师教学设计和实施能力。

一、提升课程领导力，推进学校整体变革

在调研中发现，赫章县有些中小学、幼儿园仍习惯于被动接受自上而下的改革要求，习惯于从教学的视角看学校改进，教学改革仍停留在教育系统改革的末端，表现在对课堂教学实践技能的模仿和训练，缺乏对学校课程育人的理解，未能站在整体育人的高度构建学校课程育人体系。

在赫章教育帮扶工作推进过程中，中国教育学会重视对赫章中小学、幼儿园课程领导力的提升工作，邀请李红婷教授等人，通过“学校课程领导力提升”“学校课程理解与课程体系建构”“核心素养背景下的大单元整合设计”等专题报告，持续跟进工作情况并给予学校指导。指导中小学校长和教师从课程的视角来理解学校育人哲学，从课程目标、课程价值、课程内容、课程结构与功能、课程的学习方式、课程评价等要素出发，科学推进学校课程的校本化研究。通过开展大单元整合、主题教学设计、项目式学习等，指导教师从理论与实践上改进教学设计，提升课堂教学效率和效益。从学校文化建设、课程与教学改革、制度与机制、教师专业成长、学生自我发展、学校特色建设、反馈与评价等视角，推进学校全面改进，有力地提升了校长和教师队伍的专业发展水平，激活了学校发展潜能，为学校走内涵式可持续发展之路奠定了基础。

在赫章教育帮扶工作推进过程中，中国教育学会充分发挥帮扶专家跟进式指导作用，取得了突出成效。在交流过程中，有的校长坦诚地讲不知道怎么做校长，有的校长讲平日时间都被非教育教学工作挤占，没时间管理学校的教育教学，还有的校长讲控辍保学工作任务量太大，解决个别学生辍学事件占据了大量时间等问题。济南市青龙街小学韩爱民校长针对这些问题，以《行走在乡土资源深处》为题，向赫章教育同仁介绍了学校省级基础教育改革重点培育项目“小学德育实践活动课程的构建与实施”的课题研究成果及其品牌培育过程。韩校长在调研了赫章教育的基础上，结合当地教育资源和牵手学校的特点，提出了促进学校发展的可操作性建议，对如何以课题为引领促进教师队伍发展提供示范性指导。

时俊卿教授对如何让学生“进得来、留得住、学得好”，从根本上解决控辍保学难题提出了宝贵意见，强调只有提高教师教学能力和水平，让课堂更有趣、更丰富，让学校更有吸引力，才能让学生愿意来、想学习，从根本上留住学生，才能避免辍学现象反弹，才能巩固好控辍保学成果。六曲河镇中心小学围绕“知行”这一主题，准确提炼精神内涵，精细管理制度建设，文化活动内容丰富，文化阵地形式多样，在校园中能明显感受到浓郁的文化气息。时俊卿教授指导赫章各学校参考先行做得好的学校，结合本校实际，制定切实可行的措施。

农科院附小刘芳校长做了《生长教育办学理念下的学科综合实践的研究》专题讲座。从背景条件分析、指导思想、农科院附小课程设置、学科综合实践活动课程的实施、农科院附小课程领导与组织、课程管理及研发与实施评价、主要经验、问题及下一步设想等八个方面做了分享。刘校长提出要花大力气研究不同年级、不同学生的特点，把握学生的成长规律，了解学生的个性和特长，按不同主题开发学科综合实践活动课程，不断激发学生潜能，让学生真正成为课堂教学的主体，完善评价体系，不断反馈和改进，培养学生的综合素质。

济南市南上山街小学王红林校长以“突破、求变”为核心，与黄泥小学领导及教师分享了学校发展的基本路径，明确了学校文化在学校发展过程中的重要价值，并且从学校文化的创生点、学校发展的突破点、帮扶工作的切入点等方面进行了深入交流，同时表达了自己对赫章教育人的敬意，并且对今后的帮扶工作提出了愿景和期望。

中国教育学会特聘专家韩竹老师在深入考察六曲河镇中心小学后提出，学校要在教学常规管理方面狠下功夫，进一步完善管理制度；要抓准、抓牢每一名教师“备、教、批、辅、考、研”的每一个环节，提好要求、做好监督、作出指导；要利用现代技术手段分析、研判每一个学生的成绩，因材施教、查缺补漏；要发挥好学科备课组的力量，用集体的力量帮助教师个体快速提升教学能力，从而促使全校学科教师整体提升教学能力；要利用现有的资源做自己能做的事情，认真思考、分析、提炼办学特色，持之以恒走下去。一位好的校长能够带动一所好的学校，一所好的学校也能成就一位好的校长，校长在思考学校发展的同时也要重视自己的成长。

江苏常州市银河幼儿教育集团吴亚英园长中肯地指出，幼儿园的环境文化是一种无形的诉说，孩子才是流动的色彩、跳跃的音符，所有的墙面都只是背景，一切为了孩子的改变，而不是为了教师的方便。“因地制宜、脚踏实地、深化内涵”是幼儿园做好园本文化建设的重要因素。作为管理者一定要在环境规划、园本课程建设等方面确定方向、厘清脉络，教研共存，从点滴做起，脚踏实地，夯实幼儿园文化建设基础。

专家与赫章的校长共同探讨如何改善学校的教育系统，让学生发现上学的乐趣。专家指出，校园生活应该是一段令人享受的经历，应该是有趣的。校长要使校园生活变得有趣，让教师和学生享受其中，就要通过创造快乐促进教育质量的提升，这才是突破控辍保学瓶颈的科学方法。学校丰富多彩的活动能够激发学生的潜能，有效提升教学质量；公平合理的考核制度能提高教师的存在感和幸福感，激发教师的内生动力；好的习惯能滋养人的一生，学生自我管理的能力其实就是一种生存的能力，重视培养能力，这才是学校教育的本质。

二、建立帮扶长效机制，为区域可持续发展助力

赫章是一个“十里不同风，百里不同俗”的多民族聚居区域，有着根深蒂固的区域习俗，要促其改变，首先需要与其处成朋友，在相互信任的基础上开展教育帮扶工作。正所谓只有玩在一起，才能战斗在一起。一个具有战斗力的团队，他们的心一定是在一起的。赫章教育帮扶工作要深入赫章教师的心里，这是完成任务的基础。中国教育学会在赫章的教育帮扶是从一面旗、一块铁、一个家着手的。一面旗就是指共同的方向和目标，一块铁就是指铁一般的执行力，一个家就是指像家人一样的情谊。

2020年10月9日，赫章的教育同行听说中国教育学会专家、老师的到来，将家里刚摘的栗子、核桃送到宾馆，让远方的友人品尝家乡的特产，感慨中国教育学会为赫章脱贫攻坚所做的教育改革贡献。

长达五天的面对面交流，大家敞开心扉，自我剖析，说亮点，找不足，诚恳地说出自己对教育的认识、看法、感受，畅谈今后的教学工作思路。

常州市银河幼儿教育集团吴亚英园长与赫章学前教师畅所欲言，并真诚地表示：你的心向我打开，我的心向你敞开。你要，我刚好有，而且愿意给。接纳对方，才能共进。把心放开，打开视野，正视现实，不管条件怎么样，一定要努力做好，有作为才有地位。

深圳市光明区凤凰学校的教师带着赫章的学生玩游戏、聊天，学生还很热情地教他们贵州方言，整个校园充满欢声笑语。在离别之际，学生挥手与教师告别，并期待下一次更好的相遇。

六曲河镇初级中学刘光文校长提到，学校教师到北京五中，对方学校像接待远方尊贵的客人一样，尽一切可能提供便利条件，并且在两校密切交流中始终注重平等对话，充分尊重赫章的教育同仁。

农科院附小的刘芳校长真心惦记着赫章的贫困学生，带领学校教师从北京带来慰问品，走访看望了10名家庭困难的学生，这样的大爱情怀不仅感动了赫章师生，同时也对本校教师的师德进行了洗礼。

在帮扶过程中，中国教育学会还向赫章县教育科技局捐赠了价值70万元的图书，时任深圳市光明区凤凰学校华建明校长代表凤凰学校向结对的三所学校赠送了时俊卿教授等人撰写的《新时代教与学策略》一书，济南市青龙街小学也向赫章二小捐赠了图书，等等。

在帮扶活动中，结对学校通过深入交流互动，建立了紧密的情感链接，培养了深厚的友谊，搭建起共同实现教育梦的连心桥，增进了校际干部、教师、学生之间的情感，体现了送教情意浓、帮扶暖人心。

中国教育学会的帮扶项目在赫章县稳步发展，给全县教育带来了即时、广泛、深入、持久的影响。中国教育学会平台永远向赫章教育敞开，学校间的共享可以长久持续。

第四章

赫章模式的实施策略

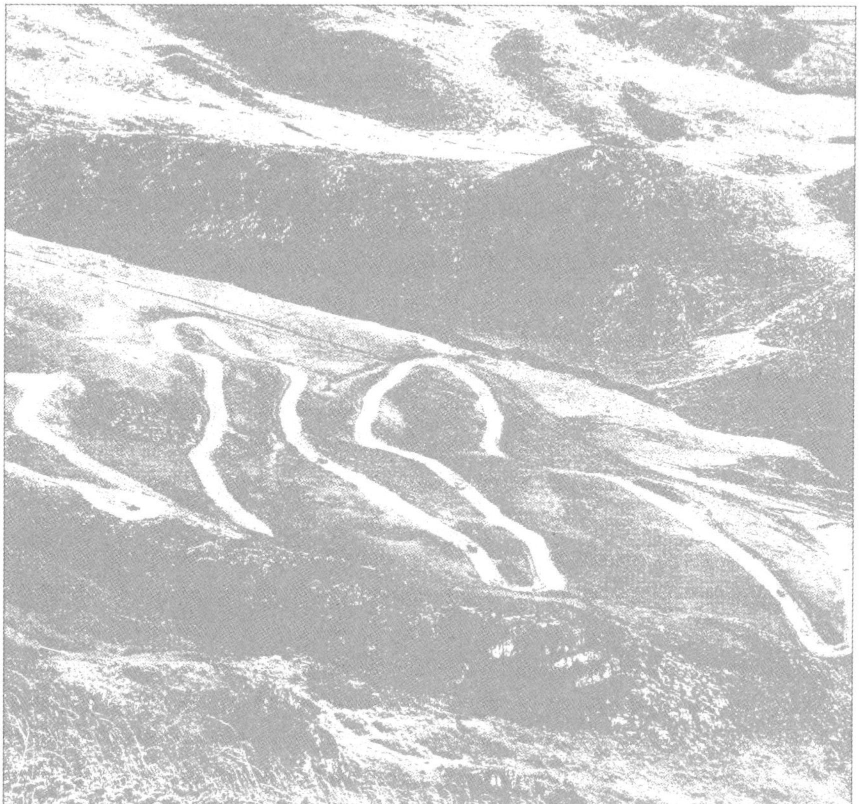

落实赫章教育帮扶的关键在于落实一系列行之有效的帮扶策略。为此，在赫章教育帮扶的过程中，项目组探索形成了精准调研、帮扶规划制定、帮扶目标设定、帮扶措施制定、帮扶资源调动、帮扶效果评价、帮扶对象积极性调动、帮扶团队建设、帮扶模式创新等策略，确保了教育帮扶工作的顺利开展。

第一节　精准调研策略

教育扶贫需要精准调研，只有精准调研才能发现帮扶区域教育与学校发展中存在的真实问题，才能制定切合实际、行之有效的帮扶措施，从而保证教育帮扶取得显著效果。

一、精准调研策略概述

传统的教育扶贫存在诸多问题，如目标失当、重点失实、布局失准等。教育扶贫需要针对这些问题，精准施策，构建多维度立体化精准调研体系。

（一）教育帮扶为什么需要精准调研

国家一直高度重视教育在脱贫攻坚中的重要作用，为了实现教育扶贫的目标，从中央到地方花了大气力、大资金进行贫困地区的教育建设。目前，我国贫困地区的教育状况正在持续改善，教育扶贫的效果也日益显现。但是由于教育改变的复杂性，以及少量帮扶单位对受助区域的教育与学校发展问题调研不够深、不够细，把握不够实、不够准，在教育扶贫过程中，部分地区仍存在一些问题。

1. 教育扶贫目标失当

实现人的发展是教育发展的根本目标。教育扶贫的根本目标在于通过教育的手段让人具备摆脱贫困的能力和精神。但一些地区在实践过程中存在一定的问题。一些地方教育行政部门对本区域的教育发展状况认识不清，对教育帮扶的重点和关键把握不准。一些地区热衷于立竿见影的硬件项目，比如造校舍、硬件配备和“智慧校园”建设一类的大工程；而对真正关乎教育内涵、本质的根本问题，诸如教师、校长队伍建设以及制约教育改革发展的体制机制问题，则兴趣不大、动力不足。一些帮扶项目未能从实际情况和已经开展的部分工作出发，号脉不准、定位过高：从表面上看，很有力度，很有声势，但雷声大，雨点小。一些乡村学校校长和教师配备不足，许多教师未经师范专业教育培训，课堂教学理念落后，有的甚至没有一名县区级骨干教师。在这样的情况下，把学校发展规划、文化建设和校本研修等作为帮扶的重点工作显然是不妥的。这类大水漫灌式的工作虽然动静不小，但收效甚微。

2. 教育扶贫重点失实

实事求是、因地制宜是脱贫攻坚战的“作战”原则，也是教育扶贫的实施原则。教育扶贫的实事求是、因地制宜是指在安排教学内容、开展教学实践时，必须结合贫困区域、环境、主体等实际情况。但在一些贫困地区，教育扶贫的重点却异化成简单照搬城镇或发达城市学校的所教、所学，轻视贫困地区实际发展状况和关键需求，使得教育扶贫效果有限。

3. 教育扶贫布局失准

教育扶贫的根本目标在于解决现有问题，但也应极力避免和减少随之引发的新问题。从现实情况看，贫困地区往往群落分散、学生分散，各级政府虽然投入巨大，但资源毕竟有限，要将“好钢用在刀刃上”就更需要从规划布局、顶层设计上下功夫。一些贫困地区在资源布局上仍然比较随意，只从管理的便利性着眼，没有充分考虑学生的适应性，提高了学生入学的外部成本，反而造成部分学生辍学和流失。

以上问题说明，在以往落实和推进教育扶贫的工作中，精准性缺失的问题制约了教育脱贫的进程，那种“一阵风、走过场”的运动式帮扶，自己有什么便提供什么的帮扶，只注重表面热闹、不关注教师实际收获的帮扶，都会造成“靶向偏离”。教育精准扶贫是今后推进教育扶贫和脱贫工作的必然取向。

要想实现教育精准扶贫，使帮扶工作“精准靶向”，精确定位受助地区面临的真正困难，使县域中小学发生质的变化，就必须在制定帮扶计划前进行深入的调研，详细了解掌握受助地区和学校的发展现状，了解学校管理者与教师的认知状况与能力水平，了解学生的愿望与困难，由现象定位问题，由需求制定目标，由目标驱动计划。

（二）构建多维度立体化精准调研体系

传统的调研方式有文献调研、问卷调查、座谈访谈和实地考察等，不同方式考察的侧重点不同，优势不同，要综合使用。同时教育过程是多维度、多主体的，既有物质环境，也有人文环境。教育的主体有政府管理人员、学校管理人员、教师、学生、家长。要想调研全面深入，就需构建多维度立体化精准调研体系，从宏观到微观，从现象到观念，涉及不同的主体，全面覆盖。

中国教育学会在与赫章达成帮扶意向后，立刻牵头组建专家团队开展理论研究和调查研究。专家组在该阶段的工作主要包括：一是相关政策研究、理论研究和已有经验筛选研究；二是通过深入现场考察、访谈、座谈并进行问卷调查及网络数据调研等形式，了解赫章教育的基本状况、主要优势、主要问题等；三是协助赫章教育管理干部、教研员、名校长与名师等，由赫章县教研室和项目组专家联合撰写区域教育嵌入式扶贫诊断报告，制定赫章县域教育嵌入式扶贫规划。科学的工作方法与扎实细致的调研工作有效地解决了扶贫工作缺乏精准性、真实性、认同性等问题，有利于解决帮扶对象不精准、政策执行不精准、帮扶措施不精准、帮扶成效不明显的问题，有利于解决精准扶贫“靶向偏离”以及教育扶贫对象的识别、扶贫项目设计和经费使用存在瞄准偏差等问题。

二、精准调研的具体步骤

教育帮扶精准调研的具体步骤包括确定调研主题、制定调研方案、开展调研活动、撰写调研报告等。

（一）确定调研主题

要进行教育扶贫调研，首先要确定调研主题，这样才能避免教育扶贫调研的盲目性。调研主题可以是教师队伍建设、校长队伍建设、学校课程实施水平、区域课堂教学现状等。在确定调研主题时，要向多方征求意见，要围绕制约区域教育教学的关键问题，要突出真实问题的解决。

（二）制定调研方案

教育扶贫调研主题确定后，接下来就需要制定科学合理、切实可行的调研方案。调研方案的科学与否直接决定了调研活动的成败。调研方案一般包括调研目的、调研对象、调研内容、调研过程、预期调研成果、调研保障措施等。调研目的和调研对象要清晰明确，调研内容要全面细致，调研过程要方式多样、切实可行，预期调研成果要紧紧围绕调研目标，调研保障措施要得力。调研方案制定后，请专家进行论证，集思广益，提出建议，然后在专家指导的基础上进一步修改完善调研方案，确保调研方案的科学性和可行性。

（三）开展调研活动

调研方案确定后，接下来就是开展调研活动。调研活动主要包括文献调研、问卷调查、访谈、实地研究等。

1. 文献调研

文献研究法是收集、鉴别、整理文献，并通过对文献的研究，形成对事实的科学认识的方法，它是一种古老而又富有生命力的科学研究方法。文献研究能够超越时间、空间的限制，通过文献的调查可以研究极其广泛的社会情况，其优点是其他调查方法不具备的。另外，它是一种间接的非介入性的调查，它只对各种文献进行调查研究，而不需要与调查对象接触，不介入调查对象的任何反应。

在充分文献调研的基础上需要形成调研报告。文献研究的呈现结果就是文献综述。它是在对文献进行阅读、选择、分类、比较、分析、综合的基础上，研究者用自己的语言对某一问题的研究状况综合叙述后形成的情报研究成果。文献综述与一般论文不同，这是因为研究性论文注重研究的方法和结果，而文献综述则关注与主题有关的详细资料、动态进展以及对上述方面的评述。文献综述以评述为主，不可罗列文献，主要呈现研究进展、研究问题、如何寻找下一步方向等。

2. 问卷调查

问卷调查是根据研究需要而编制的一套问题表格，由调查对象自填回答的一种收集信息的工具，同时也可以作为测量个人行为和态度倾向的测量手段。

（1）编制调查问卷

在教育帮扶项目中，在确定受助地区后，为了详尽地了解区域内学校的教学硬件环境、教师队伍构成、教师专业发展情况与学生学业情况等，以便精准定位帮扶亟待解决的问题，编制区域范围内的调查问卷是最快捷、最有效的方式。在问卷编制过程中，要明确调查对象。学校管理人员、教师、学生等不同角色身处环境不同，工作内容不同，关注的问题不同，面临的困难也不尽相同，要为其分别编制不同的调查问卷，精准施测。一份调查问卷通常包括指导语、个人信息资料、问卷主体和结束语四部分。

在编制《赫章县教师教育教学实际情况调查问卷》时，项目组以教育扶贫、教育帮扶需求调研、教师专业发展需求调研等为关键字进行文献调研，在此基础上确定了教师专业发展情况调研的理论维度：

1. 国家和地区的政策方针

2. 教师专业发展知识状况与能力水平

（1）课程观

（2）学生观

（3）教学观

（4）课堂管理策略

（5）教学方法与策略

（6）教学评价策略

（7）班级管理策略

（8）科研素养

（9）师德师风

（10）家校协同

（11）信息技术应用

3. 教师专业发展态度

4. 教师专业发展方式（现状与愿望）

（1）观察和评估式：观课议课、教学评比、师徒带教

（2）培训式：教育考察、专题讲座、校本培训

（3）个人引导式：自学研修、教学反思、网络学习

（4）探究式：教研活动、专题研讨

（5）参与发展与改进过程式：共同体学习、课题研究

5. 制约教师专业发展的因素

（2）进行问卷的试测与修订

制定调查问卷以后，要进行问卷的试测，发现问卷设计中存在的问题，然后对问卷进行修订，以保证问卷的科学性和可行性。

（3）开展问卷调查

在中国教育学会对口帮扶赫章县的项目中，调研组通过赫章县教育科技局组织了《赫章县干部对教师教育教学实际情况调查问卷》《赫章县教师教育教学实际情况调查问卷》工作，样本涉及城区、城乡接合部、县城（区政府所在地）及周边、郊区平原农村、郊区山区农村及边远地区的本县干部、教师共计1848人，干部和教师两个主体的有效问卷分别为360人、1488人。

调研组通过整理分析问卷调查结果和访谈资料，撰写了调研报告。通过调研，专家组对赫章县教师队伍建设情况有了较为全面的了解，对县域教师教育改革的主要优势和面临的主要问题有了较深入的了解，有助于专家组持续跟进"赫章县卓越教师发展计划"人选，实施专业引领指导，辐射带动县域教育内涵式均衡发展。

3. 访谈

（1）帮扶项目中访谈的过程

帮扶项目中的访谈可以分为三个阶段。第一阶段为整个帮扶计划制订前的调研阶段，调研组要从典型学校、不同角色、典型教师中抽取访谈对象，了解管理者、学科教师、教研员等不同人员对当前教育现状的认识，包括工作中遇到的困难、问题在哪里、最急需得到哪些方面的帮助等。第二阶段为了解帮扶需求阶段，是在确定结对帮扶学校后，为了精准锁定受助学校师生的需求，确定校际帮扶计划，可以通过面对面或在线的方式进行访谈，了解对方需求。第三阶段为校际交流活动阶段，调研组为了更好地开展培训、教研、课程展示活动，结合在学校观察到的现象和产生的疑问，与师生进行交流，贴近他们的生活。这些访谈内容会对培训、教研和课程展示活动的改进产生正面的影响。该阶段的访谈主要发生在学校现场，是与学生进行交流的绝佳机会，访谈重点可以放在学生身上。

（2）帮扶项目中访谈注意事项

访谈之前首先要与受访者确定好地点与时间，最好是在一个安静、不被打扰的地方，让对方感觉放松，减轻心中的顾虑。在时间安排上，既要有充足的交流时间，但又不能太长从而导致受访者感到疲倦和厌烦，一般不可超过一个小时。

确定地点与时间之后，访谈前最重要的准备工作就是确定访谈提纲。质性研究中通常采用的是半开放性的访谈形式，在开始访谈时，利用一些准备好的问题引导受访者解答访谈者心中的疑问。这些问题要与问卷中的问题有区别，不是简单地回答是或否、喜欢或厌恶，而是对问卷问题的进一步深入，让受访者具体叙述事情的来龙去脉以及内心的想法。引导的问题有：

①您希望我们的培训课程关注哪些内容或聚焦哪些主题？

②您觉得是什么因素影响了您参加培训的积极性？

③针对学科教学改革，您有哪些新的思考？是否已经实施？如果没实施，未能实施的原因是什么？准备何时实施？如果已实施，效果如何？

④您在科研中遇到的最大困难是什么？

⑤校本、区（县）本研修对您的帮助主要体现在哪些方面？

⑥学校为您专业能力的提升提供了哪些支持？

⑦您身边是否有志同道合的同行与您共同探讨学科教学改革创新？

⑧您关于学科教学改革创新的做法是否得到过学校的支持？

⑨您自己的专业发展规划是什么？

在访谈开始之前，访谈者还应该与受访者探讨是否可以对访谈进行录音。

4. 实地研究

（1）实地研究的步骤

①准备。在走进学校之前，首先要对受助学校有一个较为全面的了解，才能够确定实地研究时主要观察的对象与收集的资料；其次，对学校的人员配置与主要关系的了解，也有利于更快、更融洽地与学校的人员熟悉起来，打成一片，获得更真实的资料。因此在准备阶段，最好能向受助学校申请提供一份学校的书面介绍或者相关的文字、视频资料以供参考。以此资料为依据，确定参与实地研究的专家人员及其重点观察对象。

②进入现场。当研究者在研究地区站稳脚跟，成功融入要观察研究的群体后，不用费很大气力，就能收集到大量研究资料。生活是取之不尽、用之不竭的素材资料宝库。研究者跟研究对象打成一片后，研究对象的一言一行都有可能成为研究所需的资料。但是，研究者也不能完全依靠被动的观察，有时也需要采用一些专业性更强、更主动的资料收集方法，比如访谈法。在实地参与观察研究中采用访谈法收集资料时，一定要学会在恰当的时机提问，在什么时候不要提问以及选择合适的问题。

（2）实地研究的内容

实地研究的内容是多元的，但从整体上说，主要有校园环境、学生行为、教师行为、课堂管理秩序现状等，这几个方面有平行之处，也有交叉的地方。每一个实地观察点都由若干方面来支撑，如对校园环境的观察，对学生进校情况、学校宣传栏、学校校训、学校墙体文化等实地观察，可以了解学校德育工作的开展情况和学校的管理文化；通过对教学楼、实验楼、图书室等的观察，可以了解学校的班级文化、实验设备的使用与管理情况、图书的借阅情况，甚至可以了解学校的办学思路。

推门听课是学校实地评估的基本方法。推门听课，不仅可以通过课堂了解师生教与学的情况，还可以从宏观层面认识班级文化等；从课堂互动、教师教态、教学方法、课堂教学设计、教学效果等方面，可以了解到教师的专业能力、学校在课程与教学领域的改革与发展状况，进而反思校长的办学理念和学校的管理情况；从教室的布置、张贴及课堂行为，可以了解到班级文化、班风班貌；等等。

（四）撰写调研报告

开展细致深入的调查研究之后，要形成完整的调研报告，为后续项目计划的制定与实施提供决策依据。调研报告主要分为调查背景、调查方法、调查结果、意见与建议共四部分。

调查背景部分要说明调查的问题、目的与意义。

调查方法部分一般包含调查的对象、内容、手段、组织、步骤与数据处理。此外，还要说明调查结果是用什么方法、经过什么样的步骤获得的，表明调查结果和结论的可信度和适用范围。

关于调查结果方面，调查问卷通常借由信息技术平台进行数据处理，一些专业应用程序可以直接导出每一题的数据统计结果和数据图表，只要根据结果逐题或按逻辑单位进行数据说明即可。

访谈的结果基本是文字记录，处理过程主要分为熟悉原始资料、建立编码、按照编码分类、分析分类结果四个步骤。研究者首先要认真将所有的原始资料反复阅读多遍，形成整体认识；然后结合文献调研过程中形成的理论框架，从原始资料中筛选关键字，并对关键字进行分组，形成编码规则；接着逐段整理原始资料，依据表达的意义将原始记录按照句子或段落归类到相应的编码分类下；最后根据编码结果，整体解读访谈记录。

意见与建议是调查研究中最重要、最有价值的部分。数据处理完成后，要结合文献调研、问卷调查与访谈的数据统计结果，综合形成调查结果分析，即总结调查研究中发现的优势与问题，并结合问题提出改进的意见与建议。

三、精准调研的典型案例

教师是教育事业发展的基础，是提高教育质量、办好人民满意教育的关键。教育扶贫的关键是帮助受助地区形成一支师德高尚、业务精湛、结构合理、充满活力的高素质专业化教师队伍。要建成一支高素质、专业化的教师队伍，就需要精准了解教师教育教学的真实情况。

㊟㊬㊀ 案例一

赫章县教师教育教学实际情况调查问卷（问题分类）

一、教师基本情况（档案）

请您回答以下基本信息：

1. 您是否为业务骨干（变量之一）：
2. 您在学校中担任的角色是：
3. 您的初始学历为（变量之一）：
4. 您的初始学历所学的专业为：
5. 您的学历现在上升为：
6. 您最后学历所学的专业为：

二、方针政策

7. “六个下功夫”是指（多选）：
8. “九个坚持”是指（多选）：

三、职业态度

9. 您对教师职业的看法为：

10. 影响教师工作情绪的因素中最突出的一项是：

四、专业发展诱因

11. 什么人对您的专业发展影响最大：

12. 在教师的专业发展方面，您认为最需要提高的是：

五、职业发展制约因素

13. 当前您在教育教学实践中遇到最大的瓶颈是：

六、学生观

14. 您通常处理学生作业的方法是：

15. 您了解学生的最常用的方法是：

七、课改认识

16. 您对当前课程改革的总体看法是：

八、教学方法、策略

17. 您认为信息技术在教育教学实践中最突出的影响是：

18. 您在进行教学设计时除了根据教材和课程标准以外，最重要的依据是：

19. 您认为最有利于学生学习的教学方法是：

20. 在日常教学中，您采用最多的课程资源是：

九、有效教学

21. 有一名教师为解决学生在理解教学内容过程中出现的问题，没有完成预定的教学目标，您认为：

22. 您认为提高课程教学有效性最关键的是：

23. 您判断一节课是否达到预定目标的依据是：

24. 您认为教育、教学效果与目标之间的差距主要来源于：

25. “课标”规定的是：

十、自我反思

26. 您在学习和培训中经历的过程为：

27. 您对教师自我学习、自我提高的看法是：

28. 每天工作完成后，您是否会在自己的头脑中“回放”一天工作中的情景？

29. 您认为助力教师专业发展最重要的方式是：

30. 您认为下列哪一种方式对提高教学有效性和教师素质最有帮助？

十一、教育科研素养

31. 您通常开展教育科研的主要途径是（可多选）：

32. 您认为教师开展课题研究最重要的动因是（可多选）：

33. 当您对教学实践中的问题有了新的想法时：

34. 如果有一项新的教育科学研究成果非常有利于改进教学，您会：

十二、立德树人

35. 您认为班主任工作主要包括：

十三、家校社会

36. 您对目前社区、家庭和学校教育的实际关系的评价是：

37. 您和家长沟通时最常用的方式是：

案例二

因生而异定策略，打造不一样的体育课堂

○ 深圳市光明区凤凰学校　黄俊威

2020年9月中旬，我收到学校党支部书记、校长华建明将于10月8日—11日带领我校教师代表前往赫章县三所学校（赫章四中、水塘堡乡中心小学、水塘堡乡田坝小学）开展帮扶工作的通知，我的名字在代表教师的名单上。这是我第一次参与这么重要的帮扶支教工作，有点受宠若惊。对于一个普通一线教师来说，这是一份殊荣，同时也体现了学校对我的重视和期望。我认为前期的准备工作是帮扶工作的重中之重，通过了解学情、熟悉环境、选择主题、撰写教案、试课磨课等，精雕细琢之后方能形成最终方案。

一、了解学情，打好备课基础

接到任务后，我首先思考的就是在深圳用的上课模式在赫章是否可行。深圳与赫章的体育教育必定存在不少差异。第一，赫章地处西南，山地较多，孩子们在野外玩耍的机会较多；第二，赫章体育和深圳体育在中考考试内容和成绩占比方面有差异，学习内容有所不同；第三，两地经济差距较大，深圳学校的体育器材设备充足，而赫章学校的体育器

材紧缺。针对以上差异，我第一时间联系赫章几所学校的老师，充分了解学情，调查各校的教学场地和体育器材情况，为备课做好准备。

二、因生而异，敲定备课策略

通过对学情的充分了解和对学区差异的分析，我发现赫章的孩子们淳朴、活泼、热情、坚韧。对他们而言，耐久跑这个课题虽然枯燥无味，但依然能够坚持。但这样的上课模式不是我想要的，我想带去的是新鲜感和挑战性。对于这节课，我的灵感来了：或许将我擅长的定向运动与几何知识和耐久跑结合起来，孩子们会有不一样的体会。我已经能想象到孩子们在寻找多边形的游戏中体会耐久跑的呼吸节奏，以及他们欢快奔跑的画面。根据我的教学经验，小学生比较喜欢体育游戏。经过与体育科组老师的探讨，我选择了田径迎面接力跑作为教学内容，计划通过小组游戏和比赛的方式组织课堂教学，应该能够达到精彩、活泼的课堂效果。

三、反复磨课，精准预设课堂

教学内容已经选定，教学策略也已制定，教学设计也就很快出炉。但体育课作为室外课，与室内课有太大的不同，如何让课堂气氛活跃又可控是上好课的关键。解决这个问题最实在的方法自然是不断磨课。熟悉教案后，我在自己学校找了一个同年级的班级，在不熟悉学生的前提下按照教案上课，并请同事听课，在课后进行点评与反思总结。在磨课过程中，我发现迎面接力时存在安全隐患，立刻进行了调整；再换一个班上课，发现转换组间练习时组织方式不够合理，再进行调整；然后继续找班级上课，直到能够顺利地组织整节课的教学，完成对课堂的精准预设。

很快，到了出发的日子，我对赫章充满了期待，同时又感到紧张和忐忑。我期待的是见到赫章老师们口中层层叠叠的盘山路、雄伟的大山和热情淳朴的孩子们，紧张忐忑的是我能否在赫章的土地上与孩子们共建和谐、活跃的体育课堂。一路上我都是在期待与忐忑中度过，当踏上赫章的土地时，倒是特别有安全感，赫章四中远比我期待的还要美、还要大。

四、实地考察，调整上课策略

由于体育课室外上课的特殊性，赫章四中的老师带我进行了实地考察，竟然真的出现了与我预设不同的情况，上课场地比我想象中的小，可以悬挂定向标志物的位置也比较少。在当地老师的帮助下，我决定改用椅子作为标志物。至于活动范围缩小的问题，则采用增加几何图形难度及练习组数来解决。

五、真心相待，呈现精彩课堂

课前，我和孩子们进行了简单的交流，了解他们的喜好和身心状态，展示自己的友好态度，期待共同营造活泼精彩的课堂。每个执教班级的孩子们都符合当地老师的介绍：性格活泼，积极参与课堂教学，又懂得遵守游戏和比赛规则，具有挑战精神。每一节课都是高强度、大密度的课，可是孩子们都能够坚持完成每一项任务，热情投入每一项游戏和比赛，课堂的完成度非常高。课后，孩子们纷纷表示，自己没有上过这么有意思的耐久跑课程，很享受上课的过程。我又何尝不珍惜和享受这节难得的课呢。师生之间从陌生人开始，因为对体育的热爱走到一起，虽然只有短短40分钟，但却实现了师生的相互欣赏。这让我坚信，只要真心相待，再远的距离也能心连着心。

孩子们在开心地上体育课

六、跨越山海，结下深厚情谊

在这短暂的四天中，我们马不停蹄，在云雾缭绕的崇山峻岭中往返穿梭。深深印刻在我的脑海中的，不仅有位于半山腰的水塘堡乡中心小学、以苗族和彝族为主的水塘堡乡田坝小学、挺立于山间的赫章四中，还有一张张充满期待的笑脸。

在与赫章四中体育科组长元老师的交流中，除了教学，我们还针对大课间的开展、如何通过体育活动提高学生的身体素质、如何丰富校园体育活动等，进行了交流和分享。凤凰学校有校园舞大课间和丰富的社团活动，而赫章则有特色绳操大课间。在双方资源分享的过程中充分展示了双方对指导性文件精神的落实，能够根据场地和器材资源的不同，因地制宜，因势利导，为不断丰富学生的校园生活和提高学生身体素质而努力。

在这次帮扶活动中，我与贵州同行交流分享经验，在思想与实践、理论与经验的碰撞中，双方都汲取了很多养分，相互促进，共同提高，彼此对教育的热忱让赫章的秋天变得温暖，让爱孩子的心靠得更近。

第二节　帮扶规划制定策略

制定教育帮扶工作系统规划，是保证帮扶效果的关键。这需要在精准调研的基础上，制定科学、可行、具体的帮扶规划，改变帮扶工作碎片化的现象。

一、帮扶规划制定策略概述

教育帮扶是系统工程。制定科学合理的教育帮扶规划，对于完成帮扶任务、实现帮扶目标，具有重要意义。

（一）明晰制定帮扶规划的政策依据

依据政策制定赫章教育帮扶规划是保障帮扶工作顺利开展的基础。《国家中长期教育改革和发展规划纲要（2010—2020年）》提出，努力办好每一所学校，教好每一个学生。从学校层面出发，要促进教育公平，提高教育质量，加快建设和改善薄弱学校。

2012年，《关于深入推进义务教育均衡发展的意见》将促进义务教育在县域内实现均衡发展列入地方各级政府及其主要负责人的考核内容，加快缩小城乡差距。

2013年，教育部等多部门联合发布了《关于全面改善贫困地区义务教育薄弱学校基本办学条件的意见》，把“补短板”和满足基本需要放在首位，将省级财政教育投入向贫困地区义务教育最大限度倾斜。

2015年，《全面改善贫困地区义务教育薄弱学校基本办学条件工作专项督导办法》提出要重点对农村学校教育信息化推进情况、教师队伍素质提升等六大方面进行督导，为实现“全面改薄”提出了详细的要求，为“全面改薄”工程有效实施提供了全方位保障。

2016年，《关于加快中西部教育发展的指导意见》对改革和发展中西部教育进行顶层设计，大力促进中西部教育公平和发展。同年，《关于统筹推进县域内城乡义务教育一体化改革发展的若干意见》提出，到2020年实现“四统一”“两消除”“两提高”“一实现”作为改革城乡义务教育和实现一体化的目标，提出了促进县域范围内城乡义务教育实现一体化发展的要求：按照统一的标准建设学校，按照统一的标准管理教师编制，按照统一的基准定额提供生均公用经费，按照统一的标准配置基本装备，使“两免一补”在城乡范围实现全覆盖。同时，提出了十条具体措施，主要包括：同步建设城镇学校，努力办好乡村教育，科学推进学校标准化建设，实施消除大班额计划，统筹城乡师资配置，改革乡村教师待遇保障机制，改革教育治理体系，改革控辍保学机制，改革随迁子女就学机制，加强留守儿童关爱保护。让教育资源惠及所有家庭和孩子，让他们有更光明的未来。教育扶贫作为扶贫的根本途径，成为提升“惠及全民”教育公平质量的关键。国家和地方各级人民政府都提出要加快制订和推进教育扶贫计划，让贫困地区孩子和贫困家庭孩子都能真正且公平地享有高质量教育，使贫困在代际间的传递得到有效阻断。

2018年，教育部、国务院扶贫办联合印发《深度贫困地区教育脱贫攻坚实施方案（2018—2020年）》，要求集中攻坚，确保深度贫困地区如期完成发展教育脱贫一批任务。

国家通过实施各种政策提高教育质量，面向每个学生，办好每所学校，教好每个学生，让每个学生都能享受公平优质的教育，这是教育公平的更高要求，也是亿万群众内心的呼唤，发展公平而有质量的教育，成为教育公平的时代新内涵。国家通过推进教育体制机制改革，促进优质教育成果惠及全民，体现了提高质量和促进公平的有机统一，也体现了教育公平内涵的不断深入和教育公平的最新要求。

（二）学校制定帮扶规划的步骤

在各级政策规划引领下，学校制定帮扶规划主要有六个步骤。

第一步，确定参与制定规划的人员。第一类为学校帮扶规划意见征集对象（如赫章县乡村三级领导、对学校关注的社会人员、帮扶团队的专家、家长、学校退休人员、在职教师、学生等），第二类为学校帮扶规划草拟者（学校帮扶规划核心组成员），第三类为学校帮扶规划讨论、决策者（学校行政班子成员、全体教师）。这三类人员对学校的“过去”“现在”都比较了解，有利于据此制定学校的脱贫攻坚策略和把控其“未来”的发展。

第二步，通过座谈会、访谈等方式，倾听第一类人员对学校脱贫攻坚和未来发展的意见和建议。可以通过调查问卷的方式向全体教职工征集规划意见，主要问题包括：学校发展有哪些优势，存在哪些制约脱贫的因素，用什么方式可以解决，等等。这种调查问卷的最大好处是不仅将问题与愿景呈现出来，也为规划制定者提供有益的实施途径，便于大家共同思考能够真正解决脱贫问题的方法。

第三步，学校帮扶规划核心组成员将收集到的关于学校存在的问题、帮扶的意见和建议，进行归纳和分析，形成共性建议与个性建议、可实现建议与愿景建议。

第四步，规划核心组成员对照各级政策要求与教育理论，结合征集的意见和脱贫攻坚的愿景，以指导思想、基本原则、目标任务、行动计划、保障措施等为框架，形成帮扶规划的第一稿。

第五步，分批组织人员召开座谈会，讨论帮扶规划的初稿，征集修改意见，完成修改稿。

第六步，召开教职工代表大会，校长先说明帮扶规划制定的过程，全体教师代表再次讨论，最后以表决的方式通过帮扶规划。以全体教师为主体，将帮扶规划的评判权交给教师大会，这既实现了来自教师、服务于教师的民主要求，又实现了总结过去、面向未来的文化传承，更形成了有效利用教育帮扶契机以推动高效发展的创新思路。

二、帮扶规划制定的具体步骤

帮扶专家团队通过对政策理论、赫章教育现状的分析，制定了基于PDCA 循环法的赫章教育帮扶规划的步骤，运用系统科学的方法从整体上优化帮扶规划，解决问题，提高学校帮扶规划的制定能力，提升教育帮扶质量。

PDCA 循环法是一种科学的现代企业管理方法。P、D、C、A 分别是英文 PLAN（计划）、DO（执行）、CHECK（检查）、ACTION（处理）四个单词的首字母。其中，在 P 阶段确定工作方法、目标及活动计划等；D 阶段组织力量执行计划，保证计划的实施；C 阶段对计划执行情况进行检查、分析；A 阶段总结经验和教训，并把没有解决的问题转入下一个循环中去。PDCA 循环法是科学的质量管理方法，近年在教育教学领域的应用研究逐渐深入，并在教学质量的管理与提升方面取得了一定的成果。同样，PDCA 循环法也适用于帮扶规划工作，能够有效提高帮扶规划的质量。

中国教育学会基于 PDCA 循环法的“四阶段”，构建具有动态性的帮扶规划操作步骤，将帮扶规划步骤划分为四个阶段：制定计划、确定目标阶段—帮扶实施与调整阶段—帮扶质量检查阶段—反思评价、改进创新阶段。通过这四个阶段的循环运转，不断提升帮扶质量。该流程从帮扶规划的制定、实施、检查到评价反馈，始终围绕帮扶目标进行调控、持续改进，促进帮扶规划不断完善，不断提高帮扶质量。

（一）制定计划、确定目标阶段

本阶段是对赫章教育现状进行分析，也是 PDCA 循环法中帮扶的起点。

1. 确定帮扶内容

在确定帮扶内容这一步骤中，一是要重点关注影响教育发展的短板问题，遵循优先解决紧急问题的原则，对帮扶内容进行模块化的有机结合；二是要构建完整的帮扶内容体系，厘清帮扶内容之间的关系，采用关系图、程序图呈现帮扶内容。

2. 分析帮扶问题形成的背景

明确帮扶内容在整个教育发展中的位置，从而明确帮扶内容的关联因素，厘清帮扶内容的破解难点，有效确定最近发展区，为帮扶方法的选择做好准备。

3. 规划帮扶内容，制定帮扶目标体系

帮扶内容围绕帮扶目标进行，解决怎样开展帮扶和帮扶团队怎样帮的问题。帮扶计划不是简单叠加帮扶目标，而是对帮扶内容进行整体规划，以目标体系的形式出现，具有整体性和前瞻性。建立帮扶目标体系要从帮扶的宏观角度考虑，涉及帮扶内容的各个主要部分，突出能力要求。帮扶目标是帮扶内容实施的方向，在帮扶过程中具有引领作用，设计帮扶内容要以帮扶目标为导向。因此，帮扶目标应该落实到每一项帮扶行动中，循序渐进地实现。帮扶目标切合教育质量提升的需要，具有可操作性。合适的目标体系应具有合理的梯度，使帮扶目标具有层次性，逐渐提高帮扶质量。

4. 确定帮扶目标达成的策略

根据帮扶内容的特点和帮扶各方的能力发展水平，确定合适的帮扶策略与方法。帮扶策略的选择从帮扶内容的发生、影响的环境因素、评价方式等多方面分析；帮扶方法的确定依据帮扶目标，选择多种帮扶方法促进帮扶目标的达成和帮扶效果的实现。

（二）帮扶实施与调整阶段

帮扶实施与调整阶段是PDCA循环中的核心环节，也是整个帮扶规划中最主要的部分。本阶段通过选择合适的帮扶策略，对帮扶内容进行组织，设计“帮、调、评”一体化的实施环节与任务，将帮扶目标细化并落实到帮扶的各个环节中，设计准确、科学的评价体系与帮扶调整方案。在具体的帮扶实践中，通过动态的生成性评价反馈，检验帮扶目标的制定是否合适、在帮扶实践中是否能够达到规划的目标。

本阶段需要注意的是帮扶目标体系与评价体系在帮扶实践中的呼应与统一，根据帮扶反馈进行生成性评价。分析与评价标准要围绕帮扶目标而定，评价内容要具体明确，使得生成性评价更具指向性与目标性。帮扶是双向互动的过程，要在帮扶过程中落实“帮、调、评”一体化，就需要设置具体的帮扶任务，通过帮扶效果得到反馈，并依据生成性评价及时调整帮扶。这是一个循环往复的双向互动过程，在动态化的过程中，尽可能地解决出现的问题，提高帮扶质量。

（三）帮扶质量检查阶段

本阶段主要是对帮扶实施与调整阶段的执行情况、实施效果进行检测，采取多样化的评价方式来分析帮扶目标的达成度。本阶段的工作可以安排在帮扶中，也可以安排在帮扶后。帮扶中的检查应注意恰当的情境，进行合理的任务驱动，可通过帮扶效果问答设计、案例分析等形式，及时对帮扶的状况进行了解，从评价结果中得出结论；还可通过调查问卷、访谈等方式，检验受助学校和教师对该阶段帮扶目标的实现程度。无论是帮扶中评价还是帮扶后访谈，都要在帮扶总目标的统领下细化帮扶评价内容与检测项目，使检查反馈具有及时性和针对性，能够有效促进帮扶实现积极的意义建构。在此基础上，对帮扶结果再进行分析，将反映出来的问题在下一阶段进行处理。将帮扶实施与调整阶段的生成性评价与本阶段的结果性评价进行有机结合，分析得到反馈，并依据反馈对帮扶规划的相应环节进行调整与改进，使帮扶规划与帮扶实施的契合度更高。

（四）反思评价、改进创新阶段

本阶段是PDCA循环的关键环节，是保证帮扶质量提升的重要阶段，主要是对帮扶过程中取得的成果进行巩固并制定标准，同时对PDCA循环中的问题进行分析处理，将上一个PDCA循环中未解决的问题或新产生的问题传递至下一个PDCA循环中运行解决。在基于PDCA循环法的帮扶规划流程中，反思评价、改进创新阶段既是一个总结评价帮扶质量的环节，也是帮扶团队进行教学反思、促进专业化发展的阶段。

通过对帮扶实施与调整阶段检查结果的分析，回顾帮扶过程，总结得失，查找原因，寻求解决问题的对策。

此外，还需要对帮扶规划中较好的方案进行总结升华，将其作为成功案例指导其他帮扶方案的设计。对于帮扶实施与调整阶段的一些生成性问题，追溯问题产生的原因，尽可能地对出现的问题进行及时处理，并对反馈结果进行反思，进一步对帮扶规划进行改进与创新。对于暂时无法妥善解决的问题或者新出现的问题，可以将其转入下一个PDCA循环中，通过对遗留问题进行分析，而后制定新的解决方案，处理问题。基于PDCA循环法的帮扶规划流程就是在这样一个循环往复的过程中，不断提炼帮扶中的精华之处，总结现实问题，实时监控与调整设计方案，强化帮扶规划的可操作性及帮扶方案与实践互动的契合度，使其能够更好地指导帮扶，促进帮扶质量的稳步提升。

三、帮扶规划制定的典型案例

赫章县六曲河镇中心小学创建于1953年。学校认真贯彻落实党的教育方针，紧紧围绕“优化育人环境，提高教师素质，促进学生身心全面发展，办人民满意的教育”的办学宗旨，秉承“发展教育，建设家乡”的办学传统，以“勤学习、诚做人、勇探索”为校训，崇尚“厚德、博学、敬业”的教风，团结进取，开拓创新，以质量求生存，以特色促发展，积极推进素质教育，不断提高教育教学水平。

案例一

赫章县六曲河镇中心小学学校文化的整体规划

○ 赫章县六曲河镇中心小学　罗焕应

学校管理可以分为良心管理阶段、情感管理阶段、制度管理阶段、文化管理阶段四个阶段。为了让学校进入文化管理阶段，特制定学校文化的整体规划。

一、学校精神文化和物质文化方面

1. 以“为学生的终身幸福奠基”为办学目标，秉承“勤学习、诚做人、勇探索”的校训，坚持“爱满校园，润物无声”的办学理念，逐渐形成“正气、大气、和气、灵气”的校风，“真心、爱心、良心、细心”的教风，“好学、乐学、勤学、善学”的学风。

2. 根据传统文化对学校建筑进行命名。如：知新楼、知远楼、知言楼、知省楼、知微楼、知慧楼、知味楼。

3.把槐花定为校花，围绕槐花创作校歌——《琅琅书声伴槐香》。把校训写入校歌，校歌创作结合地方特色，融入龙和鹰这两个意象。

4. 把土黄色定为学校的标准色，寓意学校教育根植于农村的黄土地，学校建筑外观、宣传栏、制度牌均以土黄色为主色调。

5. 根据学校所在地的环境创作校徽：由关门山、六曲河的变体图案组合成槐花变体图案居于校徽中央，山和水分别由绿色和蓝色组成，表示山绿水清；山顶红日代表学生是初升的太阳，校徽背景为学校标准色。整个校徽由黄色、红色、蓝色、绿色组成，分别寓意朴实、热情、自由、和谐。

6. 根据校歌歌词“龙飞舞，鹰翱翔”，把龙和鹰定为学校吉祥物，期望学校男生像龙、女生像鹰。把学校教师篮球队命名为腾龙队和神鹰队，寓意勇敢、自由、坚强。

7. 围绕校训“勤学习、诚做人、勇探索”，把学校园林分别命名为求知园、求实园、求索园。努力做到让每一朵花都含笑，让每一片叶都含情，让每一棵树都有精神，让每一片绿地不长杂草。

8. 让每一面墙都会说话。围绕传统文化，在围墙、楼梯、过道、教室、办公室等地方打造文化景观，展示师生作品。

二、师生行为文化和活动文化方面

（一）文明礼仪文化

1. 教师上课使用普通话，教师开会使用普通话。

2. 学生遇见师长和外来客人必须行少先队队礼并问好，教师必须还礼。

3. 师生经常使用礼貌用语，不讲脏话。

4. 集会进出场和放学离校时必须排队，保持安静有序。

（二）自主管理文化

为培养学生自主管理的意识和能力，充分调动和发挥学生的主动性、积极性和创造性，让学生逐步养成文明礼仪和良好的学习习惯，围绕“低年级靠他律，中年级靠自律，高年级养成习惯”这一目标，我校把学生自主管理融入学校文化建设之中。学生自主管理主要包括清洁卫生、纪律、安全、学习、两操等方面的常规管理。具体做法如下：

1. 少先队工作人员负责检查结果的汇总统分，卫生部负责每天教室内外清洁区卫生检查，体育部负责每天两操检查，学习部负责每天晨读检查，食宿部负责“文明寝室”评比和学生宿舍内务监督，宣传部负责广播室管理与使用，负责每天13：20至13：50的播音，适时通报学生不文明行为。

2. 值周班级文明监督岗所有成员共同负责全校升旗、集会、课间活动的纪律管理，学生仪容仪表和红领巾佩戴情况的检查，并参与学校的安全管理，发现问题及时纠正，并到就近文明监督岗做好记录。

3. 值岗学生在履职过程中若遇不能自行解决的问题，及时向值周教师、行政值周教师或少先队大队部求助和汇报。

（三）教学研究文化

学校一直把教学视为学校工作的中心，把提升教师素质、提高课堂效率视为中心的中心：扎实开展教师“青蓝工程”“继续教育工程”，利用校刊《芳草地》、校本教材为教师搭建交流平台；成立课题研究领导小组，整合省级乡村名师、市县骨干教师、学科带头人资源，开展互听互评、集体备课、磨课等教研活动；利用乡村名师工作室这一平台，组织教师开展课题研究；扎实开展每学期十次的教学常规检查。

（四）教育活动文化

我校的办学理念是“爱满校园，润物无声”，活动育人是落实这一理念的最好方式，以下十类活动是我校正在开展并将长期坚持开展的活动。

1. 每周开展一次“文明班级”评比活动，将班级卫生、课间操、学生纪律、学生文明行为、班级活动等纳入评比范围。

2. 每月开展一次“文明寝室”评比活动，将寝室卫生、寝室布置、寝室纪律等纳入评比范围。

3. 每学期开展“星级学生”“星级教师”“星级家长”评比活动，评选出“文明之星”“进步之星”“学习之星”“道德之星”“师德标兵”“模范家长”等优秀榜样。

4. 每学期开展书香校园系列活动，评选出部分“阅读之星”和“书香班级”。

5. 每年定期开展“优美办公室”评选活动，每次评选出3个“优美办公室”，学校给予适当的物质奖励。

6. 组建学校教师篮球队——腾龙队和神鹰队，强化平时训练，加强和周边兄弟学校交流，展现学校精气神。

7. 每年三月开展教育论坛活动，让班主任、教师、家长、学生在论坛上分享教育经验和学习经验；十二月开展教师才艺大赛。安排“五个一”评比活动，即“一手字，一幅画，一篇文，一首歌（一首曲），一课件（含自制教具）”。

8. 每年春季学期开展全校经典诵读比赛活动和以“祖国好家乡美”为主题的六一文艺活动，每年秋季学期开展合唱比赛活动和冬季运动会，让师生在活动中受到熏陶和教育。

9. 坚持月考。每学期进行三次月考，每次严格按照中考程序进行。

10. 每周开展升国旗、升校旗、升值周班班旗活动，让学生在活动中接受爱国家、爱学校、爱集体的教育。

帮扶团队在指导学校建设方面起到很大作用，学校因此取得了一定的成绩，虽然距离真正的高质量治校还很遥远，但不管怎样，我们在努力着！

案例二

学校常规管理之拨云见日

——记中国教育学会对赫章县六曲河镇中心小学的帮扶

○ 赫章县六曲河镇中心小学　许　腾

我校是一所镇属中心校，现有学生2456人，教职工131人。其中工勤人员29人，大学本科教职工65人，中高级教师49人，寄宿学生277人。我校是毕节市安全文明校园、毕节市市级德育示范校。2020年，我校获全县目标考核教学常规管理一等奖，6名教师被评为全县优秀教师，3名教师参加县优质课竞赛分别获得一、二等奖。能获得这些荣誉，都得益于中国教育学会对我校的帮扶。

三年前，我校有学生1924人，但不论是学生成绩方面，还是学校管理方面，都是被全县通报批评的对象。自从中国教育学会对我校进行帮扶，特别是时俊卿教授到我校考察指导后，我校根据时教授的指导，从细节抓起，从小事做起，把每一件事做细，把每一件事做实，不断取得一系列成绩。

文明礼仪方面，我校立足实际，抓好学生文明礼仪。我校通过红领巾文明岗值岗，对不遵守纪律和不文明的学生进行劝阻。如有不听的，由值岗学生记录在案，扣除该生的操行积分，并交由班主任对其进行思想教育。慢慢地，学生逐渐养成良好的行为习惯，学校基本形成学生自主管理的体系——一、二年级学生靠他律，三、四年级学生靠自律，五、六年级学生养成习惯。学生由原来不会向人问好到现在主动问好，由原来不会向人打招呼到追着人打招呼。总而言之，通过一年多的努力，我

六曲河镇中心小学教师在北京市第一零九中学小学部学习

校学生的文明礼仪行为得到强化，尊师重教的氛围也逐渐得到加强。学生不仅见到客人会主动打招呼，而且学习成绩也大大提升。文明礼貌的学生多了，打架的学生少了；读书的氛围浓了，学生的成绩好了；教师的社会地位得到了提高，对学生的责任心也变得更强了。

教学成绩方面，通过全体教师的努力，我校教学成绩排名由原来全县倒数到现在排在全县同类学校第十名左右，甚至有些年级的成绩现在已经进入全县同类学校前三名。能够取得这些成绩，都得益于中国教育学会和对口帮扶学校北京市第一零九中学对我校的帮扶和对教师的培训。学校还通过派出去、请进来等方式，不断提高教师专业水平。学校选派优秀教师外出培训，从而带动大部分教师的积极性。为了让全校教师共同受益，学校组织参培教师对其他教师进行二级培训。这样，没有参加外出培训的教师也能接受同样先进的教育理念。学校还通过示范课、公开课、“青蓝工程”等多种方式，带动大部分教师教学的积极性，从而提高学校的教育教学质量。为规范学校管理，提高教育教学质量，我校把从培训中学到的一些好方法运用到教学实践中，如安排学生早上阅读、语文课前三分钟讲一个成语故事、每日背一首古诗等，都为提高教育教学质量奠定了基础。教师由原来上课被人耻笑，不想上课，到现在争着去上课，不愿耽误任何一节课。

教师为人师表，一言一行直接影响着每一名学生。教师常规管理方面，为抓教师形象，我校把教师违规列入师德师风负面清单管理，禁止教师在校园内抽烟、饮酒、赌博，禁止教师在办公室娱乐等，要求教师严格按照教学计划开设课程。按照学校常规管理，评职晋级、评先选优等根据学校考核分进行，从高到低，不搞特殊，一视同仁。教师看到评先选优不是凭关系、靠人情得来的，都开始认真教学，用心批改作业，不放弃任何一个学生。教师之间逐渐形成一种良性竞争关系，学校常规管理逐渐步入正轨，并于2020年获得全县目标考核教学常规管理一等奖。

今后，我们将继续沿着中国教育学会为我校开垦的帮扶之路，不断前行，从小事做起，做实做细每一件事；继续选派教师参加各种培训、考察，并对其他教师进行二级培训，争取让所有教师都有所收获；继续更新教师教育观念，转变教师教育理念，真抓实干，努力推动我校更好更快发展。

第三节　帮扶目标设定策略

制定切实可行的教育帮扶目标，是教育帮扶行动顺利进行的重要保证。这需要深入实际，调查研究，聚焦问题，群策群力。

一、帮扶目标设定策略概述

（一）教育帮扶目标设定的意义

“凡事预则立，不预则废。”发展目标是制定长远发展规划的重要依据。在长远目标的指引下制定各项短期实施计划，工作有具体可实施的行动步骤，才不会出现盲人骑瞎马的状况。

教育帮扶也一样。如果没有明确帮扶目标，帮扶工作就会无序开展，不会产生实效。

（二）赫章教育帮扶目标设定策略概述

中国教育学会联手中央统战部，协调名校、名师对赫章教育对口帮扶。在正式实施帮扶前，中国教育学会为使帮扶工作效益的最大化，首先组织调研组对赫章县部分中小学、幼儿园进行座谈交流、问卷调查、一线访谈、实地考察、听取汇报等，全方位了解赫章县教育教学改革、教师队伍建设、学生管理、教育发展基础和下一步发展重点等情况。然后设定帮扶目标，与赫章县人民政府制定教育帮扶计划，帮助赫章县建立“全国知名教育专家指导工作站”，协调发达地区优质学校与赫章县的贫困学校进行“一对一”或“一对多”的帮扶。同时，中国教育学会不定期支持赫章县骨干教师到发达地区优质学校跟岗学习，并组织专家和名师到赫章县对学校管理者、骨干教师进行培训，促进赫章县学校管理者和教师转变教育理念，实现教育改革，提高教学质量，助力脱贫攻坚。

二、帮扶目标设定的具体策略

教育帮扶目标设定的具体策略主要包括：深入学校，调研走访；发现问题，梳理归类；分析问题，提出建议；融合沟通，设定目标。

（一）深入学校，调研走访

赫章县位于贵州省西北部，是贵州省16个深度贫困县之一，13个同步小康经济发展困难县之一，12个国有企业结对帮扶重点县之一。在确定开展帮扶赫章县教育工作初期，2019年5月21日至23日，时任中国教育学会副秘书长游森带队，副秘书长、研究员高书国及调研组深入赫章县部分中小学和幼儿园，开展第一次县域教育发展情况调研。时任中央统战部挂职赫章县委常委、副县长王华全程陪同调研组调研。

调研组通过座谈交流、一线访谈、实地考察的方式对赫章县20余所中小学幼儿园进行访谈交流，同时发放《赫章县干部对教师教育教学实际情况调查问卷》《赫章县教师教育教学实际情况调查问卷》，进行抽样调研。此外，还与赫章县教育行政领导、校长、教师、家长、学生进行交流，全方位了解赫章县各教育学段的学校管理、教学改革、教师队伍建设、学生管理、教育发展基础及下一步发展设想等情况，为中国教育学会开展精准对口帮扶，提供了真实可靠的实证和数据资料。

2019年7月5日，中国教育学会第二次组织专家组对赫章县部分中小学和幼儿园进一步深入调研，更加细致地了解赫章县教育的现状，为中国教育学会及名校名师帮扶赫章县教育规划蓝图提供了可信度较高的依据。

为进一步落实中央统战部、民进中央、中国教育学会2019年共同建立赫章“全国知名教育专家指导工作站”的工作计划，扎实有效地推进赫章县教育帮扶工作，调研组于2020年多次深入赫章县学校进行调研。

调研组经过多次调查研究，彻底搞清楚赫章县“贫”的根源、教育滞后的原因，为扎实有效地对赫章县教育帮扶“对症下药”提供了理论依据和强有力的保障，避免帮扶走弯路、走冤枉路。

（二）发现问题，梳理分类

中国教育学会调研组深入赫章县乡村学校，通过问卷调查、座谈、访谈、实地考察等方式，发现赫章县教育发展的主要优势和面临的主要问题，并进行分类梳理。问题主要表现在以下七个方面：一是部分学校办学循规蹈矩、墨守成规，缺乏创新的办学理念，发展能力不强；二是教师学历达标率不高，师资配置不够均衡；三是教师队伍建设水平不高，专业发展方式单一，教师研究成果水平较低；四是教师课程意识淡薄，学校课程建设水平较低，促进学生全面发展难以落实；五是教师科研意识和研究能力弱，课程与教学改革缺乏专业支持；六是高水平教师数量少，留守儿童数量多，县域教育均衡发展面临困境；七是教师自主学习愿望不强，主动运用现代信息技术及其相关资源的能力较弱。

（三）分析问题，提出建议

中国教育学会专家在认真梳理和分析问题的基础上，提出了要强化、完善乡村名师工作室的专业建设。

1. 乡村名师工作室的主要任务

第一，落实立德树人根本任务。工作室成员要以德立身、以德立学、以德施教、以德育德，争做“四有”教师。

第二，工作室主持人要凝练教学思想，形成教学风格，打造教学实践成果；要不断加强工作室建设，在教育教学实践中不断丰富工作室的教育内涵，不断提升工作室的影响力。

第三，工作室成员要在主持人的带领下，开展教育教学研究，以课题研究、行动研究、学术讲座、成果推广、扶贫助教等多种形式进行学习、交流、研究、合作，计划在两年内取得较为突出的教育教学研究和实践成果。工作室主持人要为成员进行学术研究、提高专业水平提供帮扶与指导，并为学员教学和科研成果的推广提供助力。

第四，发挥工作室团队的辐射带动作用，以工作室所在单位为基地，搭建交流平台，及时推广具有先进性、引领性的教育主张、教学风格、教学成果，引领赫章县教师专业发展。

第五，工作室要主动接受赫章县等各级教育行政主管部门分配的教育教学研究及教师培训工作，积极承担赫章县薄弱学校教师的培训和指导工作，承担县级学术讲座任务，为赫章县教师队伍建设提供助力。

2. 名师工作室的管理

第一，工作室在县教育科技局指导下开展工作，日常接受工作室主持人所在工作单位的领导和管理，并建立工作室专项管理档案。

第二，工作室主持人负责工作室的日常管理和教、研、训等业务工作；根据工作室成员组成情况，另设工作小组，协助主持人具体开展日常工作；工作室成员应充分发挥参与权、建议权和监督权，积极完成个人工作目标任务，并协助完成工作室整体工作目标。

第三，工作室主持人负责制定工作室的财务管理和资金使用计划，要根据实际需要制定资金使用方案，并接受工作室所在单位的监督和管理。

（四）融合沟通，设定目标

在前期充分调研、发现问题、分析原因及提出主要建议的基础上，中国教育学会确定了赫章教育帮扶总目标：以习近平新时代中国特色社会主义思想为指引，遵循教育科学规律，充分发挥发达地区名校、名师的辐射、引领和示范作用，传播先进的教育教学经验，解决赫章县学校管理中存在的实际问题，提升赫章县的教育综合管理水平，加强发达地区名校对赫章县教育的结对帮扶，坚持资源共享、优势互补、发展互惠、合作双赢的原则，积极探索新时代赫章教育发展的新路子、新举措，更新赫章县学校办学理念，提高赫章教育办学水平，助推赫章县教育质量提升，促进赫章县教育事业健康、协调、均衡、稳步发展，逐步实现教育优质均衡发展，缩小与发达地区的差距。

为落实帮扶目标，中国教育学会确定了嵌入式帮扶原则，提出“政策导向、科学定向、专业引领、结对帮扶、自主发展、典型带动、辐射推广”的总体推进思路，以启动“全国知名教育专家指导工作站”为引领，联结和协调不同层面的教育专家及其多样化共享资源，通过建立校际帮扶结对、线上线下帮扶结合、输送国家级优秀教学成果等形式，将帮扶工作精准、有机地融入赫章县原有的教育工作计划中，针对赫章学校教育教学和教师专业发展的实际需求精准匹配、输送相关教育资源。

三、帮扶目标设定的典型案例

只有设定切实可行的帮扶目标，才能展开符合受助学校需求的教育帮扶，达到有效帮扶的效果。

案例一

在大山的深处丈量脚步

○ 赫章县财神镇中心小学　常　颖

赫章县位于贵州西北部乌蒙山腹地，是毕节试验区发祥地。赫章作为乌江北源的第一城，山水孕育着赫章，使得赫章被誉为“中国核桃之乡”“中国樱桃之乡”“中国野生韭菜——多星韭之乡”。但是，赫章作为贵州深度贫困县之一，摆脱贫困，势在必行。扶贫先扶志，在脱贫攻坚的工作中，教育脱贫是尤为重要的一项。赫章县作为深度贫困县，在教育教学上成了中国教育扶贫的重点对象。2019年，在脱贫攻坚的冲刺阶段，就有一支从北京来的教育帮扶队伍在大山的深处丈量脚步。

第一步　丈量赫章的教育教学

2019年，为响应中央的脱贫政策，在中央统战部的协调下，中国教育学会为赫章教育丈量了第一步：找出赫章教育教学与发达地区教育教学的差距并进行帮扶，与之签约，建立“全国知名教育专家指导工作站”。

中国教育学会一年内组织专家10余次，为赫章教育开展专业帮扶，组织国家级教学成果奖走进赫章，疫情期间为我县推送130多次共200多个课时的网络培训，送来了珍贵、专业的精神食粮。82所赫章学校与北京、成都等地名校结对帮扶等一系列帮扶活动，为赫章的教育带来了新的起点，助力赫章教育脱贫。

第二步　丈量赫章乡村学校的教育教学

在为赫章教育的落后找到原因后，中国教育学会积极寻找教育教学理念比较先进、教学技艺较为精湛的兄弟学校对我们赫章的乡村学校进行帮扶。我校和赫章县平山镇中心小学、赫章县兴发乡中心小学三所学校荣幸地与农科院附小结成了友好帮扶的兄弟学校。2019年9月，中国教育学会带着我们三位校长来到农科附小听课、交流，了解我们三所学校的现状后，为我们找差距，谋发展，并与我们签订了帮扶协议，就三所学校的实际情况进行帮扶。

第三步　丈量赫章乡村学校教师的教育教学

当农科院附小与我们签订了帮扶协议后，就对三所学校教师的教育教学进行丈量并开展行之有效的帮扶活动。2019年11月27日，在中国教育学会的带队下，刘芳校长带领田旭、舒鹏、李霞、李艳征等几位老师冒着严寒，不远千里来我们三所学校考察帮扶。在此期间，他们开展了学校管理和教育教学理念培训。刘芳校长的讲座、田旭和舒鹏老师的说课、李霞与李艳征老师的示范教学都给我们的学校管理、课堂教学、教研教改带来了新的理念和启示。培训过后，时任中央统战部挂职赫章县委常委、副县长王华，时俊卿教授，刘芳校长和李艳征老师为我们制定了新一轮的帮扶计划，在送培送教上门的同时，让我们亲临农科院附小进行学习，对我们的工作做了更进一步的具体指导，让我们在管理和教学两方面都得到了提升。

第四步　丈量赫章乡村学校教师节与北京教师节的感染氛围

2020年9月8日，在时俊卿教授的提议下，赫章县财神镇中心小学、平山镇中心小学、兴发乡中心小学受农科院附小之邀，每校各派出两名教师到农科院附小进行为期两天的教学交流活动暨“立德树人奋进担当教育脱贫托举希望”主题活动。

在农科院附小交流期间，进京学习的教师在听取课例的基础上，围绕三所学校在教学与管理中的薄弱环节进行了交流、讨论，并参与了农科附小新学期的数学学科教学计划解读，再次强化了参培教师在小学语文、数学、英语学科教学和学校管理中的教学意识和育人理念，有效提升了他们的课堂教学技能与学校管理中的技巧。

在教师节当天下午的“立德树人奋进担当　教育脱贫托举希望”主题活动中，时任中央统战部挂职赫章县委常委、副县长王华和时俊卿教授对参培教师进行了指导、鼓励。参培教师聆听了农科院附小在教育教学方面的成就和对边远乡村学校的帮扶故事，感受到他们的教育情怀，积极提升自己的教育教学素养。参培教师更新了自己的教育理念、育人观点，并表示“一花独放不是春，百花齐放春满园”。他们将先进的教育教学理念与技能带回乡村，以“星星之火，可以燎原”的信念辐射赫章县的教育教学，让赫章的学校也能受益，让赫章的孩子也能拥抱美好的明天。

第五步　丈量赫章乡村学校贫困家庭孩子的生活和学习

中国教育学会和农科院附小都明白，在教育脱贫攻坚的路上，仅针对学校管理者和教学者的扶贫是远远不够的，必须本着“以人为本”“一切为了孩子，为了孩子的一切”的理念进行扶贫，才能让大山的孩子真正走出贫困。因此，农科院附小为学校挂牌“金穗名师工作室”，对学校管理者和教学者进行帮扶，在提高他们认知的基础上给贫困家庭的孩子和家长送去关爱，让其温暖，使之正确看待教育和孩子的学习。

在2020年10月8日、9日、10日这三天，农科院附小在对赫章三所帮扶学校的教师进行教学示范和备课指导的同时，走进了赫章贫困家庭孩子的家中，给他们送去关爱，对家长和孩子进行生活管理与学习上的指导，让他们在感受到温暖的同时，提高自身的认识，用阳光的心态生活，用坚强的态度成长，用坚定的信心管理和学习。

今天，虽然赫章已成功摘下了贫困的帽子，但是我相信，在大山深处的脚步将永远不会停止，还会有第六步、第七步、第八步，甚至更多、更为坚定的步伐。因为整个中国的教育是血脉相连、心心相通的。

案例二

赫章教育帮扶中的初中化学实验教学策略研究

○ 深圳市光明区凤凰学校　王　珍

当接到再赴赫章的通知时，我的心情颇有些激动。距离我上一次去赫章，已经接近一年的时间了，彼时彼景，依然历历在目。

“老师，您下一次什么时候再来?”

赫章四中学生那热切纯真的眼神，历经近一年，依然闪闪发光。正是这样一群求知若渴的学生、待人诚挚的教师，让我一直惦记着，也期待着再赴赫章。

赫章初中化学实验教学初印象

这次去赫章，我要带去什么样的化学课堂呢？

这还要从我第一次到赫章进行教学交流说起。

第一次去赫章期间，我和赫章四中的老师、学生就化学实验教学进行了充分的交流，了解到他们九年级化学教科书实验的完成率不高，一些本应由学生动手参与的活动与探究多由演示实验代替。但化学是一门实验科学，实验教学是化学学科学习的灵魂和精髓所在，也是培养学生化学核心素养的重要阵地和主要抓手。分析其原因，主要有以下两个方面。

一是对实验教学缺少研究。教研活动中对实验教学的重视程度不够，特别是对具体化学实验的研讨不够多。

二是没有专业的实验员管理实验室。实验室缺少专业管理，这就导致教师和学生很少去实验室上化学课，学生课堂实验受到了极大的限制，而化学实验教学的缺失，必定对化学教学目标的达成带来一定的难度和困扰。

如此现状让我内心非常牵挂，也为之着急。

脑科学的研究表明，人类的脑电波在13—14岁出现第二个飞跃现象（第一个飞跃现象出现在6岁左右），这是大脑特别有可塑性的时期，是学习解决问题和培养创新能力的绝好时机，亦是空间想象力发展的加速期和关键期。此时的初中生观察力更持久、目的更明确，具有强烈的求知欲和探索精神，同时思维非常活跃，处于创造性思维和求异思维快速发展的关键期。作为老师，应该积极大胆地提供鼓励正向创新和冒险的环境，比如通过情境设置让学生完成自主实验探究。这是一种非常符合初中生认知规律的学习方式。通过以下实验探究教学策略进行教学：创设问题情境，实施启发式教学；合理设置课堂环境，妥善处理竞争与合作；充分利用反馈信息，给予恰当的评定；适当进行归因奖励，维护内部学习动机，引导青少年的大脑不断累积成就感，习惯于正向影响，充分发挥大脑创新力活跃的优势。

化学实验教学在三维目标中有着不可或缺的作用。

在化学实验教学中实现“知识与技能”目标。例如，在化学基本反应类型的教学中，借助木炭、硫粉、铁丝、红磷等物质在氧气中燃烧的实验，培养学生基本上形成抽象的化合反应概念，同时也培养学生动手动脑、规范操作的能力。

在化学实验教学中实现“过程与方法”目标。学生在化学实验中会养成较强的问题意识，能够发现和提出有探究价值的化学问题，敢于质疑，勤于思索，逐步形成独立思考的能力，善于与人合作，具有团队精神。

在化学实验教学中实现“情感态度与价值观”目标。学生通过化学实验了解与化学有关的问题，树立珍惜资源、爱护环境、合理使用化学物质的观念，增强爱国热情，加强对真善美的追求和关心自然、关心社会的情感态度等。

著名化学家戴安邦先生指出，化学实验教学是实施全面化学教育的一种最有效的形式。化学实验正是以其丰富的内涵，通过教学过程，对学生的素质教育发挥独特的功能和作用。中学化学教师完全可以通过化学实验教学，实现教育的三维目标。

在新一轮课程改革中，化学学科调整课标的核心理念是：以培养化学学科核心素养为主旨。而化学学科核心素养包括宏观辨识与微观探析、变化观念与平衡思想、证据推理与模型认知、实验探究与创新意识、科学精神与社会责任五个方面。其中，实验探究与创新意识是培养化学学科核心素养的核心，其余四个方面也离不开实验探究这一主命脉。因此，利用初中化学实验课有效培养学生的核心素养，是我们一线教师的一份责任，更是一项使命。

再赴赫章开展化学实验教与学课堂

这次我接到的课题是人教版九年级化学第三单元的《分子和原子》。这节内容较为抽象，在进行本节课教学设计前，我做了如下准备。

一、分析学情，以元问题设计指向深度学习

◆已有知识储备：本节课是第三单元的第一课时，也是学生从宏观世界进入微观世界的第一步。对于九年级的学生来说，分子、原子并不完全是陌生的，他们在小学自然课和初中生物课、物理课中都了解过，但对分子和原子的概念没有具体的认识。

◆认知能力评估：九年级学生年龄在14岁左右，处于形式运算阶段的中期，其抽象能力正处于形成阶段；他们具备一定的逻辑推理能力，能够用自己已有的经验推理出相对抽象的知识，但主要通过形象思维来理解和掌握所学知识。因此，关于抽象概念的理解，学生虽然有一定的基础，但是存在一定的挑战。

◆学习障碍分析：微观世界比较抽象，学生依据生活经验很难真正感知和理解。在生活中可感知的宏观物质都是连续的，要让学生理解“物质是由不连续的、看不见的微观粒子构成的”这一观点是一个教学难点。如何让学生认识微观世界的存在，并将对生活现象的宏观认知和模型建构的微观世界连接，进而将模型建构与证据推理应用于化学学习与生活中，是本节课要攻克的重点和难点。

以元问题为核心进行教学设计，试图为教师提供思考教学问题的基本方法，引导教师思考什么样的学习内容更有价值，能切实促进学生深度学习和持久发展。指向深度学习的元问题教学聚焦知识本质，关注知识的形成过程、学生思维的发展过程。以元问题为基础的教学中，学生经历提出问题、理解问题、解决问题、产生新问题的过程，具体知识作为解决问题的工具被探索、被发现，其本质就是深度学习的过程。

为此，本节课围绕“分子是真实存在的”这一元问题，分为发现分子的历程、真实阶段的分子、分子的性质验证、分子与物质变化四个阶段，以相应的问题链为驱动，通过学术界对分子认识不断探究和加深的过程，帮助学生建立“物质是由微观粒子构成”的微粒观念，培养学生宏观辨识与微观探析的核心素养。

二、分析教材，在“宏观—微观—符号”三重表征中确定教学目标

◆教材分析

分子和原子是人教版九年级化学上册第三单元的内容。本节课是从宏观物质世界跨进微观物质世界的第一课，对于学生认识宏观物质的微观组成具有重要的作用，为进一步学习第四单元奠定基础，具有承上启下的作用。

化学这门学科是从宏观、微观和符号三种水平上认识物质及其变化并建立起联系的。分子—原子论是化学这一学科最核心、最本质的内容，贯穿化学教学的始终。适当调整和改进教材编排的逻辑顺序和实验探究，更具有趣味性。

因此，教师应从生活现象出发，通过以实验为手段的科学探究，让学生建立“宏观—微观—符号”三重表征的学习思维，这对以后的化学学习具有至关重要的作用。

◆教学目标

1. 知道物质是由微观粒子构成的，认识微观粒子（如分子）的存在性及其特征并能运用分子的知识解释某些现象。

2. 通过对实验现象的分析推理，提高学生想象能力和抽象思维能力。

3. 通过对“世界是物质的，物质是可分的”的认识，培养用辩证统一观点思考问题的思维品质。

◆重难点

重点：理解微粒是客观存在的，建立物质构成的微粒观；探究微观粒子的基本特征。

难点：学生用感官认识的物质是连续不间断的，建立“物质不连续，是由分立的微观粒子构成”的观点；从微观角度认识物质，解释生活现象。

三、善用教学策略，打通抽象与具象认知壁垒

◆教学设计思路

本节课从“实践—认识—再实践（应用）”的认识论出发，进行了“换个角度看世界—模型认知—学生实验—生活应用—探究化学里的哲理—合作探究——再应用”的教学环节设计，不仅体现了学生在学习化学中的认知过程，还充分尊重了学生已有的生活经验，从了解微观世界的知识，到理解微观世界的变化，再到解释和分析宏观现象，也实现了学生从低阶思维到高阶思维的发展和认知的形成。

◆教学策略

通过分子和原子前概念调查结果，我发现学生对宏观物质的组成、性质等不存在理解障碍；分子和原子看不见，摸不着，离学生的生活经验较远。具备化学微观表征思维是学生进一步学习化学的基础。如何通过分析与实践，从化学微观表征的基本特点出发，引导学生学习化学？我认为培养化学微观表征能力应当运用类比策略、模型策略、合作学习策略、练习反馈策略等，从宏观和微观两个方面让学生自主总结出构成物质的微粒，加深学生对分子和原子的理解。

从对课堂上学生活动和讨论的观察，真正体现了“不愤不启，不悱不发”的教学策略。这个环节让学生充分实现了自主探究、自我剖析到自主建构生成的认知过程，相信会让学生对微观世界的认知产生浓厚的兴

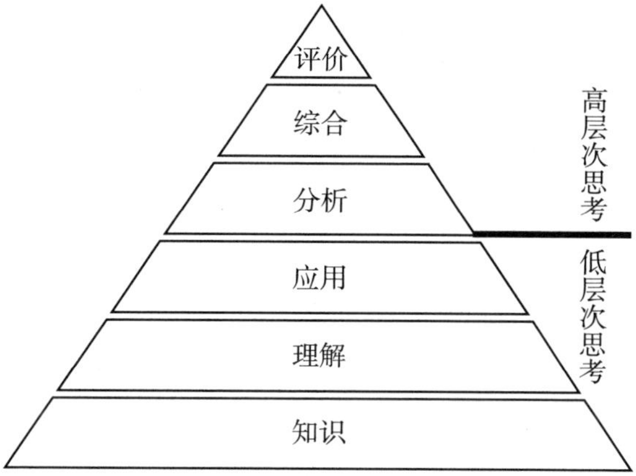

趣及深刻的印象。

四、评课研讨，与同行、学生在交流中成长

本节课得到了学生的高度参与，并受到了极大的欢迎。学生普遍认为这节课不仅让他们充分参与了自主实验探究，而且探究环节层层推进，他们在不知不觉中就完成了学习目标，充分体现了化学实验的学科育人价值。具体环节为：本节课先从“撕纸大赛”到“一滴香水的游走”，创设有趣的情境；再到“换个角度看世界——手背皮肤的无限放大”，揭开了微观世界的神秘面纱；最后用“创新实验探究”“生活应用认知”以及“微观模型建构”等环节，让学生在动手实践及小组合作学习中了解微观世界，进而建立起化学学习中“宏观—微观—符号”的重要表征认知。本节课的教学设计对培育学生科学素养与人文素养均具重要价值，体现在：有利于学生丰富并完善化学认识，加深他们对物质世界的认识；帮助学生形成核心观念，掌握科学方法，发展科学探究能力，加深对科学本质的认识；在实践中增强学生的社会责任感，让他们理解化学、技术、社会和环境的相互作用，形成科学物质观、严谨求实的科学态度。

听课同行用“耳目一新”来形容本节课。能够把分子和原子这一化学学科中的抽象内容上得让学生沉浸其中、乐于探究，的确是一个不小的考验。但正因为借助了化学实验探究这一重要支架，才得以顺利完成本节课的教学目标。具体评课内容有以下四点。

（一）创新实验探究，培育学科思维和探究意识

化学实验探究是培养化学核心素养的重要途径。这节课教学中，以教材中的实验为原型，在尊重学生认知的基础上，对实验做了调整和创新，如：将氨分子的运动实验改进为大试管内外两个棉球是否变红的对比实验，现象十分明显；探究不同状态分子之间的间隙，以注射器中分别装满空气和水的对比实验进行；用品红固体溶于热水与冷水的对比实验，效果更加显著；以白磁板上有色圆形磁贴代表分子、原子之间的变化，探究物理变化和化学变化，学生探究热情高涨。由此可见，创新实验研究不仅增加了学生的参与度，提高了积极性，激发了学习兴趣，还培养了学生的创新意识和创新思维。

（二）宏观辨识与微观探析有机结合，凸显化学本质特征

本节课先根据物质微观构成的特点，运用多种模型描述和解释宏观现象，充分利用实验或事实等宏观表征，引起学生的兴趣；在学生产生“为什么”时，再引导学生进行微观想象分析，而后借助微观表征图帮助学生建构微观本质；最后将微观分析抽象提炼为符号表征。使用“宏观—微观—符号”三重表征表示物质及其变化等，从微观层次上揭示物质及其变化的基本规律，很好地凸显了化学核心素养中的宏观辨识与微观探析、证据推理与模型认识等要素。

（三）紧密联系生活，体验“科学源于生活，用于生活”

这节课通过对问题的探究和实践活动，在教学中结合学生已有的经验和熟悉的现象，创造直观的情景，从身边的现象和简单的实验入手，认识物质的微粒性，理解分子的相关性质，学会用分子的性质解释生活中的现象，体会化学来源于生活，服务于生活。

（四）巧借鲜活资源，助力学生自主探究

本节课的活动较多，教学将学生活动和教师活动有机地结合到一起，体现学生的主体地位和教师的主导地位。学生分析问题，讨论方案，分组实验，总结归纳；教师引导、帮助学生，在活动中做到“闹”中取“静”，充分利用课堂生成的信息，获取更多的鲜活资源。如：在用有色圆形磁贴探究微观世界中的物理变化和化学变化时，不同的小组分别呈现了“分子之间的间隔增大，分子分解成原子”等探究结果。我将不同小组的探究结果进行对比分析，学生可在直观、便捷的观察中发现对比的力量，进而讨论得出正确的探究结果。

当然，本节课还有不少有待提升的地方。在课后反思中，我愈发觉得实验探究环节时间的分配、探究程序的设置、小组成员的分工及合作等都有待优化。只有合理设计小组实验探究，才可以在动手实践中激发学生的学习兴趣并培养他们的科学探究意识。

初中化学实验教学帮扶体会

关于如何利用化学实验教学更为有效地提升学生的核心素养，我认为可以从以下几个方面进行尝试。

1. 让科学探究模块充分发挥其作用。初中化学课程标准指出：“科学探究是一种重要的学习方式，也是义务教育阶段化学课程的重要内容，对发展学生的科学素养具有不可替代的作用。”新课程提供了生动丰富的实验教学情景，实验教学内容主要以实验、活动、探究和家庭实验的方式呈现。人教版初中化学教材中展示的化学实验，有50%以上的实验是通过科学探究的途径呈现的。

2. 对教材中的实验进行开发和创新。初中化学实验的创新设计与改进，不仅可以帮助教师更好地完成实验，使之有更好的教学效果，更能增加学生学习化学的兴趣，对今后教师在教学实践中培养学生的创造性思维、提升学生的核心素养大有益处。

3. 开发多元化的实验教学渠道。适当补充家庭小实验，创建多个实验兴趣小组，实地参观化工厂或自来水厂等，让学生真切地体会“化学来源于生活，服务于生活”的理念。

4. 利用信息化环境进行实验教学。如一些涉及化学微观概念和微观结构、现象不明显的实验，或者反应速度较快或较慢的实验，或者污染严重、较危险或在一般实验室条件下不能完成的实验，这些实验过程就可以通过多媒体动态模拟进行展示。

通过两次深入赫章送教交流活动，我深深地感受到，要成为一名优秀的帮扶者，一定要做到“五有”，即“有心、有爱、有法、有线、有质”，具体如下所示：了解学生学情、教师教情，掌握学生已有生活经验和学习经验等情况；关注学生生活环境及成长规律，做到教与学目标设计的科学性、合理性、人文性；尊重教学与学习规律，熟练学习与教学方法，善于智慧调控，真正做到以学生为本；及时进行效果检测及反馈，让学生学有所获，学有所得；结合智能时代教育教学变革特征，与赫章开展线上实验教学研讨、学生项目式学习线上交流等活动，充分实现线上线下相结合的教育教学。

初中化学实验教学帮扶工作非一日之功，尤其是在新课程理念的熏陶之下，我作为一名化学老师，深感任重而道远。我认为，对于自己每一次送教、每一节课，都要认真反思如何更加有效地利用实验提升学生学习化学的兴趣。通过加强实验教学和创新，激发学生学习兴趣，带动学生学习化学的主动性和积极性，为国家培养具有创造精神和实践能力的人才而努力。

第四节　帮扶措施制定策略

教育精准扶贫需要采取切实可行的具体措施，只有措施得力，才能真正保证教育扶贫取得良好效果。要制定有效的帮扶措施，就要从受助地区的实际出发，突出理念引领，管理创新；就要依据帮扶实际，不断调整，还要做到多层、多元、多渠道。

一、帮扶措施制定策略概述

中国教育学会根据中央和贵州省教育精准扶贫的有关政策及嵌入式教育帮扶的方案，结合赫章县的教育实际情况，研究制定赫章教育帮扶的具体对策措施。

（一）优化帮扶资源结构

赫章模式通过赫章教师队伍建设和人才培养机制改革等方式大力提升赫章教育基础能力，优化教育精准帮扶措施的配置结构。

第一，持续为赫章教育发展创造积极有利的政策条件，鼓励教育主管部门结合赫章教育的实际情况，因地制宜，将国家政策理念具体化、本土化、可操作化，拓展赫章教育发展的经费驰援，实现赫章教育事业发展。第二，学校改进、师资建设、学生培养是实现赫章教育发展的核心链条，帮扶专家团队创新赫章薄弱学校教师的在职培训模式，健全教师跟岗制度，通过提升师资水平为赫章学生发展奠定基础。第三，促进现代信息技术在赫章教育精准帮扶工作中的应用，探索以信息技术为依托的教育精准帮扶模式，以信息技术助力扶贫对象精准化、资金配置精准化和动态监管精准化。第四，加强教育精准扶贫工作的评价与监测，组织专家团队对赫章教育帮扶项目的实施效果展开评估与反馈，进行动态管理和即时调整，切实保障工作顺利推行，对赫章县域教育发展持续监测，帮扶效果显著。

（二）教育帮扶嵌入日常工作

赫章教育帮扶不增加教师负担，将教育帮扶嵌入教师的日常教育教学工作中。以课堂教学改革为中心，积极开展开放式培训、跟岗式培训、研讨式培训，努力实现课堂教学的深度改革。注重开发隐性课程，建设丰富多彩的校园文化。基于赫章学校自身特色和优势，开发具有可操作性和实效性的地方课程和校本课程。

中国教育学会在借鉴教育质量管理体系的基础上，建立科学规范的教育教学质量评价体系，以确定教育帮扶工作应遵循的程序，规范教育帮扶与学校教育教学质量相关的每项活动和每个环节，实现帮扶工作规范化、程序化。同时，在各个关键环节上借助有效的帮扶记录予以佐证和检查验证，加强对教育帮扶的全过程控制，强化帮扶过程的质量管理，以保障教育质量的持续提高。

（三）高端教育交流坚定脱贫信心

在教育交流中让教师的专业素养得到提升，是展现赫章教育帮扶效果的有效方式。赫章教育潜在的实力只有通过适当的方式展示，才能形成现实的自信力。一个县域教育实力的提升不是同步的。国家整体教育实力提升是前提和基础，是县域潜在的提升，而这种潜在的提升不可能自动转换为现实的提升。要实现县域教育实力由潜在向现实的飞跃，必须依靠教育交流，尤其应凭借教育交流中的水平超越来达成。

2019年首次在赫章举办国家级教学成果奖展示活动。获奖成果充分展示了我国基础教育改革的辉煌成就，集中展示了区域、学校、教研机构的研究成果。这项展示活动对赫章教育界树立科学的教育观念、创新教育方法、提高教育质量起到巨大推动作用，也将赫章教育帮扶工作推向高潮。帮扶专家通过研究提炼优秀教学成果指导赫章教师学习，使优秀成果的星星火种点燃赫章基础教育综合改革的原野，促进赫章教育进一步深化，提振赫章教师打赢教育脱贫的信心。

（四）“互联网 +”促进教育精准帮扶

以信息技术促进赫章教育发展，促进教育精准帮扶，是时代的必然要求。中国教育学会在赫章的教育帮扶增大对教师和学校管理者应用教育信息化手段的培训力度，以缩小赫章教师与发达地区教师在信息技术应用能力上的差距。通过采取发达地区帮扶学校与赫章教研部门合作组织参与式网络课堂教学教研活动，构建赫章教师继续教育信息管理与服务共享的平台，完善赫章教育资源的建设，实现县域教育信息全面覆盖。

新冠肺炎疫情期间，为更好发挥发达地区优质学校强势学科的辐射作用，在赫章县教育科技局教研室的协助下，中国教育学会组织力量，迅速搭建了线上教研平台。一是使赫章教师的教研活动摆脱时空限制，形成组织形式灵活的教育帮扶。二是通过信息技术支撑高效课堂，开发留守儿童的“自我管理”线上地方课程。友好学校之间还充分依托“互联网 + 教育”理念，使用云教育服务、云端一体的技术设施，为创新教学提供了各种可能。

二、帮扶措施制定的具体策略

赫章帮扶措施制定的具体策略主要包括以下三种：理念引领，效率优先；深入实际，及时调整；多元施策，多管齐下。

（一）理念引领，效率优先

中国教育学会、各帮扶名校、专家一直贯彻落实习近平总书记教育思想，秉持创新、协调、绿色、开放、共享的教育发展理念，坚持教育事业以发展为根本，以创新为核心，以共享为目标，以协调、绿色、开放为实现目标的关键点，并将这些理念灵活应用到受助学校中加以整合、引领、运用，全面实施创新发展理念，使帮扶工作具有针对性、实效性，实现理念引领、管理创新的目的。

（二）深入实际，及时调整

在教育帮扶的过程中，要保证帮扶措施有效，就要深入实际，并根据实际情况，不断做出调整。

1. 聆听专家讲座，感悟教育智慧

中国教育学会利用对口帮扶学校的优势资源，设计了内容丰富、形式多样的主题报告，如课改专家的方向性引领、高校专家的理论指导、一线名师的案例分享等，围绕新课程理解、学科教学设计、课堂教学、教研形式创新、学校特色发展、学校自主变革等主题，开展对赫章县教师的讲座培训。

通过聆听专家讲座，参培教师领略大家风范，从专家身上感受到了教育和教学的前景，领略到教育的真谛，增强自身对教育的使命和责任感。同时，他们能更深地领悟一些有助于教育教学的方法与技巧，掌握课程改革的理念、方法、经验与策略，了解教育的一些新动向、新理念、新思想、新方法，感悟教育智慧，从而指导自己的教学实践，提高自己的教学水平，促进自身专业成长。

2. 同课异构，相互交流，取长补短

在中国教育学会协调的名校帮扶活动中，同课异构是结对学校教师之间开展的常规活动之一。同课异构是不同的教师就同一教学内容，结合学生实际、现有的教学条件，立足于教师自身的特点和教学经验，遵循教育教学规律，在同伴的帮助之下，进行不同的教学设计并付诸实践，从而通过对比发现问题、分析问题、解决问题，最终优化课堂教学，使自己对课堂教学的认识、对教学规律的把握经历一个不间断的、螺旋式上升的“认识—实践—再认识—再实践”的认知优化与重组的建构过程。

教师在“同”的前提下，结合学生认知规律，选取一定的角度构建教学过程。在新课程理念指导下，教材更具开放性。同课异构要求教师精心研究教材，潜心钻研教法和学法，以便各显风采，各具特色，为集体研讨提供很好的研究平台。它是教师提高教学水平和教学能力、总结教学经验的有效途径，有利于教师更深入地理解教材，改变教学方式，形成教学风格，进而提高教学质量。

3. 深入课堂研教法，切实落实新课标

赫章各校派出教师到对口帮扶学校跟岗学习，教师都深入课堂认真听课，参与教学研讨，获得不少感悟。跟岗学习期间，深入参与名校教师课堂、体验研教法的赫章老师，一致表示不虚此行，并且在回到学校后，尽量尝试以学生为本的教学策略。目前，很多学校已初见成效。

4. 校园考察学习，感受名校校园文化

（1）深入了解、感受名校校园文化

名校校园的文化氛围、学习气氛非常浓厚，各个功能区设置比较合理，每个空间都得到了合理的利用，每面墙壁都会说话，给学生营造了轻松、愉快的学习环境。在名校校园内观摩学习，很容易就能感受到名校的校园文化。

（2）了解名校，注重中华优秀传统文化教育

中华文化是中华民族的生命命脉，是中华民族的精神家园，是中华民族凝聚力和创造力的不竭源泉。中华民族在长达数千年的历史发展中，形成了源远流长、博大精深的优秀传统文化，这是中华民族生命机体中不可分割的组成部分，是人类文明发展的重要精神财富，是我国建设社会主义精神文明的源泉。

在传播中华优秀传统文化方面，北京市第一零九中学给赫章县六曲河镇中心小学、赫章县哲庄镇中心小学做了较好的示范：在要求学生学

好西班牙语与英语的同时，毫不放松对中华优秀传统文化的学习。他们根据不同的年龄结构，通过晨读、午间诵读，由浅入深地安排学生背诵《三字经》及其他名家名篇，达到传播中华优秀传统文化的目的。

（3）名校特别注重学生良好行为习惯养成教育

中国教育学会遴选的帮扶名校，在学生良好行为习惯的养成教育方面，有很多成果值得受助学校借鉴。

例如，北京市第一零九中学升国旗时，全体师生都精神饱满地齐聚在操场上。在整个升旗过程中，师生纪律严明，他们如青松般挺立，没有交头接耳、歪歪倒倒的现象，就连出入场时都井然有序。他们这种良好的行为习惯，并非一朝一夕就能养成的。

（4）名校非常重视校园文化建设

中国教育学会协调、联系的帮扶名校，在校园文化建设方面对赫章县中小学、幼儿园的校园文化建设起到了引领示范作用。在这些学校里，绿树、鲜花、喷泉、假山相互映衬，鸟语花香共和谐；各具特色的走廊文化、墙壁文化、办公室文化、教室文化、功能室文化，营造了一个健康文明、高雅和谐、奋发向上的育人环境。

赫章受助学校的教师进入这些名校，看到被打造成学园、花园、乐园的校园，就能体会到名校重视校园环境精细化管理的程度，同时受到启发和感染。

（5）名校注重开展丰富多彩的学生社团活动

学生社团活动在丰富校园文化生活的同时，在培养学生兴趣、发挥学生特长、拓展学生素质、促进学生思想道德水平等方面，起着越来越重要的作用。学生社团作为培养学生专业素养的第二课堂，以其更大的活动空间、更丰富的活动内容、更灵活的活动方式，培养了学生的综合素质。

例如北京市第一零九中学小学部撰写了很多校本教材，利用校本教材组织了很多学生社团活动，其中艺术、体育、传统文化、乐团等社团有9个，艺术、体育、科技、数独、快板、朗诵等兴趣班有19个，每个班（组）都有专业的辅导教师。在辅导教师的引导下，学生学有所成，很多字、画、手抄报、手工劳动作品展示在教室外的墙壁上。一是美化了育人环境，二是增强了文化氛围，三是学生的作品在公共场合得到展示，增强了学生自信心、自豪感和主人翁意识，达到一举多得的效果。

（三）多元施策，多管齐下

1. 送培送教，示范引领

送培送教是中国教育学会组织专家、名校教师帮扶赫章教育的又一重要策略。通过专家、名师到赫章县城或到受助学校开展专家讲座、名师上示范课、教学研讨等活动，达到分享优质资源，提高学校管理水平，促进教师专业成长的目的。

送培送教上门，受助学校、教师可以在自己家门口学习教育专家、名师讲座的先进教育理念，学习名师先进的教学技巧，校方还可以安排更多的教师参加培训活动。

中国教育学会在组织送培送教活动的同时，给赫章县学校送了《未来教育家》《中国教育学刊》等期刊2000多册，《新时代教与学策略》《做学生学习的引路人》等图书600多册。这些期刊和图书有名校先进的管理理念、校园文化建设、学校发展经验、新课程教研教改理论及专家帮扶赫章教育的经验总结，对赫章教育发展有极大的帮助。

2. 线上线下，科学指导

新冠肺炎疫情给学生的学习带来了阻碍，特别是给农村学生的教育带来了前所未有的考验。面对疫情带来的挑战和考验，在中国教育学会的引领下，对口帮扶赫章县教育的所有名校积极行动，针对学生线上学习，研发引领学生的“自我管理”线上地方课程，专家线上为赫章县学生进行网络直播授课。各名校纷纷推出“互联网+”课程，开启同步直播和异步点播相结合、专家在线指导与自主学习研讨相结合的校本研修活动，确保赫章学生“离校不离教、停课不停学、学习不延期”，让赫章学生的学习得到强有力的保障。

三、帮扶措施制定的典型案例

送课送教，是中国教育学会结合赫章教育的实际情况制定的有效教育帮扶措施。送教活动，搭设了校际交流的桥梁，促进了校际联动及优质教育资源的共享，通过自我反思—同伴互助—专业引领，开阔教师的视野，让教师学会思考，提高教师的教学研究意识。

案例一

送课送教　提高技能

○ 赫章县水塘堡乡田坝小学　赵　瑜

随着基础教育课程改革的不断深入，我校不断吸收先进的教育教学理念和教学方法，以实现教育资源的优化，教师专业的均衡发展。根据《中国教育学会与赫章县人民政府教育帮扶项目合作框架协议》，经中国教育学会与赫章县商定，深圳市光明区凤凰学校于2020年10月10日组建名师团队，前往我校开展送教活动。我校教师在校领导的带领下，积极主动地投入此项活动，观摩了三位教师精心筹划的三堂课。此次送教活动受到了我校教师的好评。通过看课评课，我校教师学习了凤凰学校送来的先进教学理念和教学方法；通过互动研讨，我校教师专业化发展水平得以提升。

在送教活动中，凤凰学校教师充分利用教学资源，发挥优秀教师的示范辐射作用，改变了过去的教研指导方式，将教研重心下移，到课堂上、师生中，了解我校在课改中存在的问题，解决我校教师在课改中的困惑。授课教师发挥优秀教师的“传帮带”作用，有效促进送教和受教教师教学能力的不断提高，送教活动效果显著。

一、实现送教教师与看课教师的双赢

英语学科邹丽芳老师通过不断的积极学习，探索出汇报课的教学模式，形成自己独特的教学风格，为我们展示了英语课“We love animals”。上课一开始，邹老师在黑板上用磁贴贴了四个小动物，分别是小猪、小熊、小猫和小鸭子，她用英语告诉大家一个组负责一种小动物，表现好的小组负责的小动物就有机会前进，看哪种小动物先到达动物园。学生都非常感兴趣，争先恐后地回答邹老师提出的问题，让自己负责的小动物前进。邹老师教学生读单词并不是直接教读，而是先教学生读字母或字母组合的发音，然后再连读，教一个单词，让学生以“开火车”形式读一个单词，并及时地鼓励每一个学生，接着让这一个小组负责的小动物前进。在游戏环节，邹老师让学生做手影并说出小动物的名称，每组的学生都有机会参与。学生积极性很高，唯恐自己负责的小动物落后。邹老师还设计了抢答环节，让学生用英语说出小动物名称。邹老师点名学生回答问题和“开火车”读单词时兼顾了每一个小组，让每一个小组负责的小动物都有机会前进。邹老师设计的每一个环节，目的都是加深学生对动物单词的记忆。邹老师整堂课几乎都用英语教学，学生不明白的地方邹老师再用普通话解释。我不是英语老师，但是邹老师的这堂英语我听得津津有味。课后她非常激动地说，她想看看她的教学思路借班上课能不能行得通。虽然学生的英语基础远远不及她想象的那么好，但是她明显感觉到学生对学习英语是感兴趣的。可以看出，她从调动学生的兴趣入手，通过扎实有效的训练，体现了开放的英语教学意识，同时表明这样的教学方式在我校不但可行，而且效果不错！

李小恒老师给我们展示的是美术课《秋天的落叶》，得到了我校教师的好评。李老师先通过播放一段视频，让学生欣赏、感受秋天充满生机的画面，然后提问学生："你喜欢秋天吗？喜欢秋天的什么？"学生积极地回答，有人喜欢秋天的树叶，有人喜欢秋天的果实，有人喜欢秋天的颜色等。接着李老师让学生画出自己喜欢的秋天，在学生作画的过程中耐心细致地指导学生。之后李老师让学生观察不同树叶的形状，把自己喜欢的树叶画下来，再剪下来，钻上一个小孔，绑上绳子，最后涂色做成书签。学生在制作书签的过程中，李老师巡视并指导，比如，涂的颜色和选的纸要有对比，用剪刀时不要伤到自己的手，可以用线条、小动物图案、圆点等装饰树叶。在李老师的引导下，学生制作出了一张张漂亮的书签，脸上露出了开心的笑容。整堂课李老师都在培养学生动脑、动手以及合作的能力。

徐佳昌老师执教音乐课《哈哩噜》，年轻的徐老师向我校师生展示了她甜美、悦耳的歌声，激发了学生学唱歌的兴趣。她用丰富的肢体语言带给师生以美的享受，让师生感受到原来唱歌也是一种很好的表达感情的方式，音乐课也可以趣味横生。

送课教师精彩的示范引领，改变了"一言堂"的局面，观课教师也积极参与研讨。送课教师针对我校教师困惑的问题，做了具体的指导、热情的解答，多角度、全方位为我校教师充电。通过送教活动，我校教师深有感悟，积累了许多借班上课的教学经验，有利于自身的专业化成长。这次送教活动为我校送来了全新的教学理念、教学模式、课改信息及科学的教学方法和高超的教学技巧，让我校教师在交流学习的过程中得到提高。

在评课议课环节，我校校长表示在今后的工作中，将带领全校教师不断加强学习，摸索更适合学生理解掌握的教学方法，帮助学生提高学习效率，使学生乐学、爱学、主动学。我校教师也从课堂教学模式、课标的体现、动态教学的生成、课堂实效性等方面进行了点评，拓展了教师的思维，提升了教师专业化水平。

二、提高教学观摩课的可信度

由于种种因素的影响，有不少教师对示范课表示怀疑，认为示范课就是表演课。为此，深圳市光明区凤凰学校加强了对示范课的指导，使教学设计具有真实性、科学性、可操作性，让送教教师不受条件的限制，不管面对什么样的学生，都能上好课。参与看课的教师真切地意识到不可一味埋怨客观条件，“提高教师专业化水平，优化教学设计，充分挖掘学生自身具有的巨大潜能”才是教学成功的重要因素。

本次英语、美术、音乐三门学科送教骨干教师，他们不是简简单单上一节课就草草了事。在送教之前，他们要做充分的准备：一是针对具体的送教地点，做出相应的教学设计，能不用多媒体的尽量不用；二是在教学之前，了解学生的实际情况，并且都在他们学校做了试讲。他们做到心中有数，用教师看得见、摸得着的、学得来的方法，为我校教师提供专业知识和专业技术上的支持。教师积极参加听课评课活动，既是农村中小学教育事业迅猛发展的需要，也是新世纪教师自身发展的需要。

以上只是深圳市光明区凤凰学校送教活动的几个侧面。这不仅让我校教师对新理念课堂教学进行全面了解，从中学到新课堂教学的一些方法和策略，而且认识到评好课也是素质教育的重要内容，是当前学校教育面临的新任务和新要求。在学校开展评好课专题培训，有利于解决新课程实施中的以下问题：评课随意性较大，不能紧扣新理念、新方法和课标要求；停留在感性层面，缺乏理性分析；评价笼统，套话连篇，缺乏具体的解释和阐述；只关注教师教的行为，不关注学生学的行为；对方法与过程、情感态度价值观目标关注不够；等等。

送教活动能充分发挥骨干教师、学科带头人的专业引领作用，激发教师参与教研的积极性，促进教师之间的沟通，使教师在学习名师的教学方法、教学技巧、教学语言的同时，逐步意识到作为一名教师要不断及时更新自身的教育教学观念和专业知识结构，努力转变和改进教学行为，以促进自身的专业成长和发展。这进一步提高了我校教师应用新理念新方法进行观课、议课的水平，让教师学会观课、议课，增强课改意识，促进课堂教学改革，提高我校教师专业化水平，全面推进素质教育。

案例二

让英语课堂因写作而出彩

○ 深圳市光明区凤凰学校　李瑞梅

长期以来，如何有效地进行初中英语写作教学是困扰众多英语老师的难题。传统的英语写作教学法垄断课堂，造成了学生缺乏英语写作兴趣、没有写作热情甚至是畏惧英语写作的局面。近几年，随着写作新理念的产生和新课程标准要求的出台，有效地使用英语写作教学策略进行教学，对提高学生的英语写作水平显得越来越重要。

金秋十月，秋高气爽。2020年国庆节后的第一天，我校一行八人，

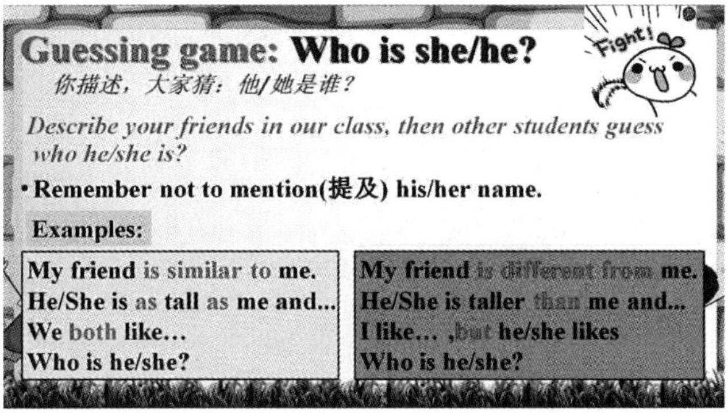

李瑞梅老师生动的课件

在华建明校长的带领下，一路辗转来到了赫章县，开启了为期两天的送课帮扶活动。本次我送课执教的内容是人教版英语八年级上册“I’ m more outgoing than my sister”的写作课，要求学生会使用比较级句型把自己与两个好朋友的长相、性格、爱好的共同点和不同点进行对比，从而完成一篇写人的英语作文。刚接到这个任务的时候，我认为这是一个极大的挑战。要顺利完成这个写作课，首先要求学生对人物的描写非常熟练，其次还要能十分熟练地运用比较级句型对人物进行对比。另外，我对赫章四中的学生不熟悉，如何快速破冰并顺利地开展英语写作教学也是需要我深思的问题。

英语课程标准要求学生掌握听、说、读、写四种基本技能。而在这四种技能中，写这一技能是一种较高的语言综合能力，是学生对所学语言知识的综合运用。写作水平的提高依赖于学生的参与，依赖于教师的指导和课堂教学的有效开展。如何让学生更多地参与进来呢？这是一节写人的作文课，面对一个陌生的教师，他们可能不敢敞开心扉谈论他们的朋友，还有可能会认为我对他们谈论的人也不熟悉，最终出现他们在课堂上无话可说的局面。既然这样，那我何不先以谈论抗疫英雄钟南山和电影《夺冠》的主角郎平引出主题？学生对这些人物的故事都非常熟悉，都能有话可说。果然，上课的时候我一把钟南山爷爷和郎平教练的

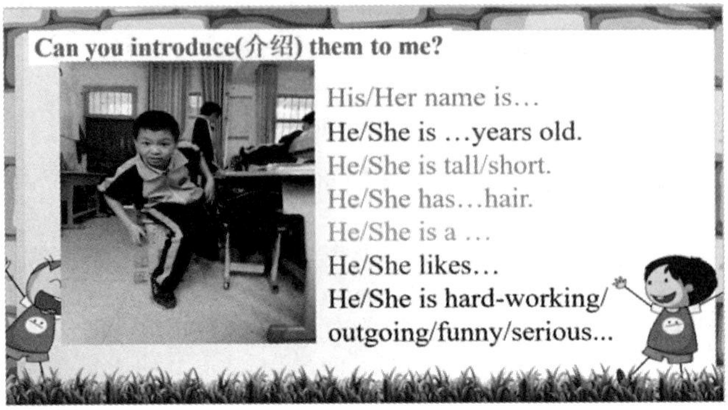

引起大家讨论兴趣的课件

照片放出来，学生都激动不已，纷纷发表自己的看法。

随后，我就地取材以他们熟悉的老师和同学为素材，让他们进行写作前的英语句型操练。早在备课的时候，我就联系了上课班级的班主任，找他要了科任老师和学生的照片。班主任非常友善，按照照片给我一一介绍了所有老师和学生的姓名和性格特征，让我对这个班的老师和学生有了初步认识。上课的时候，学生一看到他们的照片，课堂气氛一下子就活跃起来。大家兴趣盎然，模仿我给出的句型模板，争先恐后地站起来用英语介绍同学的特征。

愉快和谐的课堂氛围创设起来了，那么接下来的环节就是教会学生一定的写作技巧。书面表达要求文句符合英语表达习惯，文理通顺，语言准确得当，条理清楚。赫章四中的学生基础相对薄弱，在写作时，我就不断提醒他们要根据所掌握的语言知识灵活套用句型，鼓励他们仿写。仿写是熟练运用所学的语言材料的过程，我在本次写作教学过程中提供了大量的句型结构材料，这大大激发了学生用笔头来表达观点的欲望。

这次写作课运用的最后一个有效策略便是有效评价，及时反馈。英语课程标准要求教师创造条件让学生能够探究他们感兴趣的问题，并且自主解决问题。课堂上即写即改培养了学生分析问题和解决问题的能力，让他们在作文训练和评改中受到启迪，思维得到锻炼，由被动接受知识转变为主动探究知识，从而提高写作教学的效率。在学生动笔写完作文后，我先给出一个评价的标准，让他们从是否有中心句及好的开头和结尾、是否运用比较级句型、是否有拼写和语法错误、书写是否规范整齐四个维度互相评价同学的作文，再收上来统一批改。最后我挑选了一篇优秀作文，让学生上台在全班面前朗读自己的习作，一堂有效的写作课便顺利结束了。

赫章四中的学生有学好英语的热情，但他们认为自己的英语基础非常薄弱，在英语课上非常不自信，尤其是在英语写作上更是无从下手。在这种学情之下，一节有效的写作送教课不仅要求老师自身综合素质要高，拥有先进的写作教学理念，而且要求老师要创新性地联系社会和生活实际，挖掘和积累教材以外的教学资源，尽可能多地了解学生的特性和喜好，给学生提供自主、主动和自我表达的机会。只有这样，教师才能教得活，教得出彩；学生才能学得有兴趣，学得出色。

第五节　帮扶资源调动策略

随着教育扶贫向纵深推进，高校、企业、社会组织等政府之外的公益主体针对贫困地区的教育问题，开展了大量有益的探索，积累了丰富的多元主体参与教育扶贫治理的实践经验。但教育扶贫不单纯是面向教育问题，更是面向综合性的社会问题。因此，在教育帮扶资源调动上，需要盘活优质教育资源，在更大范围、更大程度上，发挥优质教育资源的作用，让帮扶者与受助者交互作用，催生、汇聚更多新的力量。

一、帮扶资源调动的具体策略

中国教育学会构建的赫章模式充分调动帮扶资源，实现了资源、活动、教师、学生的多维叠加和共享联动。结对校互派人员往来学习，相互取长补短，开展同课异构、集体备课等教研活动，促进校际交流合作往深里走、往实里走，实现互利共进。

（一）充分利用全国教育专家资源

中国教育学会充分利用全国教育专家资源进行赫章教育帮扶。全国教育专家资源组成丰富，学术力量雄厚，有中国教育学会的教育专家，有高校的教授，有中小学、幼儿园的名校长和名师，等等。他们对教育有着深刻的理解和高深的造诣，对于教育扶贫有着独立而深刻的思考。同时，他们高度认同教育扶贫的重要性，对赫章教育帮扶投入极大热情。全国教育专家资源的充分调动，是赫章教育帮扶取得胜利的重要保证。

（二）充分利用全国名校优质资源

《关于深入推进义务教育均衡发展的意见》强调，要推动优质教育资源共享，扩大优质教育资源的覆盖面，充分发挥优质学校的辐射带动作用，鼓励建立学校联盟。中国教育学会借助自身联络广泛的优势，在赫章教育帮扶中，招募了一批主动自愿帮扶的优质学校，结成了近百对发达地区优质学校与赫章学校的牵手友好学校，发展友好学校齐步走，形成教师融通共享机制，促进教育教学资源共用，同时构建促进赫章学校到优质校跟岗学习的保障机制等措施，扩大优质教育资源的辐射作用，缩小学校之间的差距，实现教育优质资源共享发展。赫章教育帮扶推动了全国优质教育资源的整合，促进了赫章教育优质资源的共享。

（三）充分调动社会各界帮扶力量

在赫章教育帮扶的过程中，形成了以中国教育学会为主体的社会广泛参与的帮扶联合体。调动社会各界共同参与教育扶贫事业，既能彰显中国特色社会主义的发展优势，又是贯彻落实共享发展理念、构建教育扶贫合力的有效手段。

第一，改变教育相关部门全能与包办主义的教育扶贫方式。政府应当积极宣传共享发展理念，在强化教育相关部门主导性作用的基础上，着眼于激活各个相关部门、各类教育元素、各方教育力量，坚持做到以共享发展理念统筹引领，各个部门共同参与并协同落实教育扶贫政策，切实在尽可能满足各部门合理利益诉求的基础上，引领各地政府各部门协同开展新型教学模式理论和实践研究，实现教育系统性和共享性的扶贫。

第二，培育具有多元性、示范性和协同性的社会扶贫主体。各地主管部门要积极通过给予优惠政策支持、优化人才输送供给、强化表彰激励引导等形式，吸引社会各方力量，尤其是地方性企业应为家乡的教育扶贫事业作出贡献，积极强化示范性引领与共享性理念传播。此外，各地相关部门可牵头组织建立地方性教育扶贫协会或志愿服务组织，既能广泛吸引社会各界人士积极参与教育扶贫工作，又能通过这些机构广泛邀请在社会上具有一定影响力和公信力的基金会参与，共同针对地域特征创设教育扶贫公募项目，从而汇聚社会各界的扶贫资源，形成全社会共同参与教育脱贫攻坚的格局，提升教育扶贫成效。

北京四中校友基金会积极主动加入赫章教育帮扶，形成了一支分队。这支分队在中国教育学会的指导和协调下，很快开展独立工作。在初步调研后形成了从村级小学入手，案例式教学、校长培训开头等推进策略，并提出详细的帮扶方案，开展了大量行之有效的教育扶贫工作。2020年暑期，他们举办了为期十天的赫章小学校长培训。来自北京四中教育界的优秀校友与赫章小学校长进行了深度教育交流，大家都对赫章的教育发展充满了信心。

（四）充分挖掘赫章教育自身资源

主体自觉是人的主体性的重要表征，它是人对所参与的活动发自内心的认同和支持，且对实践参与以及目标达成发挥着根基性的决定作用。

赫章教育责任人不能是帮扶的被动接受者，而是要成为能动的自觉主体，能够通过提高自身的能力进而成为实现赫章教育质量提升的有力推动者，从根本上调动赫章教育责任人的教育脱贫意愿和积极性，减轻赫章教育逐级对帮扶的外界依赖性。

通过教育帮扶激发赫章教育群体反贫困的内生动力，通过扶教育之贫提高学校办学质量，从而既提高相对贫困群体受教育的程度和水平，帮助相对贫困群体形成强有力的脱贫能力，防止返贫现象发生；又有助于加强赫章教育责任人对自身主体地位的理解，清晰地认识到他们不仅是需要被改变的人，也是积极采取行动的主体。

教育扶贫的主要落脚点在于激发相对贫困群体主体参与的积极性，促进相对贫困群体的个体能力发展，有利于在实施过程中着力培养相对贫困群体的主体自觉，赋予相对贫困群体接受教育的权利与机会，提高相对贫困群体的主观能动性，促使他们从原先的被动扶助接受者向主动脱贫行动者转变。同时，在推进教育缓解相对贫困的过程中，孕育和恢复相对贫困群体脱贫的积极性和主体能动性，能够促使他们认识到自身的主体价值和社会地位，增强其发展的坚定信心，激发其脱贫的内在潜能。

二、帮扶资源调动策略的成效

赫章教育精准帮扶通过调动一切可以利用的资源，取得了显著成效。

（一）为赫章教育发展创造积极有利的政策条件

鼓励教育主管部门结合赫章实际情况因地制宜，将国家政策理念具体化、本土化、可操作化，拓展赫章教育发展的经费来源，推动赫章教育事业发展。

（二）教师队伍专业化水平不断提升

学校改进、师资建设、学生培养是实现赫章教育发展的核心链条，帮扶专家团队扎实推进赫章薄弱学校教师在职培训新模式，健全教师跟岗学习制度，通过提升师资水平为赫章学生的发展奠定基础。

（三）教育扶贫更加精准

促进信息技术在赫章教育精准帮扶工作中的应用，探索以信息技术为依托的教育精准帮扶模式，以信息技术助力扶贫对象精准化、资金配置精准化和动态监管精准化。

（四）促进当地教育内涵式发展

中国教育学会构建的赫章模式，在帮扶资源调动上形成协调联动机制，统一管理，职责明确，具有统一的领导，因而资源利用高效，资源分配均衡，资助成效显著，真正做到促进当地教育内涵式发展，使帮扶资源投入发挥集聚效应。同时，在帮扶资源管理上通过具体可操作的评价体系，形成必要的激励和约束机制，使参与帮扶的优质教育资源滚动性发展，形成可持续正向反馈轨道，活动越往前推进，参与帮扶的优质教育资源聚集越多的良性局面。

赫章模式通过对原生教育生态的历史性与系统性的观察和理解，根植于区域生态，维系原有教育生态平衡，使教育扶贫本身所应具备的教育功能发挥效益，真正落地，不仅收效显著，而且不干扰正常的教育教学秩序，不对当地原有的教育体系造成冲击，真正实现了双向互动，让帮扶者与帮扶对象理念共生，合作共赢。

三、帮扶资源调动的典型案例

教育帮扶要调动优质教育资源，要与受助地区的教育资源形成互补，就需要通过优质教育资源的介入，发挥专业引领作用，让受助地区的师生看到教育应有的样态，从而实现基于自身实际的教育新跨越。

案例一

因爱而生，突破差异拉近距离

○ 深圳市光明区凤凰学校　高叶萍

加入教师队伍十数年，我经常想教师是什么。经过十数年的积淀，我认为，教师是成就学生精彩人生的教育工作者。

巨大差异，困难重重。贵州教育与深圳教育之间存在着比较大的差异，教学帮扶存在着困难。第一，教材版本不一样。虽然都是课程标准指导下的教材，但是教材本身还是存在着一定的差异。第二，孩子们的生活环境不同。贵州大山里的孩子们接触得更多的是自然环境，深圳的孩子接触得更多的是现代城市环境。第三，孩子们的学习情况不同。由于生活环境不同，孩子们的学习习惯、思维习惯、学习能力、交往能力等各方面存在着比较大的差异，这也是在支教帮扶过程中特别需要注意的。第四，师生之间的距离。师生关系影响着教和学的各项活动，深圳的教师和贵州的孩子们之间存在因距离产生的陌生感，这更是课堂学习的一大障碍。

突破差异，拉近距离。面对差异与困难使命感油然而生。充分准备成为帮扶工作制胜的法宝。

贵州的大山原始天然，贵州的孩子们天真淳朴，带着对贵州最初的印象，我开始准备我的交流内容。这次我的任务是在赫章田坝小学和水塘堡乡中心小学开展两节小学数学教学研讨课。面对不同的教材版本、完全不了解的孩子们，我在准备的过程中倍感困难。

首先是研读教材，分析对比贵州版教材与深圳版教材的联系与区别，

高叶萍老师在耐心指导学生

这成了去贵州前最重要的准备工作。我从网上查找赫章使用的小学数学教材，结合数学课程标准，认真做教材分析，将两地数学教材进行对比分析，发现两地教材都以数学课程标准为依托，有计划、分阶段地完成义务教育阶段数学学习，但两地教材还是有许多不一样的地方。第一，两地数学知识学习时间编排不同。如有的知识，深圳版教材出现在四年级，赫章版教材出现在五年级等。第二，相同数学知识的呈现方式不同。深圳版教材是情境引入加问题串的方式，更多是用情境教学激发孩子们的学习需求，利用问题串呈现知识形成的过程，逐步深化知识。赫章版教材则是使用不同的主题问题，形成知识之间的对比与深化，不断提高孩子们的思维能力。第三，两地教材解决问题的思维训练方式也存在较大差异。面对这些，我认真研读两地教材，充分备课，准备教具与学具，思考每一个可能发生的问题并制定解决方案，反复试讲打磨，做好充分准备。

其次是现场调整，尊重孩子们的个性差异，因材施教。虽然我做了充分准备，但是由于不了解孩子们生活的环境，不了解他们的学习基础和学习环境，课堂一开始就出现了问题，课堂学习推进举步维艰。孩子们在题目理解上出现了问题，我现场改变问题呈现方式，降低问题理解

高叶萍老师鼓励同学们大胆表达自己

的难度；孩子们在操作中束手无措，我就进行操作示范，一步一步引导；孩子们对小组合作感到羞涩与陌生，我立刻将小组合作变成先同桌互动后小组交流的形式。合适的才是最好的，精彩的学习过程成就优秀的学生。看到孩子们的差异，尊重孩子们的个性，才能成就丰满的学习过程。漠视孩子们的学习状态，就算我上得再好，那也是浮于表面的表演。

最后是相互温暖，感受爱与被爱的信心与力量。贵州大山里的孩子们羞涩淳朴，对于他们来讲，我们是来自深圳特区的陌生人，听说我们教学很厉害。从他们回答问题时举起的颤抖的小手，从小组合作中面面相觑的目光，我都能感受到他们心中的害怕。这时需要教师代入他们的角色，从他们的角度思考，消解距离产生的陌生感，孩子们才能放松自如地开展学习活动。爱是一个温柔的目光，爱是在他身边默默陪伴，爱是竖起的大拇指，爱是被爱之后毫无畏惧地“丢人现眼”。勇于表达是相互学习的前提，信心与力量来自相互温暖。

教师是成就学生精彩人生的教育工作者。赫章之行让我更坚定自己的想法。作为教师，我还有更重要的事情去做：去除教学的功利性，笃行笃思，因材施教，突破差异，拉近彼此距离，使教育回归单纯与纯粹。

案例二

线上集体备课促进教学研究

○ 深圳市光明区凤凰学校　许章杰

深圳光明，贵州赫章，两个相距几千里的地方，却山海相连。我身为学校初中数学科组组长，也有幸与赫章四中的数学老师们进行了两次线上集体备课，共同促进彼此数学科组的教学研究。

第一次线上集体备课，正值2020年新冠肺炎疫情复课阶段，线上教学时课程落实程度低，复课后教学课时少且任务重，这些都是当时七年级数学备课组急需解决的问题。而在备课组老师的共同努力下，学生的学习状态日渐好转。备课组据此在日常教学中总结出了一套行之有效的方法。

“有了好方法，咱们得把它介绍给赫章四中的老师们！”我在一次备课组集体备课中提议道，并得到组内黄骏老师的赞同。随后，我积极与赫章四中七年级数学备课组长吴敏老师联系，得知赫章四中的老师们也对如何快速恢复学生的学习状态犯愁，于是我提议与他们进行一次线上集体备课，共同探讨解决这个问题，得到吴敏老师的赞同与支持。

6月17日下午，两校间七年级数学备课组的线上集体备课正式开始。活动以“如何在复课后恢复学生的学习状态”为主题。我代表凤凰学校七年级数学备课组介绍了复课后备课组在教学上的小妙招，包括课前进行“计算王者”练习、设立数学包干组等；黄骏老师以《整式的除法》为例，介绍了如何在复课中进行课堂设计。其间，赫章四中的朱健老师和闵诗官老师积极参与讨论。我们作为深圳光明区的门户学校，将自身在日常

两校老师们在线上集体备课

教学中总结的经验做法与赫章四中的老师们进行交流，并以具体课例的方式，具体示范方式方法的使用。“这样的线上集体备课要多组织，我们赫章四中的老师要向凤凰学校的老师多学习！”赫章四中教学副校长郭峰对此次线上备课大加赞赏。

赫章四中吴敏老师一次又一次表示感谢，她说这次线上集体备课让赫章四中的老师们穿越山海，与光明相连，见识到更广阔的教育天地！线上集体备课，不仅让赫章四中的老师们学习深圳光明的行而有效的教学经验，促进老师们的教学再成长，促进我们数学科组提高教研水平。

时隔半年后，线上集体备课又将两校紧紧相连。在前期认真听取吴敏老师对教研的需求后，已经是八年级数学备课组的新集体再次群策群力，开展第二次线上集体备课。第二次活动以“如何在实践中丰富课型教学”为主题，我代表凤凰学校数学科组介绍了学科教学计划的制定；黄骏老师以平行线的证明为例，分享了如何进行几何证明类型题的复习；郭崇泉老师以整式为例，分享了如何进行概念类型题的复习。两校的老师们通过视频进行交流，不仅对课型教学进行了深入的研讨，而且在对课件课例的制作选取和学情的把握等方面进行相互学习，促进了两校的教学研讨。通过线上的交流，两校的老师们不经意间已成教学上的挚友，虽然线下不曾见面，但不会影响老师们的交流互动！

感动，在一次次短暂而充实的线上集体备课中复现；暖意，在一次次教学交流中点滴积累。一次次活动结束后，赫章四中的老师都愈发努力钻研教学，不忘光明之暖；一次次活动结束后，我和备课组的老师们都愈发积极探索教研新路，不忘赫章之情！

第六节　帮扶效果评价策略

教育精准扶贫一般从传播知识、消除贫困的角度来定位，以主体运行、机制建设、教师队伍、标准化学校为核心，以贫困地区教育的资源不均衡、师资短缺和结构失衡、学生就业等难点、痛点问题的改善为扶贫效果的评价标准，结合社会力量、学校力量、政府力量，实现教育、扶贫的功能。这虽然落实了帮扶任务，但在帮扶对象的精准实施层面仍然存在较大漏洞。在实践中，赫章模式通过构建可持续发展的帮扶效果评价策略，从了解帮扶对象的需求出发，通过嵌入式帮扶，有效避免了教育扶贫可能存在的盲目化倾向，真正实现了教育扶贫目的与初衷一致。

扶教是否精准，扶教是否具有实效，需要科学评估和反思。中国教育学会赫章教育帮扶专家团队、帮扶对象及专业测评机构和专家共同构成精准扶教评估的多元主体，利用现有评估工具，开发评价量表，对单次扶教活动、扶教阶段工作、帮扶力量表现、帮扶对象发展等进行评估，依据反馈信息及时调整和改进；运用教师独立撰写心得体会和备课组交流等反馈方式，评估精准扶教后的教师成长状况，分析扶教活动的精准性，为后续扶教活动确定起点。

一、帮扶效果评价策略概述

（一）帮扶效果评价的一般策略

在教育帮扶实践中，对教育帮扶效果的评价，一般的策略是从解决实际问题角度来构建，往往以问题的缓解程度或者帮扶数量为衡量标准，比如以教育培训、捐款捐物等开展情况的统计为评价手段。这样的评价关注做了什么，而没有关注效果怎样，往往是浅层次、表面化的评价，不能从根本上解决教育贫困问题。

（二）赫章模式帮扶效果评价策略概述

赫章模式的帮扶效果评价策略，遵循嵌入式理念，在评价内容、评价主体和评价方式上进行了创新。

1. 评价内容。在评价内容上，“不以成败论英雄”，把成功的经验和失败的教训都作为评价内容，将成功的经验进行推广，失败的教训作为改进的基础。基于这样的评价策略，在赫章的教育帮扶过程中，形成了以实践效果为导向的帮扶模式。

2. 评价主体。在评价主体上，遵循嵌入式理念，帮扶方和受助方均为评价主体，双方在相互点亮、相互成就的过程中，共同探寻通过教育帮扶实现的成长效果。

3. 评价方式。在评价方式上，赫章模式把帮扶活动实际产生的效果放在第一位。每一次帮扶活动后，都及时总结反馈，把个体评价与集体评价结合起来，通过评价建立帮扶的可持续机制。

（三）赫章模式帮扶效果评价的成效

赫章模式的教育帮扶旨在通过嵌入，充分发挥受助学校、教师的主观能动性，挖掘其潜力，关注他们的实际收获与真实成长，进而建设具有凝聚力和教学研究能力的团队。

中国教育学会赫章教育帮扶专家团队耐心倾听反馈意见，既可以反思扶教活动的不足，也能发现教师在认知方面存在的问题，为后续扶教活动找准方向。而基于反馈意见的再交流，是研讨活动的合理延伸，更是营造教研氛围的契机。

采取教师独立撰写心得体会和备课组组内交流两种反馈方式，倡导教师从优化教学与专业成长出发，秉持认真的研究态度，坦诚发表意见。教师不断学习和思考，通过形成文字、与同学科教师交流探讨等方式，完善自己。

反馈意见中既有教师个体感受，又有群体研讨结论。由反馈意见可知，绝大部分教师在新冠肺炎疫情的特殊时期仍认真参与了帮扶活动，在观念和方法等方面取得收获，对此次活动予以肯定。尤为难得的是，多数老师不是单纯的点赞，而是结合教学实践探究教什么、怎么教，结合自身实际明确从名师身上学什么，面向未来思考接下来怎么做。教师教学观念的转变、知识能力的优化、研究意识的强化，为推进教学改革、提升教学质量奠定了坚实基础。

二、帮扶效果评价的具体策略

赫章模式帮扶效果评价的具体策略，简单来说，可以从以下三个方面来总结。

（一）及时反馈与可持续帮扶结合

及时反馈是指在每一次帮扶活动互动的过程中，及时发现帮扶计划、方案存在的不足，进行调整和改进。帮扶活动结束后，帮扶和受助双方都及时撰写活动心得，进行总结反馈。中国教育学会赫章教育帮扶专家团队通过总结经验和个人心得，找到可持续、可推广的经验。

（二）个体评价与集体评价结合

个体评价是指参与帮扶的校长、教师个人对帮扶活动进行总结，撰写个人心得；集体评价是指参与帮扶的学校、团体撰写活动简报，总结经验。帮扶对象同样需要开展个体评价和集体评价。

（三）把实效放在评价的第一位

把实效放在评价的第一位是指在所有的帮扶活动中，均不以数量、成败为标准进行评价，而是把实践产生的效果放在首位。每次帮扶活动是否有效解决了一个或者几个具体问题，是帮扶效果评价的首要标准。

三、帮扶效果评价的典型案例

教育帮扶的效果体现在受助地区学校师生的发展上。是否促进了教师的专业发展，是否促进了学生全面而有个性的发展，是否促进了以校长为首的学校管理团队的学校领导力提升，是我们评价帮扶效果的主要标准。

案例一

黔鲁连心桥　共筑教育梦

○ 赫章县汉阳街道黄泥小学　罗　云　陈俊玲

为了深入学习贯彻全国教育大会精神和习近平总书记关于教育的重要论述，聚焦赫章教育帮扶，开展中小学、幼儿园教育帮扶活动，总结交流成功经验，协调解决新的困难问题，精准高效推动赫章扶贫工作，2020年10月9日至12日，山东省济南市南上山街小学王红林校长一行四人来到赫章县开展工作交流与调研。我校在众多学校中有幸成为受助学

王红林校长指导学生制作思维导图

校之一。

此次帮扶活动，王红林校长首先和曹前琴校长签订了帮扶协议，然后又与中国教育学会领导、赫章县有关部门领导以及赫章县教育科技局有关领导、各受助学校校长进行了深入交流，为后期帮扶工作提出了建设性意见。

作为西部省份边远县城中一所城乡接合部的小型学校，能在此次活动中获得参与机会，这无疑给我校的师资队伍建设、课程理念建构、创新型教学模式的学习和尝试搭建了良好的展示平台。

我校是一所介于城区与村小之间的特殊学校。在易地扶贫搬迁的惠民政策下，学校规模和师资得以不断扩大，生源丰富。全校681名学生中，有三分之二以上是来自易地搬迁的贫困家庭，剩余不足三分之一来自各个乡镇进城务工人员子女。学校生源参差不齐，学生家庭条件也各不相同。大部分学生因家庭特殊，经济困难，学习很吃力。

老师们看在眼里，急在心里，都恨不得把自己的满腹学识按教学要求传授给他们。但是教学没有捷径可循，你越心急，教学效果越不明显。

2020年10月9日，中秋、国庆假期刚刚结束，王红林校长一行四人便风尘仆仆地赶到我校指导教研教改工作。曹前琴校长对学校各方面的工作做了简要介绍之后，郝涛、刘敏、陈颖三位老师一起进入我校各个班级视察校园文化，与学生交流。

10月10日，为了能够有效指导学校教育教学工作，王红林校长一行四人深入学校进行具体指导。上午第二节课，王红林校长、郝涛老师、刘敏老师和陈颖老师听了我校陈永祝老师的《牛郎织女》一课，第三节课听了沈凤齐老师的《蟋蟀的住宅》一课，第四节课听了我校朱正琼老师的《总也倒不了的老屋》一课。

下午两点半，刘敏老师在二年级一班给我们带来了精彩的《大禹治水》示范课。在课堂上，刘敏老师向学生亲切问好，学生也热烈欢迎刘老师的到来。他们一点都不像是才刚刚认识一天的样子，反而像是长期相处的师生。这无疑是刘老师在课间和午休时与学生和谐沟通的最好证明。在教学过程中，刘老师始终以学生为主体，充分调动学生的积极性，注重学生的感性认识，做到了循循善诱，以问题为导向。学生参与度高，主动性强。整堂课气氛活跃，师生配合良好。课堂各个环节调整恰当，反馈与矫正及时充分，方法灵活多样，激励性的评价语言更是给了学生强烈的自信。刘老师把学生的思维紧紧维系在治水的起因，经过和结果这个大框架内，以绘图的方式呈现板书，不仅展示了他简笔画的功底，更加深了学生理解鲧和禹治水的异同与利弊。刘老师不仅让学生理解了故事的主要内容，还以音视频来加强学生对“禹三过家门而不入”的奉献精神的理解，既提升了主题，也完成了情感的体验。

第二节课是陈颖老师带来的四年级写话训练——《小小“动物园”》。课堂一开头就以一组动物图片引入，学生都能迅速说出动物名称。当图片展示完毕时，部分学生还意犹未尽。这样的开头很巧妙地吸引了学生的注意力。果然，在陈老师接下来的“三把金钥匙”的引领下，学生一步步迈入了小小“动物园”，把家人和他们熟识的动物进行了联系和比较。当学生将陈老师的学习单捏在手中时，他们不再像以往一样抓耳挠腮、冥思苦想，话匣子顷刻打开。虽然词句并不是那么华丽，但学生想要表达的欲望却是无法掩饰的。这让我们听课的老师恍然大悟：原来我们一直推崇的“讲得全面，讲得深刻，讲得滔滔不绝”远不如“引得巧妙”。陈老师以“善发现、乐表达、循方法”的教学模式也给我们听课的老师上了很好的一课。

刘老师通过与学生亲切深入的对话，引导学生进行思维训练，通过比较阅读、自主读书完善板书、故事再现等有效策略，落实了本单元的语文要素。陈老师采用“善发现、乐表达、循方法”的教学模式，通过播放影像资料、引入绘本故事，激发学生的写作兴趣，并借助自主学习单帮助学生梳理写作思路。课堂上，陈老师通过“三把金钥匙”让学生习得写作方法，顺畅地表达了自己的真情实感。

不管是刘敏老师的《大禹治水》，还是陈颖老师的《小小“动物园”》，都充分展现了她们对部编教材的理解以及对课程标准的把握，更是把整合研究和嵌入式教学模式运用得相当出色。这为我们打开了视野，找准了方向，明确了道路。

在随后的座谈交流中，南上山街小学的四位老师和我校的上课教师做了深入的沟通和交流。双方学校的老师就所听的课进行评议。名师们指出我校老师授课的优缺点，还特别强调我校老师能在有限条件下不断探索，这种认真研究教材教法的精神深深地感动着他们。我们在虚心接受的同时，也认真地学习了他们整合研究和嵌入式教学的先进理念。

为了提升教师的专业发展，郝涛老师还以《在变革中守望教育初心》为题，强调了教师要成长，必须抓住机遇和迎接挑战，打破原有模式和固有思维，善于创新发展，打开视域，在变革中寻找出路。郝涛老师在展示南上山街小学的文化建设时，讲到教师要有主人翁意识，积极主动参与学校文化建设。他还谈到了如何进行主题教研和语文科单元整合教学，强调教师要遵循回归—发现—创新的成长路径，抓住问题—提出主题—实践—梳理—提升的教研路径。郝涛老师还以自己的亲身经历为例子，从“在变革的大潮中寻路”“在团队的互助中生长”“在自身的探索中追梦”三个方面展现了教师个体的成长，告诉我们：人应该思变，应该不断前行，提升自己，而不能得过且过。教师应该在变革的大潮中寻梦，做一个有梦想有追求的人，“让孩子的童年因我而精彩”。郝涛老师还告诉了大家应该要有团队精神，让各位老师在团队的互帮互助中成长，让每一位走出去的老师都能骄傲地说：“我不是一个人在战斗，我有强大的后援团，我有暖心的家人陪伴，我有一起成长的伙伴，我是团队之光，团队以我为傲。”多么暖心的话语，多么强烈的凝聚力！讲座中生动的案例、鲜明的观点、精彩的互动，给老师们带来了深刻的启发。

此次南上山街的名师帮扶意义深远，给我们留下了深刻的印象，让我们受益匪浅，收获颇丰，知道了教研活动的有效开展是一所学校全体教师成长的必经之路。我们学到了课程开发的六步推进法，即确立课程框架、执行课程计划、制定行动计划、反思完善课程、论证课程内容、提炼课程成果，在研讨中学习，在活动中提升，在展示中历练，在反思中进步。

虽然时间短暂，但此次帮扶活动增进了双方学校的情感交流、教法切磋，为我校教研活动的开展创设了契机，极大地调动了全校师生的积极性。

活动最后，王红林校长以“突破、求变”为核心，分享了学校发展的基本路径，点明了学校文化在学校发展过程中的重要价值，并且从学校文化的创生点、学校发展的突破点、帮扶工作的切入点与各位老师进行了深入交流，同时表达了对赫章教育人的感动和敬意，对今后的帮扶工作提出了愿景和期望。

围绕着南上山街小学名师对我校的教研教学指导，语文教研组紧锣密鼓地开展了一系列教研活动，有集体备课、个人说课、示范教学、定性评价、自我反思等。我们在活动中主要听取了朱正琼老师的“我们眼中的缤纷世界——学会观察”习作教学、李桂仙老师的《王戎不取道旁李》古文教学、陈永祝老师的《繁星》散文诗教学、廖家忆老师的《风娃娃》，以及颜洪老师的《月迹》等公开课。老师们在教学过程中都大胆地尝试了新的教学模式和新的教学理念，把南上山街小学名师的教学模式运用到自己的课堂里。特别是陈永祝老师的《繁星》一课，更是进行了磨课—展示—再磨课的过程，把“研”真正落到实处，让“团”真正发挥作用。

通过此次的帮扶活动，我们明确了学校亟待解决的困难和问题，为今后精准高效地推动南上山街小学与我校的对口帮扶工作，助力我校的发展奠定了坚实的基础。相信通过进一步的帮扶，一定会促进我校教学质量的提升。

案例二

这里一定会不一样

○ 赫章县兴发乡中心小学　朱　营

我叫朱营，赫章县兴发乡是我的家乡。我们家祖祖辈辈务农，山高路远，生活艰难。小时候，我经常蹲在煤油灯下念书，一读就是一晚上。那时，我们都很敬重有文化的老师。当老师是我的梦想。

1984年，我以全乡第一名的成绩考上毕节师范。1987年师范毕业后，我被分配到曾经的母校兴发乡中心小学任教。那一年我19岁，终于站到

结对帮扶的老师们齐聚一堂

了梦寐以求的讲台上。

刚参加工作时，学校教师紧缺，我被安排带一年级，当班主任。班上的教室破烂不堪，门和窗只剩门框和窗框，全班学生挤在潮湿的教室里上课。一降温，孩子们就瑟瑟发抖，说：“老师，我冷。”我找来纸壳、木板，用微薄的工资买来钉子、锤子、塑料薄膜，将门框和窗框封上。冬天，我背来煤炭和火炉，在教室里生火给孩子们取暖，抵御风霜。孩子们搓一搓手，跺一跺脚，暖和多了。看着他们红扑扑的脸蛋，我想：总有一天，我们的学校会办好的。等你们以后的娃儿们再来读书时，这里一定会不一样。

当年的情景至今还历历在目，不知不觉，我在母校任教已有34年，当了23年校长。这些年来，多亏国家政策好，大家也勤勉敬业，学校发生了翻天覆地的变化。当年的破瓦房变成了教学楼，校园里有了绿树红墙。我们在学校试点教师优化组合，率先在全县小学推动寄宿制，教育教学质量也有了保障。

更让我骄傲的是，我启蒙过的、教过的山里娃，后来有的考上了中国矿业大学，有的考上了浙江大学，有的考上了中山大学，还有的考上了北京师范大学。

从考上北京师范大学的孩子身上，我总能看到三十多年前的自己。这些年来，我一直怀揣着当年的梦想，一直想办朴实而幸福的教育，总希望把书教好，把学生带好，把学校办得像模像样。

学生从北京打电话来说："老师，现在教育注重创新理念，北京很多学校的课程改革都有好经验，其实母校也可以创新。一定不能让山里娃输在起跑线上！"是啊，我也想不断更新教学理念，但是山沟沟里缺乏条件。我说："那要等你们从北京回来！"

万万没想到，2019年，中国教育学会牵线北京的农科院附小与我们学校结对。这样的高兴事，以前想都不敢想。

结对以来，农科院附小与我校开展了4次实地帮扶交流活动。每次活动，农科院附小的校长和老师们都会来到学校，走进班级，开展座谈研讨，分享先进的教学理念和方法。

让我特别感动的是，2020年10月，农科院附小的刘芳校长还带领名师团队来送课。听说我们这里没有沙包，她们就用小拖架拖着几十斤重的自制沙包，天不亮就从千里之外的北京出发，坐飞机，换汽车，沿着蜿蜒的山路，来到了赫章。第二天一早，她们就赶到我们学校，还把价值100万元的"金穗教育"学习平台免费提供给我校老师使用，让优质教育资源真正走进了大山。

北京来的名师们课前做足了功课。刘芳校长为我们分享了农科院附小学科综合实践活动课改革的经验，名师们为我们学校的老师上了精彩的语文、数学等各科示范课，开展了集体备课等几个专题研讨。我校老师事先得知农科院附小名师要来送课的消息，就商量好互相调课，轮着去听课和听讲座。农科院附小的名师们教法新颖，我校老师如饥似渴地学习。教室里，操场上，我们的老师搬着小板凳，像小学生一样，都听得入了迷。这些课让他们耳目一新，眼前一亮。由于听课的老师多，教室里坐不下，不少老师就站在教室门口听，有的用膝盖垫着做笔记，有的站着做笔记。很多好的教学理念正在生根，发芽，学校也开始呈现出新的气象。

我站在孩子们当中，看着快乐的孩子们，像春天的花朵，正在美丽地绽放。我们两所学校已经结下深厚的情谊，我们已有约定，只有结对，没有结束。坚持办朴实而幸福的教育，我们一定能实现我们的梦想。

在这所工作了30多年的乡村小学里，我见证着这所学校的变化，从条件艰苦到设施齐全，从传统思维到理念更新，我非常有信心，我们正在不断提升，我们正在蒸蒸日上。我们一定能实现我们的教育梦想，一定能把每一个山村孩子的未来点亮。

第七节　帮扶对象积极性调动策略

教育精准帮扶的对象可以是一个区域、一所学校，可以是教师群体，也可以是教师个体，但归根到底还是帮扶具体的教师，一个个具有个性特征的鲜活的人。受助者在教育理想、教育能力、教育经验、教育风格等方面存在差异，受助者的现实基础和发展动力也是决定教育精准帮扶成效的制约因素。赫章模式的教育精准帮扶是基于教师自我发展、推动教师自我发展的活动，助人自助，成人达己，依赖行政力量推动不行，帮扶者“剃头担子一头热”也起不了多大作用。教育精准帮扶过程需要外力推动，更需要内生动力的作用。赫章模式在调动帮扶对象积极性方面采取了行之有效的策略。

一、帮扶对象积极性调动策略概述

（一）教育帮扶对象积极性调动的一般策略

一般的教育扶贫停留在帮扶物质层面的教育资源，在政策施行层面存在诸如“大水漫灌”“一刀切”等问题，在教育帮扶对象积极性调动上缺乏完善的策略，主要手段是行政推动，帮扶对象存在“等靠要”的现象，落后地区的教育观念落后的现象难以改变。

以往教育扶贫的政策实践基本上是通过教育投入的方式对贫困地区的教育事业进行干预，这种方式可以在短期内看到帮扶对象在就业与脱贫方面的改变与成效，但最主要的弊端是容易使帮扶对象滋生“要我学，要我做”的依赖心理。

（二）赫章模式帮扶对象积极性调动策略概述

赫章模式的教育帮扶践行助人自助的扶贫理念，从“输血式”向“造血式”扶贫路径转变，使帮扶对象变“要我学，要我做”为“我要学，我要做”，注重培育帮扶对象的多维能力，包括贫困抗逆力、危机复原力、抱团取暖能力及营销能力等，让帮扶对象真正成为积极参与者甚至是主导者。赫章模式的教育帮扶以扶思想层面落后的教育观念为出发点，通过嵌入正确的教育观念，引领正确的教育实践，达到让教育精准扶贫工作能够行稳致远的目标。

赫章模式的教育帮扶不是简单地上课、评课、作报告、谈建议，而要站在受助者的立场，敏锐地发现教育教学存在的问题，深入地分析重难点，采取恰当的措施解决问题，通过帮扶者自身带动作用和切实的指导进行持续帮扶，真正激发受助者的内生动力，改变受助者专业发展停滞不前的局面。

二、帮扶对象积极性调动的具体策略

赫章模式帮扶对象积极性调动的具体策略包括动力诱发、智导建构、技术扶植、文化建构等四个方面。

（一）动力诱发

1. 梦想引动

教师大多有上进的追求，渴望被认可、被尊重，他们对自己的未来充满希冀、充满梦想。名师共同体采取指导职业规划、确定最近发展区、帮助战略分析等多种方法，引导帮扶对象获得认可、赢得尊重，点燃他们心中的梦想，进而为实现梦想而努力奋斗。

2. 任务驱动

名师共同体为帮扶对象设计恰当的任务，压担子，明标准，严要求，提供体验、实践和问题解决的情境，搭设必要的支架，并适当进行协助、辅助，促使受助教师去探索、实践、思考、运用，最终解决问题，在解决问题的整个过程中提升自身教育教学水平，增强专业发展的信心。

3. 成就撼动

名师共同体用课堂成功、学术成功、影响成就等方法，引导帮扶对象自主预定目标，鼓励他们完成任务，以增强他们的自信心及自尊感。当他们在自己预定的目标及期限内，顺利甚至超额完成任务，就能获得成就感。用今天的改变去证明昨天努力的价值，用今天的努力去期待明天的成功。

4. 区域联动

在一定场域中，个体间会互相影响，互相促进。因此，用名师对话法、工作展示法、转变者现身说法等方法促进区域协同行动，可以优化教育精准帮扶工作的效率。教育精准帮扶强调名师共同体活动，强调名师共同体对区域教育带来的联动效应。各方协同行动起来，就会使区域教育发生真实的改变。

（二）智导建构

1. 项目智导

名师共同体通过合理规划，从课题、赛课、交流等方面入手，以项目推进学习和研修，让相关教师深度参与，并在项目开展各阶段给予具体帮扶，推动受助教师密切合作，逐步完成一个个有意义的项目，从中积累经验，锻炼能力，生成智慧，形成风格，使骨干教师有机会脱颖而出，同时增强受助团队的凝聚力和战斗力。项目智导以看得见的成果，带动更多教师积极行动。

2. 远程智导

现代信息技术已悄然改变人们的思维方式和行动模式，尤其是新冠肺炎疫情以来，更是推动了学习、对话模式的改变，线上线下混合式研修、基于情境的双线同步运行已经成为研讨、学习、对话的应然模式。为此，利用远程在线智导就成了教育精准帮扶的必然选择。必要时，在线上开展导读启悟、导做感悟、导思顿悟等帮扶活动，既是顺应时代要求，也是面向未来的明智选择。

3. 生成智导

名师共同体将目光聚焦到教育的真实情境，在创生课程资源、合理利用课程资源、课程资源利用中的再创造等方面，注重教育教学的生成性，注重教师教学技能的有效提升，注重教师教学智慧的生成，从“生成”的角度多下功夫，促进帮扶对象成为高品质、高品位的优秀教师。优秀教师培养出来了，优秀的教师再去培养他们的学生，学生势必成长得更健壮，更具有未来竞争力。

（三）技术扶植

1. 顶尖扶植

一个区域、一所学校、一个团队的发展，依赖于他们的理念和目标，理念越先进，目标越顶层，发展就越有张力，越有厚度。教育精准帮扶强调从知、情、意、行四个维度，包括愿景、文化、制度、观念、课程、教学、评价等进行全景式、全方位、立体化顶尖扶植。教育精准帮扶就是要以先进理念、榜样示范去帮助受助教师开阔视野和胸怀，树立正确的教育理念，规划自己的教师生涯，进而提升专业素养，在具体教育实践中走好自己的专业成长之路。

2. 集团扶植

要指导一个老师上好一节课容易，要指导这个老师上好各种课型却很难，要让他上好每一节课，那更是难上加难。同理，要扶植一个老师很容易，要把一个团队都扶植好却很难，要把一个区域都扶植好更是难上加难。因此，需要调动众多名师组成团队，合力攻坚，同舟共济，共谋区域教育的发展大计，并通过线上线下的混融扶植，以团队带领团队，推动广大教师投入学科研修，开展集体备课交流、课堂教学共享、作业诊断评价、专业发展述评等活动，建设一个个优秀的备课组、教研组、年级组。

3. 平台扶植

有人说机会是平等的，其实机会相对需求总是不足的。为了让更多的教师都有成长的机会，必须根据教师的需求，搭建多种平台，有目的、有计划、有侧重地不断优化平台的搭建方式，提高其频率和效能，增强培养的针对性、长效性，实现长期的机会相对平等。如运用区域学术帮扶、区域课堂帮扶、区域教师文化帮扶、区域影响帮扶等抓手，给予帮扶对象成长和展示的机会，使他们日有渐获，月有渐长，年有渐成，让受助教师尽快尝到成功的甜果，进而转化为专业发展持续的动能，在成长之路上走得更快更远。

（四）文化建构

赫章模式的教育精准帮扶在实践过程中从培育个体形成文化的自主能力以适应新时代的文化自主地位出发，形成帮扶对象的文化自觉，使得教育帮扶作用在脱贫攻坚中得到最大化发挥。

1. 破解帮扶“增负”的思维惯性

赫章教育帮扶，体现以人为中心，突出人文关怀，挂念教师和贫困群众，不让一个人在全面建成小康社会的道路上掉队，同时引领赫章教育帮扶的主题彰显出其特有的文化自觉，走出了一条更具文化生命力的脱贫与发展道路。这一新道路更加强调积极主动转变旧有的文化观念，由思想变化带动心智与行动的革新。一方面，努力破除读书无用论的怪圈，改变“等靠要”的思维惯性；另一方面，将教育摆脱贫困的种子透过文化自觉撒播在贫困群众的心间。只有真正斩断贫困文化滋生的根源，引导贫困群众形成内生式发展的文化力量，激发他们对脱贫生活的美好想象，才能使其不再依赖单纯的经济中心主义治理、对象化治理和同质化发展，并根据赫章的经济特点、社会构造、文化心理等综合认知，寻找赫章发展的适当位置。

2. 形成具有文化生命力的教育长效脱贫

文化自觉是赫章教育帮扶的方向指引，指引着赫章教育帮扶的实践走向，进而奋力向自觉式的社会精准扶贫迈进。深化与加强赫章对贫困家庭文化自觉的教育宣传，使之产生对自身所处文化的思考与反省，思考经济、信息、物质资源等外源性影响因素，并加强对更具人文关怀和文化生命力的减贫发展道路的文化认同。在“扶贫必扶志，治贫先治愚”的文化氛围之中，增强自身的脱贫信心与志气，由“等靠要”变为“思自行”(思考、自主、行动)，充分发挥文化自觉的效用。

赫章教育脱贫需要学校、家庭与社会的共同努力，从而真正实现从“贫困文化”认同到“脱贫光荣”认同的转变，文化的作用至关重要。于赫章贫困者而言，提升文化能力尤为迫切：不断加大对“脱贫光荣”等思想的宣传，使贫困家庭在文化熏陶中接受和认同教育帮扶措施，积极参与赫章教育帮扶事业，由嵌入式教育帮扶转化为自觉融入式主动自我教育帮扶。坚定摆脱贫困的信心和志气，努力提升文化能力。积极与赫章教育各项帮扶策略相适应，自主脱贫行动与赫章教育帮扶行动相一致，共同打赢脱贫攻坚战。

三、帮扶对象积极性调动的典型案例

要调动帮扶对象的积极性，需要帮扶对象有来自实践的真切体会、发自内心的价值认同、充满期待的未来憧憬。

案例一

听君一席话，胜读十年书

○ 赫章县六曲河镇中心小学　何廷杰

专家引领能较快地促进教师专业成长。我能在教育科研课题申报实施等方面取得巨大的进步，就得益于专家的引领。

2019年7月7日下午，由时俊卿教授、李红婷教授等组成的专家团队来到我们赫章县六曲河镇中心小学开展帮扶需求调研、走访、座谈活动。

在调研、走访、座谈过程中，罗焕应校长向两位专家详细汇报了学校的办学历史、文化建设、养成教育、教师培训、教学管理以及与名校结对帮扶等工作。当两位教授了解到我是贵州省乡村名师，主持、带领骨干教师申报的市级教育科研课题“用陶行知教育思想指导农村小学生良好行为习惯养成教育实践研究”获得立项，现在正在实施研究时，两位专家特别重视，当即询问我选题的背景、研究价值、研究目标、研究重点、研究思路、研究方法步骤和研究困难等问题。两位专家就课题研究给予了指导，比如，如何把课题研究与真正培养学生良好行为习惯有效结合起来，以及如何收集整理资料，如何结题等方面。

两位专家强调，部分农村教师在课题研究方面没有突破，误认为这是高不可攀的事情，是专家、教授才能完成的工作。其实课题研究不太难，只要在研究中注意以下几方面，一般情况下就能让问题迎刃而解。

第一，责任明确，细致分工，并落实到具体工作中。课题组成员需要提前做好工作，对课题研究中要做哪些具体的事情做到心中有数，分工明确。计划必须是周密的、详细的、具体的，包括总的课题计划和具体项目的计划。比如，不同年级的培养目标肯定不同，这就需要分年级制订计划；每个研究者也有相应的工作，就需要统筹安排。

第二，关注细节，有机整合。课题研究必须关注到每一个细节，尤其是具体到参与课题研究的个人，要列出其中的知识目标、相关的能力目标、情感态度价值观的目标等。

第三，团结协作，形成科研型集体。开展教育教学研究，要特别注意相互间的合作。在研究过程中，资源的共享、方法的分享、智慧的分享等都很重要，以通过集体的努力获得成功。

第四，重视反思。在开展研究的过程中，肯定会遇到各种各样的问题。教师要及时反思，及时发现问题并解决问题，积累解决问题的经验。

第五，明确研究目标。教研活动必须课题化，研究内容要与解决学校教育教学中的实际问题紧密结合，以课堂为现场，以教学为中心，以教育教学中的问题为切入点。教师根据自身实际和个人兴趣，对教学实践中发现的问题进行立项研究，切实解决教育教学中的实际问题，提高教学有效性。

第六，要厘清课题研究的方法。教育性是课题研究的灵魂，行动研究不仅需要行动，而且也要求写作。参与课题研究的教师要将行动过程中发现的新问题和激发的新思考、新创意忠实而全面地记录下来，并形成自己的教学行为策略，在之后的教学实践中进行新的尝试，在尝试过程中再记录新发现，形成新思路。

“听君一席话，胜读十年书。”听了两位专家的一席话，我对课题实施过程有了更清晰的认识。于是，我迅速把参与课题研究的成员集中起来，传达两位专家的讲话精神，让他们有方向、有方法开展课题研究。

课题组成员根据两位专家的指导，遵循陶行知先生“科学、民主、创造、爱生”的教育思想，以“在家做个好孩子，在校做个好学生，在社会做个好公民”为总目标，以“形成习惯，促进养成”为宗旨，以《小学生日常行为规范》《小学生守则》等为主要教育内容，充分利用道德与法治课、学习园地、升旗仪式、红领巾小广播、卫生监督岗、班会、队会活动、校刊、图书室、心理咨询室、黑板报、宣传栏等活动阵地，为学生创设内容丰富、形式多样的生活情境体验场景，使学生在活动中得到真实的情感体验，从而自然而然地将自己的认知与情感内化为良好的行为习惯，促进学生养成良好的行为习惯。2020年6月，我申报的课题得以顺利结题。

课题研究提高了教师的专业素养。一是课题组成员要阅读大量资料，博采众长，不断提炼，用理论来丰富自己，用理论来指导自己的教学，用理论提升自己的专业水平；二是教师以探索实践为重点，把敬业爱生融入提高课堂教学质量的行动之中，在课题研究中形成了自己的教学特色，积累了卓有成效的做法和经验，既推进了研究，又提高了自己；三是课题研究能有针对性地解决教师在教学中遇到的问题，有利于教育理论与教学实践的结合，有利于教师的专业成长，形成研究型教师队伍。

尤其是通过课题研究，我校学生的行为习惯有了很大的改变：绝大多数学生能礼貌待人，尊敬师长，团结同学。原来我校学生见到上级领导来检查工作，就像老鼠见猫一般逃跑；现在有客人到我校，学生能非常大方、主动、有礼貌地问好。此外，在学习方面，他们上课能做到专心听讲，掌握了正确的学习方法之后，能主动做好笔记，遇到困难能主动克服，会使用各种工具查找资料并敢于实践。在劳动卫生方面，他们在家能帮助父母做一些力所能及的家务，在校基本能成为教师的劳动好帮手，卫生习惯较好，基本做到了勤洗澡、勤换衣，能够自觉做好个人卫生，并且长期保持校园卫生，社会评价一天比一天好。在安全方面，他们的安全意识增强，能认识生活中存在的安全隐患，过马路懂得要先左右看，不在路上跑和玩。

有专家说："一个优秀教师的背后，必然有一个乃至一群专家的提携和帮助。"对一个教师而言，能经常性地得到专家的指点十分重要。专家之所以能成为专家，他们确实有比别人出彩的地方。他们大都从事某一个领域的研究，在其从事研究的领域中，有其独到的思想和见解。由于他们站位高、见识广，见解往往具有前瞻性。

我个人认为，能得到专家的指点，是人生的一件快事。我能得到时俊卿、李红婷两位专家的指点，就是一件快乐的事情，因为他们的引领，让我在课题研究上没有走弯路，我个人得到了专业成长，教育教学能力得到了提升。同时，通过课题研究的实施，我们培养了学生良好的行为习惯，让学生受益终身。另外，在专家引领下，我们从得到"鱼"转变成得到"渔"，敢于申报课题，积极提出问题、思考问题、解决问题，形成自我发展、自我提升、自我创新的内在机制，为农村义务教育事业而努力奋斗。

案例二

用兴趣点亮课堂，用真心传递温暖

○ 深圳市光明区凤凰学校　邹丽芳

种子　被埋在大雪下　安静发芽
老枯树　在夜里　长出一根新枝丫
而我　在爸爸妈妈看不到的地方
偷偷长大

——来自大山深处一名学生的童诗

这次贵州之行，目的地是赫章县水塘堡乡，送教的地点深藏在大山浓雾中——贵州赫章县水塘堡中心小学。赫章县的孩子们懂事早，就连爸妈离开他们去遥远的地方务工，他们也不会哭，不会闹，这样的孩子太乖巧了。

我给赫章县水塘堡中心小学和水塘堡田坝小学送去的是同一堂课"We love animals"，授课对象是小学三年级的学生，也就是刚接触英语的小学生们。一堂课下来，可能有些孩子还是不懂狗的英文是dog，猫的英文是cat，熊的英文是bear，但从他们高举的小手和渴望的眼神中，可以看出他们对英语学习的浓厚兴趣和求知欲望。在正式的公开课前，有一个与孩子们相互了解的过程。我在与他们用简单的英文做自我介绍的时候，感受到赫章孩子们的乖巧与懂事。他们从一开始的羞于开口到勇敢上台表达自己，这已经是很大的进步了！

立足学情，因生而异定内容。接到任务后，我先向对方学校老师了

邹丽芳老师在与学生互动

解他们现在的教学进度和教学内容，才知道他们开学一个多月才上了一节英语课。原来赫章县的孩子们从小学三年级才开始接触英语，并且一周只有两节英语课，大部分由语文老师或数学老师承担，他们都是非英语专业的老师。因为当地教育教学条件有限，老师也有限，这是赫章县小学英语教学的普遍现状。因此，我选了英语启蒙阶段的三年级，并通过他们熟悉的动物专题进行授课。

以趣导学，拉近距离。在正式上课前，我提前到班上向孩子们进行自我介绍，用击鼓传花的方式进行破冰。在短暂的破冰小游戏中，有很多孩子会用“Hello，everyone！”与别人打招呼，会用“My name is ...”来介绍自己。课堂开始，我播放了深圳学生们拍的手影视频，以魔术师的角色融入课堂，巧妙地结合了深圳元素与动物手影学习主题，更快地拉近了与孩子们之间的距离。

激趣促学，歌谣朗朗上口。每个动物英语单词的呈现方式都基于课本，又高于课本，紧密联系了课本中以动物手影的方式来呈现动物英文单词，并配有动物的声音，采用“开火车”、小组PK、穿插朗朗上口的歌谣等方式，摆脱了英语学习中单词与句子孤立的现象，让学生在句子中操练单词，在歌谣中熟悉单词，使学生在无声浸润的英文环境中输入和输出纯正的英文表达。

小组竞争，浸润缤纷课堂。在所有单词呈现过后，由浅入深地采用了 quick response（快速反应）、What’s missing（什么不见了）、group work（小组活动）、I do you say（我做你说）等多样化的操练方式进行单词和句型的操练，让学生具身体验全英文课堂的丰富性。配合肢体语言和悉心的指导，学生们都能全神贯注，体验英语学习的乐趣。

任务闯关，层层递进促学习。整个课堂的设计是采用“Let’s go to the zoo”的形式，闯过三关，学生从认识动物，到开心畅谈动物，再到为动物代言，由浅入深地学习了本课重点单词、句型和课文，完整地学习了动物类单词和表达方法。

这两节课给我最深刻的感触是：兴趣是最好的老师，特别是对于学习非母语的语言来说，点燃英语学习兴趣比传授英语知识更重要。这两节课收获的不是我给他们传授了多少英语知识，而是在他们心中埋下了一颗学习英语的种子，激发了他们用英文表达的兴趣，为他们打开了一扇通往世界的大门。我想传递的信念内核是他们将来可以用英语与不同国家的人交流，把大山里的故事告诉越来越多的人。

海子在诗中写过：“你来人间一趟，你要看看太阳。”赫章孩子们脸上的笑容就是我内心最暖的太阳。我会记住每一张笑脸，每一颗真心，带着孩子们给我的力量，在教育路上继续前行，不忘教育初心，将温暖洒向每个孩子的心田。

第八节　帮扶团队建设策略

中国教育学会充分发挥思想库、智囊团作用，系统运用赫章模式的有益经验，创新帮扶模式，加大帮扶力度，持续开展高水平教育专家到校、高质量教育资源到校、高价值教学成果到校、高效率跟岗学习到校、疫情期间线上资源分享等系列活动，用教育信念、教育信仰点亮大山里孩子们的人生之路，用实实在在的发展成效助力乡村振兴。

一、帮扶团队建设策略概述

在协调、遴选专家团队方面，中国教育学会花了不少心思，下了极大功夫：不仅要选择有资质的名校、名校长、名师，还要考虑赫章县的教育需求乃至受助学校的需求，同时选择的名校、名校长、名师要能带动、引领赫章县教育发展，补齐赫章县教育的短板。

（一）赫章模式帮扶团队建设的策略概述

中国教育学会首先制定方案，明确帮扶工作职责；其次结合赫章县教育、学校发展需求，选择对口名校、专家；再次认真组团建队，形成合力；最后让结对帮扶学校双方见面，进行深度交流，进一步了解情况，再根据实际精心设计帮扶计划，实现教育帮扶引领。

1. 制定方案，明确职责

中国教育学会在组建帮扶赫章教育的专家团队时，通过多次酝酿，从能引领赫章学校管理者理念转变和教师专业成长等方面考虑，遴选有特色的名校、名师。因为只有学校管理者的理念更新、管理思路清晰，教师积极向上、专业得到成长，赫章教育的脱贫攻坚任务才能顺利完成。中国教育学会从指导思想、工作目标、遴选要求、帮扶实施内容、工作措施及要求等方面拟定了详细的遴选专家团队方案，为助力赫章教育脱贫攻坚奠定基础。

2. 结合需求，选择专家

由于自然、历史、社会等多方面因素的制约，中西部经济社会发展相对滞后，教育基础差，保障能力弱，特别是农村地区、边远地区、贫困地区、民族地区的优秀教师少，优质教育资源少，教育水平整体不高，难以满足中西部地区经济社会发展和人民群众接受良好教育的需求。

针对以上情况，党和国家出台了系列文件、政策，通过实施西部地区“两基”攻坚计划、深化农村义务教育经费保障机制改革、农村义务教育学生营养改善计划、特岗教师计划、免费师范生计划、“国培计划”、学前教育三年计划、集中连片特困地区农村学生定向招生计划、校舍安全工程、农村薄弱学校基本办学条件改善计划、对口支援等重大举措，推动中西部教育迈上新的台阶。

教育在促进扶贫、防止返贫方面的基础性、根本性、可持续性等作用进一步得到认可。党的十八大以来，教育部采取超常规政策举措，先后组织实施了20项教育惠民政策措施，实现了贫困地区义务教育普及、学校基础设施建设、学生资助体系、教师队伍建设、民族教育发展、职业教育提升等领域的教育扶贫全方位覆盖。

“十三五”时期，是赫章县在新常态背景下以创新、协调、绿色、开放、共享发展理念为引领，深入实施主基调主战略，实现与全国、全省、全市同步全面建成小康社会的决胜期，全面深化改革、释放改革红利的攻坚期，适应和引领新常态的关键期，全面依法治县的推进期。在这关键时期，中国教育学会与赫章县人民政府签订了《中国教育学会与赫章县人民政府教育帮扶项目合作框架协议》。从那时开始，根据赫章县教育需求，中国教育学会在全国各地开展调研，从北京、山东、广东、四川、江苏、河北、河南、甘肃等省市协调、选拔了42所中小学、幼儿园与82所赫章中小学、幼儿园，结成结对帮扶对子，为结对学校开展了上公开课、开讲座、蹲点指导的活动，把各自的教育教学改革成果、办学特色、管理制度、立德树人心得、课程建设系列亮点、教师专业发展成果、学生全面发展路径等的成功经验与赫章学校分享；赫章县组织受助学校领导、骨干教师分期分批到帮扶学校听讲座、听示范课，开展同课异构，参加教学研讨，感受名校办学特色、校园文化建设等，尽量补齐自己的短板，为赫章脱贫攻坚发挥了积极作用。

3. 组团建队，形成合力

在党中央的扶贫战略中，教育扶贫被赋予了阻断贫困代际传递的使命，全国各地都在探索教育精准扶贫的有效路径，参与教育精准扶贫的主体更加多元，途径、方式也更加多样。在这一过程中，中国教育学会在《中国教育学会与赫章县人民政府教育帮扶项目合作框架协议》的指导下，以嵌入式教育帮扶模式对赫章县开展教育扶贫，加强对口支援、协作帮扶等教育精准帮扶，辐射带动赫章县教育质量的提升，形成了可迁移、可借鉴的帮扶模式——赫章模式。中国教育学会组建帮扶团队，形成合力，让发达地区名校先进的教育理念在赫章落地生根，同时为赫章教育打造一支带不走的优秀干部和教师队伍，增强教育帮扶的“造血功能”，推动赫章教育教学品质提升，实现内涵式、高质量、有特色的全面发展，让赫章县的学生们享受优质教育，助力赫章县脱贫攻坚。

为落实中央统战部、民进中央、中国教育学会2019年共建赫章“全国知名教育专家指导工作站”工作计划，中国教育学会组建了管理团队、名校团队、名校长（名师）团队，以嵌入式帮扶模式对赫章教育对口帮扶，通过团队合作，形成向心力、凝聚力，并保证帮扶高效率，最终实现帮扶目标。

4. 精心设计，实践引领

党的十八大以来，我国全面落实教育精准扶贫的基本方略，采取超常规政策举措，精准聚焦贫困地区的每一所学校、每一名教师、每一个孩子，启动实施教育扶贫全覆盖行动。一是精准识别。教育扶贫精准识别到工作对象，真正弄清楚每个家庭中优先扶持谁，才能更快脱贫，既要确定现有的贫困家庭，又要把已经脱贫的家庭退出去，把返贫的家庭纳入帮扶对象范畴。二是精准帮扶。依托建档立卡准确资料，对贫困家庭成员在义务教育、学历教育、职业教育及青壮年职业技能培训等方面，视其困难情况，开展针对性帮扶，助力家庭经济困难学生入学、就业、创业；同时，调动社会各方面力量，采取“一对一”或“一对多”的方式，开展精准帮扶。三是精准资助。我国已建立起了从学前教育、九年义务教育到高等教育全覆盖的家庭经济困难学生帮扶体系，确保贫困家庭的孩子上得起学。

教育精准扶贫全面贯彻落实教育优先发展的战略，把贫困地区的教育事业摆在优先发展的战略位置，在政策支持、行动规划、项目安排等方面给予其优先考虑和机会倾斜，优先发展贫困地区的教育事业。在具体实施中，进一步聚焦教育扶贫对象、教育扶贫项目、教育扶贫实施、教育扶贫实效，增强教育扶贫的针对性和精确性。

（二）赫章模式的帮扶团队建设成效

2019年以来，中国教育学会协调了42所名校上百名校长、专家对赫章教育实行嵌入式精准帮扶，精心设计帮扶策略，为结对学校提供跟岗学习、参与多维研修、远程培训、送教送课、资源分享等多种形式的支持和帮助。同时，通过统筹规划，精准施策，以实践引领帮扶，使赫章学校在办学理念、学校文化建设、教师专业成长、学生管理等方面有较大的转变。

各团队帮扶的总体思路是：精心设计帮扶策略，做到以人为本，以学校管理理念、校园文化建设、教师专业成长为引领，多方协同，在实践中引领受助学校、教师的发展。在团队的组建上注重多维同向，凝聚合力；在帮扶的过程中坚持问题导向，精准发力，从学校教育理念、管理方式到具体的教育教学实践、科研、德育、团队活动、体艺特色、学科特色活动、课程建设等方面，以送教上门、专家引领、课程评价、课堂诊断、跟岗挂职、专题研修等方式，多层次全方位进行两地学校交流，把教育帮扶工作引向深入；帮扶的结果则聚焦“强化转向，提升能力，释放潜力，激发活力”。教育精准扶贫既关注了输血与造血的关系，又关注了短期与长远的关系，关注帮扶教育与教育帮扶的关系，实现了“扶贫扶志”“扶贫扶智”。

教育扶贫是“扶志+扶智”的一种有效方式。从这个意义上说，中国教育学会组建的团队是一个学习共同体、情感共同体、价值共同体，在包容、协商、担当的基础上与受助学校积极合作，发挥思想库、智囊团作用，让教育帮扶“斩断”贫困代际传递，为赫章县实现脱贫攻坚作出了贡献。

二、帮扶团队建设的具体策略

赫章模式帮扶团队建设的策略主要包括“多元”策略、“二维”策略、“四因”策略等。

（一）“多元”策略

“多元”策略是指帮扶团队成员构成的多元化。中国教育学会利用自身平台优势，充分挖掘全国优质教育资源，组建了包括教育专家、大学教授、名校长、名师在内的一批懂教育、会指导的实干专家，真正打造了一支定位准、接地气、受欢迎的专家服务队。一是成立了以民进中央社会服务部朱一多副部长领衔的管理团队，包括教育部专家、中国教育学会专家、智慧教育技术专家、赫章主要党政干部、县教育科技局领导等；二是成立了名校团队，有来自北京、山东、广东、四川、江苏、河北、河南、甘肃等地的42所名校；三是成立了专家团队，有知名高校、中小学、幼儿园的名师、名校长，教研科研机构人员、教育报社人员等近60人。

（二）“二维”策略

1. 帮扶团队成员专职化

为了真正实施嵌入式帮扶，提高教育帮扶效果，中国教育学会成立了专职帮扶团队。团队成员包括专家、学者、教师等，他们深入赫章教育一线，持续跟进帮扶工作，及时发现问题，及时给予指导。

2. 帮扶团队成员兼职化

帮扶团队成员不仅有专职人员，还有兼职人员，多为对口学校领导和老师。他们定期到被帮扶地区送教送研，将先进的教育教学理念和教学方式传授给赫章教师，促进赫章教师的专业成长。

帮扶团队成员采用专兼职相结合的方式，既考虑到帮扶的持续性和跟进性，又考虑到专家团队的工作实际。无论是专职还是兼职，专家都按照帮扶方案的设计和要求，及时跟进，高位引领。

（三）“四因”策略

1. 因须送教

“须”是“必须”“不得不”之意，是刚性要求，主要解决受助教师“道”的问题。“道”是方向，是目标，也是出发点。“道”的问题解决得好，可以帮助教师树立正确的教育理念、科学的教育原则、明确的教育目标，他们的教育行为将不会偏离我们追求的教育理想。

2. 因需送教

“需”是需求、需要的意思，主要解决受助教师“术”（技术、方法等）的问题，这是教师最希望也最乐意接受的。如我们基于基础教育战略转型提出的新方向、新课程，将核心素养与跨学科学习、校本课程开发、深度学习及高阶思维培养有机结合，实现在课程中立德树人；基于受训教师或受训区域的专项培训，利用“名师好课送教”活动，在“教师＋课程＋教学”方面找到相应的点向外辐射；等等。这些都极受教师欢迎。

3. 因序送教

“序”指顺序、次序，主要解决在精准扶教过程中谁重谁轻、谁先谁后的问题。比如从2019年秋季开学起，全国范围内义务教育阶段的道德与法治、语文、历史等学科全部使用统编教材，这对教师来说是一项新挑战。我们及时调整送教内容，聚焦新、重、难问题，从理论和实践层面给予专业指导。

4. 因虚送教

“虚”指的是薄弱之意，主要解决教师真正面临的短板问题、难点问题、痛点问题、盲点问题等。一个区域、一所学校、一个教师之所以需要得到优质教育资源的助力，是因为自身存在薄弱之处，存在自己无法解决的短板。

三、帮扶团队建设的典型案例

为了做好赫章教育帮扶工作，结对学校成立了由校长、副校长、行政人员、科组长及骨干教师组成的帮扶团队，并遵照因须送教、因需送教、因序送教、因虚送教的原则，开展了形式多样、扎实有效的工作，为赫章教育早日脱贫作出了突出贡献。赫章学校得到了切实帮扶，在管理工作和教学工作上取得了重大的进展。

案例一

山海相逢，携手共进

——深圳市光明区凤凰学校与赫章县结对帮扶的探索与展望

○ 深圳市光明区凤凰学校　华建明

温暖的气候是深圳的名片，四季分明是赫章的特点，一个是南海之滨，一个是黔中腹地，这两个本没有交集的城市，如今因为结对帮扶，紧密联系，携手同行。在此与大家分享我们参与赫章教育帮扶过程中的探索与展望。

一场跨越山海的相遇

山的那边，需要帮助。

海的这边，伸出援手。

一场跨越山海的相遇，让凤凰学校与赫章结下了不可分割的情谊。

我所在的凤凰学校，是一所既老又新的学校。说老，是因为它成立于1974年，享誉全国，是全国青少年校园足球特色学校、全国青少年校园网球特色学校、全国生态文明教育特色学校、广东省书香校园、广东省儿童诗歌研究所诗教基地、深圳市最佳体育发展学校、深圳市年度家校共育典范学校；说新，是因为学校之前拆除重建为九年一贯制学校，2019年9月才投入使用。

学校改扩建开学仅仅2个月之后，我们就在中国教育学会的引领下，根据《中央统战部2019年定点扶贫工作计划》《中国教育学会与赫章县人民政府教育帮扶项目合作框架协议》等相关文件精神，与赫章四中、水塘堡乡中心小学、水塘堡乡田坝小学三所学校，结成友好学校，并积极开展活动、广泛交流，助力赫章教育决胜脱贫攻坚。

2019年11月，凤凰学校先后派出校长、两名副校长、多名行政人员、科组长及骨干教师到赫章开展同课异构与交流活动。

2019年12月，赫章教育科技局局长及三所结对学校教师一行11人来到凤凰学校交流。

2019年12月17日，中国教育学会时俊卿教授来凤凰学校调研指导，为凤凰学校与赫章三所友好结对校授牌。

2020年10月8日至11日，为进一步发挥深圳优质教育资源的辐射带动和示范引领作用，我带领7名优秀教师前往结对的三所学校开展交流活动。

一年多来，我感触颇深。虽然赫章当地的条件很艰苦，教师们却仍葆有不忘初心的教育热情和满满的责任感、使命感。我望着当地孩子们渴望学习的眼神，更加坚定了自己参与教育帮扶的决心。

我们多次派出最优秀的教师到赫章的三所学校给孩子们授课，就是想把最优质的教育资源送给山区的孩子们，使他们感受到来自粤港澳大湾区的重要引擎——深圳市——光明区的教育理念、教育初衷和教育情怀。

一个科组“互联网+”的教研探索

2020年，一场始料未及的新冠肺炎疫情席卷了中华大地。山的那边赫章孩子们的学习，更是牵挂在海的这边的深圳凤凰人的心头。

不能赶赴赫章，凤凰学校七年级数学备课组带头进行“互联网+”的教研探索，与赫章四中数学科组开展线上集体备课。黄骏老师和许章杰老师先后展示了前置微课教学模式、计算提分技巧、小组包干循环、“每日一练”、“计算突击队”等教学方法，根据学情科学地整合加工课程内容，贯穿数学思想文化，让孩子们真正接触数学，感知数学。通过线上集体备课，凤凰学校陆续为结对学校提供录制好的微课视频，并多次交流教学实践落实中的难题，引凤凰之声入赫章课堂，让凤凰之花绽放于赫章。赫章四中的一位数学老师后来激动地对我说，多次线上集体教研拓宽了自己的教育视野，重新点燃了自己的教学激情，让自己的工作状态也得到了很大的改善。

在新时代教育发展的大背景下，教育信息化为创新帮扶模式提供了可实施路径。凤凰学校探索走出一条线上线下共研共进的帮扶之路。学校在线下交流之外，积极推进各科组线上集体教研，优势科目先行，其他年级和科目伞状辐射；与赫章结对学校线上共享教育资源，所有的研讨课、教研活动同步在线上向赫章结对学校开放；多次邀请国内知名教育专家举办讲座，并同步在线上向赫章结对学校开放；组织学科骨干教师和班主任线上做讲座；两地四校远程开展文学、艺术等各类竞赛活动；赠送书籍，开展两地教师共读一本书线上读书分享活动……

一句深铭内心的承诺

“是的，我答应你们，一定还会再回来的!”

这是当时凤凰学校党支部副书记、校长助理王珍老师对赫章四中孩子们许下的诺言。

为了兑现这句承诺，为了上出一节让赫章孩子们留恋、对赫章同行有所启发的化学课，她一直穿梭于办公室、教室与实验室之间。

她深入分析学情，并与赫章四中的化学老师多次沟通，了解学生的认知经验及知识掌握情况。她白天精心准备，晚上与赫章四中的宋老师对教学内容及实验设计进行深入探讨，有时一聊就到深夜。她想尽办法在实验室制作实验教具，从网上购买白磁板等实验用品。出发前，她打包了整整两大箱行李。

整堂课下来，孩子们都沉浸在实验探究的奇妙世界里。下课铃响了，孩子们丝毫没有结束的意思，她对孩子们说："这些实验用品都是送给你们的，希望大家带回去可以认真研究，爱上实验，爱上化学。"一个女生挤到讲台前小声地问道："老师，这些实验用品真的送给我们了吗？""当然，我特地为你们带来的。""谢谢老师！谢谢老师！"女生一路欢呼雀跃，又频频回头望向她，直到走到教室外的走廊还隔着窗户朝她挥手。

她想：孩子们，我还会再来的。从此，你们是我一生的牵挂。

这是我对你们的承诺！

一群坚毅不悔的教育人

凤凰学校有一群葆有教育情怀的凤凰人，他们为赫章的教育，为赫章孩子的学习全情投入，甘愿付出。

徐佳昌老师在结束光明区的原创音乐演出后，深夜拖着疲惫的身子赶飞机，不远千里来到毕节，在低温大雾中又坐了3个多小时的汽车绕了一百多里山路，终于在清晨抵达赫章。她想，她说什么也要克服一切困难，笑容满面、激情满满地为孩子们送上特别的一课。

两地数学教材版本不一致。为了激发学生对数学的热爱，高叶萍老师提前半个月就开始自制数学教具。她说，赫章之行让她坚定了自己的想法：教育要回归单纯与纯粹。

赫章的学生在小学时几乎没有学过英语，为了确保课堂效果，李瑞梅老师提前多次和当地老师联系，了解学情，搜集师生照片和案例作为写作素材，一整个国庆假期都留在办公室反复修改教学设计。上完课后，赫章的孩子们纷纷围上来："老师，您的发音好准，我也想和您一样！""老师，您能在赫章多待几天吗？我们还想听您上课！”

李小恒老师激发学生的想象，带领凤凰学校的孩子们描绘春天，把深圳的春天变成美丽的信封和问候；带领赫章的孩子们感受秋天，把赫章秋天的落叶做成书签，促进两地孩子们结下跨越山海的友谊。

还有，黄俊威老师带领学生在体育课上体验“玩中学、学中练”的教育理念；邹丽芳老师在英语课上展示深圳学生拍摄的新奇有趣的动物手影魔术视频；曾嵘稜老师用曾获得过深圳朗诵比赛特等奖的声音带领学生领略朗诵的魅力；何运敏老师至今还记得上完语文课以后连续说了三次“本节课到此结束，孩子们再见”，赫章的学生都站立起来，却一直没有一个人愿意离开课堂……

每一次携手，都是两地教育理念的碰撞，都是一次教育情怀的欢歌，都是一场对生命的洗礼。

一些携手共进的思考

一个人走得很快，一群人走得很远。

凤凰学校作为深圳市光明区门户区域品牌学校，在中国教育学会的引领下，一直坚持对赫章结对学校的帮扶，创建教学共同体，创新帮扶模式，与时俱进，携手共进。

一是打造矩阵式全方位教育帮扶。根据结对学校的个性化需求，从学校教育理念、管理方式到具体的教育教学实践，从教学、科研、德育、团队活动、体艺特色活动、学科特色活动、课程建设等方面，以送教上门、专家引领、课程评价、课堂诊断、跟岗挂职、专题研修等方式，多层次全方位进行两地四校交流，把教育帮扶工作引向深入。

二是积极开展基于“互联网 +”的多形式、多渠道、有特色、有成效的帮扶活动。以教育信息化为抓手，把握“5G+ 人工智能”发展的重要机遇期，创新线上线下混合式智慧教学和教研的异地帮扶实践路径及应用模式，实现优质教育资源共建共享，扩大优质教育资源受益面。

三是有针对性地开展帮扶工作，做深、做实、做细、做透。各部门、各学科的年轻老师一对一师徒结对，线上线下有针对性地结对互动，整合集约资源，精准帮扶。

习近平总书记指出，全国广大教师用爱心和智慧阻断贫困代际传递，点亮万千乡村孩子的人生梦想，展现了当代人民教师的高尚师德和责任担当。凤凰学校将充分发挥自身的办学特色，充分发挥所处改革开放最前沿的地域优势，全面加强与赫章三所结对学校的交流合作，努力做到共谋发展，相得益彰，相互促进，帮助贫困山区的孩子们实现人生梦想，让每一个孩子都能享受到国家改革开放的成果，一起努力续写更多“春天的故事”！

㊣案例二

党建引领下的“行知教育”办学之路

○ 赫章县平山镇初级中学　李　义

2019年11月9日，一个特别的日子，在中央统战部、中国教育学会牵线搭桥下，成都石室锦城外国语学校与我校友好结对，在时任中央统战部挂职赫章县委常委、副县长王华同志和时俊卿教授的见证下，两校在成都石室锦城外国语学校会议室举行了结对签约仪式。从此，两校结为联盟，共同发展。通过相互走访、线上线下交流，我校快速定位，以学生为中心，培植学生的生活力、学习力、创造力、自治力，逐步形成了党建引领下的“行知教育”办学之路。

创新党务、政务、业务三者融合发展思路，推行“八个一”党建工作法

一、融合一套班子。实行党支部书记、校长一肩挑，党支委委员和学校中层以上干部交叉任职，党小组与年级组、教研组、学科工作室相结合。

二、践行一种思想。坚持习近平新时代中国特色社会主义思想统揽全局，践行陶行知人民教育家“爱满天下”“教学做合一”教育思想，发挥“小先生制”在课堂教学中的作用，知行合一，立德树人。

三、完善一套制度。创新“三会一课”制度，实行每周一上午“支委会＋行政会”和下午“党员大会＋教职工会”会议制度，坚持每周三“党小组会＋业务学习”学习制度，坚持上好一月一次的微党课、微团课、微队课，一周一次微教学的“四微课堂”。

四、打造一支团队。打造专业素质过硬的教师队伍，组建党建引领下的“1+1+X”模式教师发展共同体，每个共同体设置一名党建思想引领人，一名骨干教师（师父）和若干名教师，推动各学科教师发展共同体有序地开展研课、上课、评课、读书沙龙、主题研讨、课题研究等活动。

五、建好一块阵地。按照“六有”标准，布置了固定的党员、团员、少先队员活动室，建设了书记、校长的乡村名师工作室和劳模创新工作室，探究党建文化与校园文化深度融合之路，建设党建园、团建园、行知园、先锋课堂平台等，提升学生的生活力、自治力、创造力。

六、研究一项课题。学校坚持课题强校，提高党员教师科研水平。书记、校长带领全体党员、骨干教师研究学校重大课题“党建引领学校内涵发展的实践与研究”，提升学校办学水平。

七、树立一批标杆。为了充分发挥党员教师的引领示范作用，展示

党员教师风采，努力提高教师课堂教学水平，由党支委统一部署，书记、校长工作室牵头，不定期开展党员教师、骨干教师示范课。

八、做好一片服务。学校党支部发挥党建带团建带队建的功能，组建七支志愿服务队，助力脱贫攻坚，在校内为师生服务，在校外为社区服务，利用假期、周末深入社区开展公共事务、助孤扶弱、青少年成长引领、社会应急等服务。

创新党建“1+1+X”带动模式，提高教师政治觉悟水平

我校各年级设语文、数学、英语、理综、体艺5个重点学科组，每个学科组指派1名党建思想引领人（党员教师）、1名骨干教师和多名普通教师，形成“党员教师＋骨干教师＋普通教师”的教学格局。通过党员教师引领，骨干教师示范带动，给普通教师提要求、压担子、搭平台，结合评课、读书沙龙、学陶践陶相关主题研讨等活动的开展，逐步提高教师整体能力水平。我校采取党建“1+1+X”带动模式，大力传播党的正能量和好声音，进一步引导非党员教师积极向党靠拢。近三年，我校共发展了5名党员和6名入党积极分子。

采取“党员+N”模式，通过“送出去＋请进来”方式提高教师水平。由中国教育学会牵线，学校组织教职工到广州市番禺区市桥东风中学、成都石室锦城外国语学校和张家港市港口学校等名校学习，积极邀请省、市、县相关名师到学校开展学术交流活动。为及时解决教学过程中遇到的难题，建立了党支部书记、校长李义省级乡村名师工作室和劳模创新工作室，不定期组织党员教师、学科带头人和部分师生开展学术研讨。对一些复杂的新、难知识点，运用“互联网+”，依托“名师答题”网络平台帮助解答。党支部还成立了考核工作专班，采取积分考核措施，每月对教师特别是党员教师的德、能、勤、绩、廉进行综合考核评分，考核

结果直接与绩效工资挂钩。

探究党建文化与校园文化深度融合，彰显学校文化特色

近年来，我校以一种全新的视角认识党建工作在校园文化建设中的作用，探究党建文化与校园文化的深度融合，用党建文化增强党组织的凝聚力，推行“党政融合化、党训课程化、党课校本化、志愿服务常态化”的“四化”党建。

我校搭建了“以党建引领学校内涵发展”为核心的校园文化框架，以“党建促内涵”为教育载体，以学生成长需要为宗旨，开辟了党建园、团建园、行知园等红色文化阵地，建设有山水文化长廊、书香文化长廊、儒家文化长廊、安全文化长廊、体育文化长廊、室外行知书亭、行知书屋，设立“行知教育”校报校刊编辑部，全方位宣传党史知识、团史知识、国学知识、行知思想、先锋事迹等。每一个角落都渗透党的元素，体现了师生能在橱窗学党史、墙壁传党音、花园感党恩、红船忆初心，党魂引领师生铸就具有学校特色的党建文化。

研揣教育思想引领，提升课堂执行力和学习力

2019年12月，在成都石室锦城外国语学校校长李胜的指导下，陶行知“教学做合一”教育思想和“小先生制”在我校落地生根，全力打造“行知教育”，推行“一案五导”行知课堂教学模式和学生“三习五步”学习法。“一案五导”行知课堂教学模式即“预学（看、练、读）—合学（师生合作）—当堂检测（练）—反思（看、练、读）—讲习”的导学案，意在践行“教师的责任不在教，而在于教会学生学”。“一案五导”行知课堂模式不仅是一种课堂教学模式，更是一种教学理念，旨在改变传统的教学方式，提高学生学习能力，从而达到课堂教学高效的目的。“三习”是

指自主学习、合作学习、探究学习，“五步”是指通过预习、探究、检测、讲习、反思五个学习流程来实现学习目标、完成学习任务、获取知识信息。教师追求更优质的教学，发挥“小先生制”在课堂教学中的作用，培养学生自主学习和管理的能力，开展红色文化主题教育活动，形成了“品水立德，润泽生命”学校德育课程模式，凸显学校办学特色，不断扩大党建特色文化的辐射影响力。

近两年，在中国教育学会和赫章县教育科技局指导下，在成都石室锦城外国语学校、广州市番禺区市桥东风中学帮扶下，我校创新管理，强抓育人质量提升，各项工作得以顺利开展并取得优异成绩，获得2020年全省党支部标准化规范化建设示范点、全市2020年度优秀党支部、全省安全文明校园、全市文明校园、全市“四在学校幸福校园”示范校等荣誉称号，师生参加县级以上各种活动比赛均取得一、二、三等奖若干。目前学校确立了赫章县初中阶段教育领跑者的地位，正向全市初中教育第一方阵挺进。

第九节　帮扶模式创新策略

教育帮扶要着眼贫困地区教育水平的未来提升、教学水平的持续进步和学生的长远发展，以教育的力量改变当地社会、学校及个人的贫困现状，将帮扶的方法最终转化成帮扶对象可以自行掌控的路径，保证校际精准帮扶提供可持续的长久之“渔”，而非仅止于眼前之“鱼”。教育帮扶必须因地制宜、因时制宜，不断探索创新帮扶模式，追求实效，遵循教育规律，凸显育人价值，真正让人站立在教育帮扶的中央，发挥好教育扶贫的造血功能。

一、帮扶模式创新策略概述

中国教育学会围绕着精准扶贫与教育扶贫的关系、教育扶贫的价值、教育扶贫不同参与主体的职责、教育扶贫的模式等内容开展了大量研究，并在赫章县开展了创新性教育帮扶。

（一）从“输血式”向“造血式”转变

赫章教育帮扶充分尊重主体，激发主体活力和主动性，鼓励其迸发自主变革的内生力量，并持续跟进赫章教育帮扶。

1. 激发自主变革的内生力量

如何让扶贫客体在教育扶贫的主客体互动过程中真正成为积极的参与者乃至主导者，这是一个亟待解决的问题。赫章教育帮扶践行助人自助的扶贫理念，注重引导扶贫客体由“要我学，要我做”转变为“我要学，我要做”，培养扶贫客体的贫困抗逆力、危机复原力、抱团取暖能力及营销能力等多维能力。

2. 回归教育发展的本原

在赫章教育帮扶期间，突发的新冠肺炎疫情在威胁人类身体健康的同时极大冲击了各国经济社会秩序，同样也对赫章教育帮扶活动造成了很大影响，帮扶活动甚至一度停摆。当赫章教育帮扶专家组电话联系赫章的几位校长时，校长的回答相当雷同，不但学校停课，而且师生全部“赋闲”在家。赫章帮扶专家组立即商议，提出“停课不停学”的线上教学模式，改变了教师的教、学生的学、学校的管及教育的形态，在线教学实践范围之广、规模之大、程度之深，令人惊叹。“互联网 +”“智能 +”成为未来教育推进质量革命和教育资源共享的重要范式与方向，教育扶贫行动也必将迎来新变革。“互联网 +”“智能 +”的线上教学方式不仅可以满足赫章个性教育需求，也可以保证赫章教育帮扶的持续推进。

（二）从“统一式”向“精准式”转变

精准扶贫是打赢脱贫攻坚战的制胜法宝。赫章教育帮扶专家组提出从过去“统一式”向“精准式”转变。

赫章教育帮扶专家组在对赫章县域进行实地调研后提出，赫章虽然是国家级深度贫困县，但县域内不同地方的资源与实际需求的差别很大，根据赫章山区地形复杂、学校分散的特点，不能片面采取统一的帮扶方式。

专家组经过反复研究，结合赫章现在三个级别学校的划分，制定不同的教育帮扶策略，依靠赫章政府，由此对接赫章教育科技局、教研室、统战部、学校等多元主体进行“一对一”帮扶，创新精准式教育帮扶的体制机制、方式路径，对精准教育帮扶成效进行评鉴，及时总结经验与做法，形成可推广、可复制的“精准式”教育扶贫模式。教育事关培养全面建成小康社会、实现社会主义现代化建设人才的重任，在“两个一百年”的交汇期，赫章教育帮扶拿出经验，在教育帮扶的新内涵、价值取向与目标导向、新路径与新模式等领域采用创新的策略，及时回应了新时代教育帮扶的理论与现实需求。

（三）从“高投低产”到“低投高产”

中国教育学会在赫章教育帮扶中投入的人力资源、经费资源几乎都是以自愿加盟的形式参与的，没有额外向国家申请专项基金，在赫章教育界产生“高效且低负担”的帮扶效果，也在以中国教育学会为核心的帮扶队伍中呈现出“低投入高产出”的效果。

1. 突破形式主义的表面帮扶

赫章教育帮扶自觉规避精准扶贫异化为“精准填表”，即处处留痕、材料论英雄、典型速成等形式主义作风。加强学习，提高教育帮扶的效能，落实以学生、教师为中心的服务理念。

2. 教育帮扶更重实效

（1）专家下沉，突出一个“帮”字

落实专家分担制，建立“一校一档、一长一帮”帮扶机制，专家做到“四清三实”（即学校状况清、校长能力清、教师队伍清、教育教学水平清，帮扶措施实、过程记录实、帮扶成效实）。

（2）压实责任，突出一个“督”字

中国教育学会指定课改实验部专门负责赫章教育帮扶，课改实验部派时俊卿研究员专门负责全面联络，建立和完善赫章教育帮扶督学制度，调整充实教育督导队伍，落实赫章县域中小学、幼儿园督导全覆盖。定期深入赫章督导帮扶效果，及时发现问题、指导工作，使精准教育帮扶与学校的日常教学工作双推进、双提高。

（四）从“低起点低品质”到“高起点高品质”

中国教育学会赫章教育帮扶按照“高一格、快一步、深一层”的标准，促进赫章教育快速发展。以赫章教育精准扶贫工作为主要思路，做好基础工作，重视过程建设，抓住关键问题，探索高起点、高品质的教育精准扶贫模式，以学生学业和发展提升为核心，利用线上线下多渠道让优质教育资源直接、具体、快捷地服务于师生最迫切的需求和提高精准扶贫对象的获得感与满意度。赫章教育帮扶的智慧介入主要以解决赫章当前及未来教育重大问题为导向，提升教育质量，尤其是重视对赫章教育改革的基础性支撑，如校长的管理水平、教师的专业水平、跟上时代发展步伐的教育教学理念等，寻找和发现影响赫章教育质量的缺陷与短板，形成教育质量常模和预警模型，构建教育质量提升的优化闭环。

1. 重视教育帮扶的前端环节

赫章教育帮扶立足实际，关注本区域基础教育的稳定有序发展。扶教育之贫，从教育的软件方面发力，向学校管理要效益，向课堂教学要质量，向教研要品质，打造人才队伍。优化教育管理体制，从粗放式管理转向精细化、内涵化管理，提高校长的领导能力，摸索适应赫章教育的有效管理方式，盘活资源，合理配置资源，提高资源的使用率。加强教师队伍建设，不断充实教师队伍，并通过发达地区教育志愿者驰援赫章。配齐配足教研员，切实做好赫章县级教研活动，指导学校开展校本教研，给予教师最大限度的专业智力支持。

2. 保持教育帮扶后端固脱防返

中国教育学会根据对教育事业系统性特征的把握，构建可持续发展教育帮扶的整体系统，使赫章教育帮扶成效最大化。赫章教育帮扶整体系统就是从单向度的制度设计走向协同治理制度安排。坚持系统性思维设计赫章教育帮扶方案，建立政策方案之间“上下联动”“左右沟通”的逻辑关系，减少甚至消除县域内教育帮扶步调不一致带来的摩擦、损耗，使教育帮扶的相关因素之间形成合力。

赫章教育帮扶整体系统在以政府为主导和主体责任人的同时，增加教育帮扶的开放性与可进入性，形成以中国教育学会为主导，各级学校、企事业单位、社会组织团体等多主体参与的共同体格局。中国教育学会在赫章教育帮扶中承担重要的责任。通过政策倾斜，完善学校、企事业单位、社会组织团体联合帮扶的机制，从单纯教育帮扶转向智力帮扶、精神帮扶、文化帮扶，边帮扶边巩固教育帮扶成效，有效防止返贫。

二、帮扶模式创新的具体策略

赫章模式创新的具体策略，包括专家培训、跟岗研训、同课异构、网络研修、特色活动等。

（一）专家培训

专家培训对于提升教师理念至关重要。专家培训的内容主要有以下三个方面。

1. 学校办学理念与管理方式

校长的办学理念和管理方式对一所学校的发展起着决定性作用。一些薄弱学校的领导管理理念滞后，存在为管理而管理的现象，为了把每个教师都束缚住而制定种种规章制度，缺乏人性化。一些薄弱学校的领导抱着“学校发展不具备相应条件，谁也改变不了”“好学校把好学生、优质师资都挖走了，我们不可能发展好”“我们不受重视，没办法”等观念，缺乏锐意改革的进取心。因此，优秀学校校长围绕办学理念、校园文化建设、管理制度建设等方面的经验分享，对受助学校有非常重要的启迪意义。

2. 教育教学热点问题

如何培育核心素养、如何建立学校课程体系、如何将教学与科研工作结合、如何推进课堂教学改革等，每一个问题都对应着学校的具体工作。针对这些问题，从理念的指导到工作具体开展方式的指导，都对教师教育理念的更新与日常工作有着非常重要的指导意义。

3. 课堂教学策略

在赫章教育帮扶过程中，有一种学科教学策略培训方式被多次验证非常有实效，即课例展示与专题讲座相结合。在确认一个培训主题后，要围绕这个主题设计两到三节研究展示课，让教师先在课堂教学过程中观察和体验相应的教学策略，然后带着已有经验与思考再去倾听专题讲座，系统地了解教学策略的实施方式，最后进行研讨交流，乃至安排由受助学校教师执教的研究展示课。从观摩他人课程，到理解领会，再到自己实践创新，这种培训模式已经形成一条符合认知规律的完整的学习链条。这一类型的专题讲座通常由一线骨干教师来示范和讲授。

（二）跟岗研训

跟岗研训强调扎根真实的教育现场，沉浸式参与跟岗学校的日常教育工作，体验学校独特的资源、环境、校园文化及管理理念，发掘学校管理者在实际工作中展现的教育智慧与管理智慧。跟岗研训是一种体验式学习策略，它以任何可用感官作为媒介，用全部的心智去感受、关注、欣赏、评价某一事件、人物、环境、思想等。体验式学习像生活中其他任何一种体验一样，是内在的，是基于个体认知图式而形成的学习过程，是个人通过一定的知识、技能和方法等方面的参与而获得的形体、情绪、情感、知识上的体验。体验式学习是知情合一的学习，在体验式学习中，学习者有所感受，并对此留下难忘的印象。

跟岗研训体现的是一种学徒制的学习方式，这种建构主义的学徒制强调学习者的反思性学习。学习者经由自我觉察、自我矫正、自我监控、自我追问的学习过程，发展出新的知识、态度、行为和技能，以适应新的社会脉络情境之需求。

跟岗学习切忌“到此一游”，要扎根真实的教育现场，通过看、听、问、议、思等活动，挖掘跟岗学校隐含的文化氛围和管理模式，发现管理者身上尚未直接或完善表达、体现的教育思想和教学行为，用以改善自身工作实践。跟岗培训要做到摸清需求，精选学校；要全面跟岗，重点突破；要双向探讨，互助发展；要实践反思，提升发展。

（三）同课异构

同课异构，顾名思义，同课是指相同的教学内容，异构是指不同的教学设计。同课异构就是选用同一教学内容，根据学生的实际、现有的教学条件和教师自身的特点，进行不同的教学设计。它是不同教师面对同一教学内容，立足于各自的教学风格，遵循教学的科学规律，广泛占有各种资源，进行各种教学构想并将构想予以优化后付诸实践，从而发现问题，解决问题，最终优化课堂教学的一种教学活动。异构主要体现在教学目标、教学内容、教学环节的不同。这三者共同构筑了同课异构的另一本质，即同课异构是以具有同一性的教学内容为载体，展现不同教师的教学方式、文本理解方式和学生学习方式，促进教师实践知识养成的学习活动。

同课异构是一种广泛应用的有效方式，被认为是集名师引领、同伴互助、自主学习于一体，提升教师专业水平的重要途径。在帮扶过程中，同课异构的组织过程要注意以下几点：

1. 同课异构的主体是帮扶两端的两位教师，但每位教师的背后是一个团队

同课异构可以与集体备课相结合，让更多的教师参与备课磨课的过程，汇聚集体的力量，共同研讨，出谋划策，使备课的过程就是一个团队学习的过程，增强学校的教研氛围，打造研究型团队。同时整个团队都参与教学设计的过程，都可以从异构的对比中获得成长。

2. 同课异构要注重课后的评课与反思

备课、磨课、上课是同课异构的重要环节，但不是全部环节，上课之后的评课与反思尤为重要，起到总结与提升的作用。上课结束后，先给所有教师反思的时间，然后召开研讨会。与会人员包括双方备课团队的所有教师，如果能有教研员或者学科专家参与，效果更好。研讨会上请所有教师针对两节课的优缺点畅所欲言，并提出改进的意见。在反思与辩论的过程中，教师的思路逐渐清晰，设计逐渐完善，方法更加科学，个人的感性认识上升为理性认识，个人的点滴认识汇聚成系统认识。这样的过程不仅是受助学校教师成长的过程，还是结对学校双向互补、共同成长的过程。

（四）网络研修

互联网技术具有多样化的交互技术手段，使得基于网络的研修形式多样，且不只是单向的传输，讨论式、答疑式、情境模拟式等互动性培

训方式能充分调动起教师的学习兴趣和参与热情。

1. 远程视频会议系统使两地教师可以定期进行集体备课、集体教研

清晰的音频、视频传输和实时的文档、视频共享，消融了时空的距离。两地的教学团队在虚拟网络中融合为新的学习共同体，伴随着教学进度，每个单元都可以在骨干教师、教研组长、备课组长的引领下进行头脑风暴、集思广益、交流研讨，打磨出一节节优质课。

2. 课堂互动直播系统可以实现在线听课、评课，使网络研修形成完整的链条

在集体备课之后，课堂互动直播可以使两地共上一节课，有利于一些师资力量薄弱的学科发展，比如偏远山区教师短缺的英语学科，以及非专业教师兼课的美术、音乐等学科。这样同步的课堂互动直播既让偏远山区的学生享受到教育发达地区的优质课程资源，也让当地教师在观摩体验中得到成长。

3. 网络研修平台的大数据技术使得学习更加个性化，反馈更有针对性

不同区域、不同学校、不同专业背景、不同发展阶段的教师，具有多样性和个性化的培养需求。只有满足教师的个性化培养需求，才能激发教师的参培动力，提高学习自主性，实现专业水平的提升。网络环境下，教师可以自主选择需要的学习资源。同时，网络研修平台可以清晰地记录教师浏览了哪种类型的专题文章、观看了哪些教学课例、学习了多少时长并通过数据和信息分析，精准判断教师的个性化学习需求，根据学习者的学习偏好进行推送，根据学习轨迹进行奖惩激励。此外，使用网络研修平台也便于收集教师对学习资源的评价，从而根据培训效果评价做出调整，使培训设计更符合教师的需求。

4. 互联网的社交特性使得学习共同体更有凝聚力

帮扶学校与受助学校通过微信、钉钉等工具进行信息沟通，可以随时获得工作上的帮助和精神上的慰藉，拉近了彼此的距离。通过群组可以进行共读一本书活动，互相监督阅读打卡，随时交流阅读心得。学习共同体的活动越丰富多彩，就越有吸引力。

教育帮扶的理想状态是建立一个持续陪伴的学习共同体，互联网的技术特性使得网络研修共同体的建立成为可能。

（五）特色活动

教育帮扶的过程是学校与学校之间文化、理念、情感交融的过程，这个过程不只在于教学理念、教学技能、科研方法的传递，还在于理想信念、精神品质、人文情怀的双向点亮。特色活动内容丰富，形式多样，通过对话式、互动式、参与式、情境式的活动互相影响，进而发生改变和升华。

教育帮扶的过程参与者不只限于教师，点亮教师的目的是点亮教师背后的一群孩子；如果让孩子直接参与教育帮扶活动，点亮一群孩子，就可以点亮美好的未来。结合学校特色，创造性地组织校际学生的手拉手活动，可以在孩子之间架起连接的桥梁，互相影响、互相帮助、互相促进。

三、帮扶模式创新的典型案例

创新教育帮扶模式，推动当地教师转变教学观念，带动学生融入学习环境，是非常重要的一环。

案例一

转变观念，激发学生的学习兴趣

○ 赫章县兴发乡中心小学　何先凤

2020年10月10日是一个很特别的日子。这一天，农科院附小的7位老师在刘芳校长的带领下，再次来到我校开展教育帮扶工作。在这次教育帮扶工作中，农科院附小的老师们不辞辛劳，给我们带来了非常精彩的课，并举行了座谈研讨，分享了先进的教学理念。

我有幸听了牛春晓老师上的《空气能占据空间吗》，这堂课给我留下了深刻的印象，也给了我深深的启发。牛老师在上这堂课之前，准备得非常充分，她特意向学校的老师了解了我们三（4）班有多少名学生，并按5名学生为一组，为每一组都准备了实验器材。在教学过程中，牛老师耐心地启发学生，一边给学生讲解课本中的内容，一边给学生演示实验操作过程，一下子就把学生的学习兴趣提了起来。在实验一中，牛老师用橡皮泥堵住一个瓶口，用一根吸管从橡皮泥处插进去，让学生先猜猜还能往里面吹几口气。接着她就让一个学生上台来试吹了一下，该学生感觉很费力。其他学生看到有学生参与了，自己也非常想参与其中，就举起手对老师说："老师让我试一下。"这时牛老师感觉到学生的学习兴趣很浓了，就对学生说："接下来的这个实验活动，我让每个人都参加进来，好不好？"接着牛老师就说了实验二的人员分工和实验操作过程，并演示了一遍实验操作过程。学生都很疑惑：为什么矿泉水瓶中的贴纸放到有水的烧杯中不会湿呢？这是怎么回事？他们也想自己试一试。在牛老师的指导下，学生都动起手来做了这个实验，贴纸真的没有湿，于是提出了疑问：为什么实验一往瓶里吹气很费劲？为什么实验二矿泉水瓶中的贴纸不会湿？牛老师给出答案，这是因为空气占据了瓶子的空间。接下来学生就很顺利地完成了剩下的学习任务和实验操作。

在这堂课中，学生的学习自主性很强，都能积极参与活动。那为什么这堂课能达到这么好的效果呢？我们平时的科学课又是怎样上的呢？在我的印象里，对于家长和学生来说，科学课是一门副科课，他们认为在小学阶段，只要学好语文和数学就行了。这导致学生上课几乎不爱听课，也不认真思考。久而久之，一些老师上课也不那么热情了，每堂课上就把该讲的内容照本宣科讲完，也很少带学生到实验室去做实验。时间一长，学生就更加不感兴趣了，这门功课就成了一门名副其实的副科课了。但在听了牛老师上的这堂课之后，我受到了很大的启发。我思考：同样是我带的学生，在我的科学课上，他们总是死气沉沉的，被动地完成学习任务；而在牛老师的课上，他们积极、主动、快乐地学习。我认为我们要从根本上转变观念，激发学生学习科学的兴趣，从而培养学生的自主学习能力。

首先，老师要从意识上转变，不能同家长和学生一样，把科学课视为副科课，每堂课只是机械地完成教学任务，而没有考虑到学生是否感兴趣和学到了多少。

其次，老师要从行动上转变。我认为可以从以下两个方面进行。一方面，我们小学的科学老师几乎都不是专业的科学老师，在专业知识方面存在一定的欠缺，我们要本着对自己和学生负责的态度，行动起来，不断加强自身的科学业务学习，在课堂上做到有的放矢。另一方面，老师不能懒惰，不能有混日子的思想，我们必须在课前备好课，把上课和实验要用到的器材准备好，在课上才能做到游刃有余，才能提高学生的学习兴趣，培养他们的自主学习能力。

最后，老师要树立现代教师观，搭建师生互动的舞台，要做到关注学生的全面发展，尊重他们的人格，包容他们的缺点，努力使每一名学生都能做到“天生我材必有用”。只有这样才能提高学生的学习兴趣，才能不断提高他们自学的能力。

本学期，我继续担任三年级和一年级的科学老师，自从听了牛老师的课后，我在每次上课之前都进行了精心的备课，尽量准备实验所需要的器材，在课堂上尽量让大多数的学生参与实验活动。我发现学生学习科学课的兴趣比以前浓厚了，学习的积极性也强了，自主学习能力也得到了提高。我在给学生上《盐和糖哪儿去了》的时候，学生在生活中已经知道盐和糖分别溶解到菜里和水里了，但我还是给每一组的学生都准备了实验器材，让学生亲身体验到盐和糖都溶解到水里去了，而沙子不能溶解在水里。在这个实验中，学生表现出很积极的态度，非常开心自己能用实验证明生活中的现象。在这里，我要感谢农科院附小的老师，是你们带来的丰富经验引领了我们的教学，让我们的学生能积极自主地学习。

案例二

创新音乐模块教学发掘孩子无限潜能

○ 深圳市光明区凤凰学校　徐佳昌

根据《中央统战部2019年定点扶贫工作计划》等相关文件精神，凤凰学校经中国教育学会的遴选，与赫章三所学校结成了友好学校。在中国教育学会及我校的平台的推动下，我们来到了赫章县，开展了教育帮扶活动。

经过山路辗转，我们终于到达了“古夜郎国”赫章，漫长的路途并没有影响我对送课的期待。一早，我们就来到送课的第一所学校——水塘

徐老师为孩子们的表演点赞

堡乡中心小学。教室里，孩子们坐得笔直，他们既兴奋又紧张。班主任老师说："同学们唱首歌欢迎音乐老师吧！"孩子们扯着嗓子就开始卖力地唱起来，声音震耳欲聋，缺少美感，音准、节奏等都出现了问题。看来，孩子们的歌唱状态及对音乐的理解是很弱的。我开始顺势引导起来，让孩子们先听听我的范唱，找找区别，再引导孩子们轻声演唱，并仔细聆听伴奏旋律，接着通过这节音乐课给孩子们讲解音乐基础知识。我通过模块教学的方式，激发孩子们的兴趣。

我通过以下创意模块来慢慢引导可爱的孩子们。

模块一是游戏互动。这让学生迅速与我亲近起来，放下紧张感，通过音乐旋律玩起了"开火车"游戏，不仅激发了他们的兴趣，也稳定了歌曲的节拍。

模块二是寻找好声音。通过小朋友教唱、小组接龙唱、小组代表比赛表演等方式，将孩子们演唱中产生的问题一一解决。

模块三是创意空间。在基本将歌曲唱好的基础上，加上创意空间的模块，启发孩子们的创新思维，让孩子们用好小乐器伴奏，做好肢体动作，进一步感受歌曲、表现歌曲。

课堂模块设计循序渐进，我欣喜地看到孩子们的变化。一开始他们拘谨紧张，在游戏互动模块中，渐渐地他们放松了起来，积极融入音乐游戏中。在寻找好声音模块中，孩子们理解了音准的概念，开始主动模唱旋律，愿意展示自我了。在创意空间模块，孩子们的想象力被调动，他们已经开始享受课堂，纷纷举手上台实践。这种变化让我欣喜，也让我感受到孩子们身上的无限潜能。

下午，我们又马不停蹄去了田坝小学。田坝小学虽然是一所在山间的学校，但校园环境干净整洁，校园文化特色也非常鲜明，孩子们看到我们都非常有礼貌地敬礼问好，热情大方。在田坝小学我也执教了一节音乐课《哈哩噜》。针对孩子们的学情和歌唱状态，我在课程中将涉及的音准、节奏、歌唱状态和歌曲情感体会与表达等知识点做了渗透，让孩子们在轻松有趣的音乐氛围中感受音乐，热爱歌唱。在最后的拓展环节，我将凤凰学校音乐科组的老师们编创的音乐歌曲及对赫章的师生祝福播放给在场的孩子们和老师们，用音乐将深圳和赫章的师生连接在了一起。在场的孩子们和听课老师看完后，不禁鼓起掌来。听课老师们不仅听得认真，在课后还积极评课，研讨氛围浓厚。很多老师还特别主动地和我聊天，相互分享教学中的经验，解决音乐学科教学中的困惑。一位老师说：“也许孩子们因为这次的课，心里会埋下一颗音乐的种子，让他的未来多了一种选择。”我不禁一阵感动，是啊，不管在哪里教书，我们作为教师的初心都是一样的，教好书、育好人，做好教师的本职工作，让孩子们的未来有更多可能，培养他们成为能适应未来发展、对社会有贡献的人。

在离别之际，学校的孩子们有些不舍，他们主动唱起了歌，再次对我们的到来表示欢迎，向我们挥手，大声说：“老师，下次还要再来我们学校给我们上课呀！”我心里最柔软的地方一下子被触动到了。这些好学、有韧性的孩子们，这些淳朴专注的老师们，这些执着坚守的校领导，给我带来了很多感动。教育是连接两地的纽带，教育是潜移默化的力量，此行对于我来说非常值得，我也会不忘初心，继续上好每节课，尽好教书育人的职责。不以山海为远，不忘教育初心，期待与可爱的赫章孩子们、老师们再相见。

附录一

赫章县干部对教师教育教学实际情况调查问卷

尊敬的校长、主任：

您好！

这项调查是中国教育学会为了精准支援赫章县教育发展而设置的。本问卷属于高层次客观性调查问卷，您对本县或本校教师教育教学水平的客观评价定会为本研究提供非常有价值的信息。希望您在百忙中抽出一些时间完成本问卷，感谢您的支持！

中国教育学会项目组

2019年5月9日

1. 根据您的了解，贵校教师的学识情况为（请填入估计的百分比）：

A. 知识储量丰富，触类旁通（　　）

B. 知识储量一般，但供教学使用绰绰有余（　　）

C. 知识面较窄，但熟知所教学科的知识与教参内容（　　）

D. 知识储量严重不足，在一定程度上影响了教学质量（　　）

2. 您认为教师的学历水平与教学质量：

A. 正相关（　　）

B. 有比较密切的关系，但具体情况因人而异（　　）

C. 没有密切的关系（　　）

D. 基本上没有关系（　　）

3. 全国教育大会对教师的定位是（多选）：

A. 人类灵魂的工程师（　　）

B. 立教之本、兴教之源（　　）

C. 人类文明的传承者（　　）

D. 以人为本、因材施教（　　）

4. 根据您的了解，贵校教师在进行教学设计时，除根据教材和课程标准，最重要的依据（即下列各项）的比例大致为（请填入估计的百分比）：

A. 根据自己对内容的理解和经验（　　）

B. 借鉴别人的经验（　　）

C. 根据学生已有的知识和兴趣（　　）

D. 将学生已有的知识和兴趣与学生发展核心素养联系起来（　　）

5. 您对本校教师目前的工作状态、教学能力和水平等总体情况的满意度为：

A. 非常满意（　　）

B. 满意（　　）

C. 基本满意（　　）

D. 不满意（　　）

6. 根据您的了解，贵校教师在确定每节课的教学目标时（请填入估计的百分比）：

A. 能够确切表述，并符合学生实际（　　）

B. 把握不一定很确切，但是能够按部就班地上课（　　）

C. 态度认真，但对教学目标的把握不够准确，教学质量欠佳（　　）

D. 缺乏认真思考，目标不清晰（　　）

7. 根据您的了解，贵校教师在处理教学内容时（请填入估计的百分比）：

A. 能将课程标准、教材、学生情况和教学方法统筹考虑（　　）

B. 依照教参内容和个人的经验来处理（　　）

C. 认真备课授课，但对教材缺乏深入理解，教学质量不理想（　　）

D. 过于敷衍，工作态度欠佳（　　）

8. 根据您的了解，贵校教师在实施教学时（请填入估计的百分比）：

A. 善于运用教师智慧灵活调整教学安排与方法，教学效果好（　　）

B. 基本按照自己预设的内容和安排实施教学过程，教学质量一般（　　）

C. 态度认真，但教学应变能力较差，教学质量尚可（　　）

D. 对教学流程缺乏反思，方法死板，教学质量较差（　　）

9. 贵校在课堂教学方面有统一性的要求吗？

A. 有具体的统一的要求（　　）

B. 有基本的思路框架（　　）

C. 没有统一的要求（　　）

D. 教师依照教参内容和个人的经验来处理（　　）

10. 根据您的了解，贵校教师在实施教学后对学生学习情况反馈的程度是（请填入估计的百分比）：

A. 能够及时了解和掌握（　　）

B. 注意搜集和掌握，但不够及时（　　）

C. 重视不够，偶尔了解一下（　　）

D. 基本不了解，听之任之（　　）

11. 根据您的了解，贵校教师判断一节课是否达到预定目标的依据是（请填入估计的百分比）：

A. 要讲的都讲完了（　　）

B. 讲的内容学生都听懂了（　　）

C. 充分照顾到每个学生的心理适应和成长（　　）

D. 注重将新的教育理念与教学实践结合（　　）

12. 根据您的了解，当今的学生喜欢某课程的主要原因是：

A. 教师讲授的内容精彩生动（　　）

B. 教师的人格魅力引起学生钦佩（　　）

C. 该课程内容激起学生的兴趣（　　）

D. 该课程内容利于学生终身成长（　　）

E. 其他（请具体说明）：______________________（　　）

13. 贵校校本课程开发建设的主体是：

A. 专家指导，骨干教师主持开发（　　）

B. 骨干教师自主开发（　　）

C. 骨干教师主持，教研组全体参与开发（　　）

D. 教师、家长、学生共同开发（　　）

14. 根据您的了解，贵校教师在选择教学方法方面的情况是（请填入估计的百分比）：

A. 主要是运用传统的讲授式方法教学（　　）

B. 努力使用新的教学方法，但未找到新方法与传统方法的结合点（　　）

C. 在运用新方法的同时，不断反思和总结，教学效果明显提高（　　）

D. 其他（请具体说明）：______________________（　　）

15. 根据您的了解，贵校能较准确地把握教材的教师：

A. 占全校教师的 90% 以上（　　）

B. 占全校教师的 70%—80%（　　）

C. 占全校教师的 50%—60%（　　）

D. 占全校教师的 30%—40%（　　）

16. 您认为贵校教师在备课时，除弄懂教材以外，还参考：

A. 教师自己平时看的课外资料（　　）

B. 学校发的教学参考资料（　　）

C. 其他教师提供的资料（　　）

D. 网上资料（　　）

17. 贵校主要通过什么途径评价一个教师的教学效果？

A. 其他教师看课、评课（　　）

B. 学生的测验、考试（　　）

C. 家长和学生的反映（　　）

D. 学校领导的评价（　　）

18. 根据你的了解，贵校教师接受新课程理念经历的过程为：

A. 受到冲击和震动—尝试去做—多“克隆”别人的课件（　　）

B. 以新理念为指导—在实践中探索—建构符合本学科的教学方法（　　）

C. 以新理念为指导—在实践中探索—创造符合个人教学特点的风格（　　）

D. 对新理念的运用不重视—习惯将传统的做法套上新理念（　　）

19. 您认为信息技术在教育教学实践中最突出的影响是（可以多选）：

A. 使教师备课投入的精力大大增加（　　）

B. 有利于提高教师的教学效率（　　）

C. 有利于增强学生的学习兴趣，拓展学生的知识面（　　）

D. 有利于改变学生的学习方式（　　）

E. 在一定程度上淡化了人文气氛，使课堂教学过于机械（　　）

F. 对信息技术的有效使用探索不够，教学效果并非全都理想（　　）

20. 您所在学校如何对教师的教学成效进行评价？

A. 教师日常业务和学生考试成绩（　　）

B. 以学生的学习表现为主（　　）

C. 以学生的考试成绩为主（　　）

D. 以教师的课堂教学水平为主（　　）

21. 根据您的了解，教师通常处理学生作业的方法是（请填入估计的百分比）：

A. 针对学生出现的不同问题，及时给予反馈（　　）

B. 评出作业的等级后，标出错的地方（　　）

C. 教师只批改部分作业，其余让学生自己订正（　　）

D. 将作业交给家长批改，教师只在作业本上签字（　　）

22. 根据您的了解，教师了解自己学生吗？（请填入估计的百分比）

A. 非常了解（　　）

B. 比较了解（　　）

C. 对部分学生比较了解（　　）

D. 很难了解到学生的真实想法（　　）

23. 根据您的了解，教师了解学生的最常用方法是（请填入估计的百分比）：

A. 日常观察（　　）

B. 听前任教师或家长介绍（　　）

C. 通过作业及考试情况（　　）

D. 通过与学生交流和谈心（　　）

24. 根据您的了解，教师和家长沟通的最常用方式是（请填入估计的百分比）：

A. 主动与家长联系，获得家长的配合和帮助（　　）

B. 通过接待家长的来访，如实反映学生的情况（　　）

C. 通过召开家长会相互联系（　　）

D. 通过定期家访进行交流（　　）

25. 您对目前社区、家庭和学校教育的实际关系的评价是：

A. 学校教育得到了社区、家庭的有力配合（　　）

B. 家长与社会有时也对学生产生负面影响（　　）

C. 家庭与社区对学校教育的配合目前还不尽如人意（　　）

D. 家庭与社区教育内容和形式很难与学校教育相一致（　　）

26. 贵校选择班主任时主要考虑：

A. 由主科老师担任（　　）

B. 给青年教师锻炼的机会（　　）

C. 由经验丰富的教师担任（　　）

D. 轮流担任（　　）

27. 贵校班主任工作的情况是（请填入估计的百分比）：

A. 注重班级管理、文化建设与学生发展（　　）

B. 认真完成常规管理（　　）

C. 例行公事（　　）

D. 不出事就行（　　）

28. 贵校大多数教师对自我学习、自我提高的态度是：

A. 有计划、有目的地选择个人的学习内容和方法（　　）

B. 对个人的学习和提高有信心，有韧性（　　）

C. 工作负担太重，实在没有时间和精力学习（　　）

D. 学不进去，缺乏动力和目标（　　）

29. 根据你的了解，教师反思的习惯大致表现为（请填入估计的百分比）：

A. 每天“回放”当天工作情景（　　）

B. 遇到问题尤其注重反思（　　）

C. 反思不得法，视为负担（　　）

D. 偶尔反思一下，作用不大（　　）

30. 您认为教育教学效果与目标之间的差距主要来源于：

A. 提出的目标过高（　　）

B. 学生厌学等问题影响（　　）

C. 教师付出的努力不够（　　）

D. 学校资源、设备等条件不足（　　）

E. 繁重的工作任务过多挤占了教师的时间（　　）

F. 教师自身素养不够高（　　）

31. 您认为教师开展课题研究最重要的动因是（可多选）：

A. 学校有明确的奖惩措施（　　）

B. 能提高教育教学质量（　　）

C. 有利于教师职称的评聘（　　）

D. 能拓宽教师的专业视野（　　）

32. “六个下功夫”是指（多选）：

A. 要在坚定理想信念上下功夫，教育引导学生树立共产主义远大理想和中国特色社会主义共同理想，增强学生的中国特色社会主义道路自信、理论自信、制度自信、文化自信，立志肩负起民族复兴的时代重任。（　　）

B. 要在厚植爱国主义情怀上下功夫，让爱国主义精神在学生心中牢牢扎根，教育引导学生热爱和拥护中国共产党，立志听党话、跟党走，立志扎根人民、奉献国家。（　　）

C. 要在增长知识见识上下功夫，教育引导学生珍惜学习时光，心无

旁骛求知问学，增长见识，丰富学识，沿着求真理、悟道理、明事理的方向前进。（　　）

D. 要在培养奋斗精神上下功夫，教育引导学生树立高远志向，历练敢于担当、不懈奋斗的精神，具有勇于奋斗的精神状态、乐观向上的人生态度，做到刚健有为、自强不息。（　　）

E. 要在全面加强和改进学校劳育上下功夫，坚持以劳育人、以劳化人，引导学生崇尚劳动、尊重劳动。（　　）

F. 要在加强品德修养上下功夫，教育引导学生培育和践行社会主义核心价值观，踏踏实实修好品德，成为有大爱大德大情怀的人。（　　）

G. 要在增强综合素质上下功夫，教育引导学生培养综合能力，培养创新思维。（　　）

33.“九个坚持”是指（多选）：

A. 坚持党对教育事业的全面领导（　　）

B. 坚持把立德树人作为根本任务（　　）

C. 坚持优先发展教育事业（　　）

D. 坚持社会主义办学方向（　　）

E. 坚持深化教育改革创新（　　）

F. 坚持扎根中国大地办教育（　　）

G. 坚持以人民为中心发展教育（　　）

H. 坚持为中华民族培养高精尖人才作为教育的重要使命（　　）

I. 坚持把服务中华民族伟大复兴作为教育的重要使命（　　）

J. 坚持把教师队伍建设作为基础工作（　　）

K. 坚持把教师队伍建设作为核心工作（　　）

34. 学校如何全面加强新时代教师队伍建设？（多选）

A. 加强教师专业发展理念与师德师风建设（　　）

B. 提高教师专业知识和专业能力（　　）

C. 改进教师激励与评价机制（　　）

D. 转变教师对学生的态度与行为（　　）

E. 提高教师地位和待遇（　　）

F. 其他（请具体说明）：________________（　　）

35. 未来三年，您对全面落实立德树人根本任务方面有什么建议？（多选）

A. 习近平新时代中国特色社会主义思想进课堂、进头脑（　　）

B. 加强思想政治工作体系建设（　　）

C. 强化教师育人能力培养（　　）

D. 改进学科教学的育人功能（　　）

E. 加强考试招生和评价的育人导向（　　）

F. 完善各方参与的育人机制（　　）

G. 其他（请具体说明）：________________（　　）

36. 贵校开展教育科研的主要形式是（可多选）：

A. 通过教研活动组织教师撰写案例、总结经验等（　　）

B. 通过参加各级立项的课题进行科研（　　）

C. 根据自己的教学经验和兴趣确定课题，进行科研（　　）

D. 主要是为了职称评审或完成考核才搞科研（　　）

37. 根据您的了解，贵校教师的工作业绩是否达到学校预期目标？

A. 大多数工作都圆满达到学校预期目标（　　）

B. 基本上能够达到学校预期目标（　　）

C. 部分工作达到要求，与学校预期目标尚有距离（　　）

D. 较少能够达到学校预期目标（　　）

38. 贵校促进教师专业发展的主要方式是：

A. 学校内部教师交流与研讨（　　）

B. 聘请校外专家指导（　　）

C. 参加区县开展的教研活动（　　）

D. 教师做课题研究（　　）

E. 没有特殊的措施（　　）

39. 贵校教师有读书写作的习惯吗？

A. 有，因为学校有要求（　　）

B. 偶尔能读书写作（　　）

C. 想读书写作，但没时间（　　）

D. 没有（　　）

40. 您认为能有效促进教师专业发展的方式是（请排序）：

A. 院校培训（包括跟踪）（　　）

B. 聘请专家到校开展讲座（　　）

C. 开展集体备课、听评课、赛课等活动（　　）

D. 聘请专家定期指导的校本研修（　　）

E. 鼓励教师开展课题研究（　　）

F. 网络研修（　　）

G. 其他（请具体说明）：________________________________（　　）

41. 您认为目前教师培训存在的主要问题是（最多选三项）：

A. 培训机会较少（　　）

B. 培训与工作矛盾较大，走不开（　　）

C. 培训内容与教学实际脱节（　　）

D. 培训地点远，交通不便（　　）

E. 学校没有足够的经费（　　）

F. 教师个人负担费用较高（　　）

G. 培训机构水平不高，培训效果不显著（　　）

H. 缺乏教师专业水平等级标准和相应的培训教材（　　）

I. 培训形式存在欠缺，互动太少（　　）

J. 其他（请具体说明）：________________（　　）

42. 贵校教师对参加培训的迫切期望是（最多选三项）：

A. 接受有针对性的师德教育，提高从教的使命感和责任心（　　）

B. 学习现代教育理论、先进的教学方法和手段，改进自己的教学(　　)

C. 拓宽和加深专业及相关知识（　　）

D. 适应课程改革和教材的变化（　　）

E. 系统地总结自己的教学实践，在理论和实践结合的基础上加以升华（　　）

F. 其他（请具体说明）：________________（　　）

43. 您认为要提高教师整体素质，哪一项任务最为迫切?（最多选两项）

A. 实行教师聘任制，引入工作竞争机制，提高教师积极性（　　）

B. 加强师德教育（　　）

C. 提高业务能力（　　）

D. 加强教师培训（　　）

E. 加强教师考核（　　）

F. 出台教师专业水平等级标准（　　）

G. 其他（请具体说明）：________________（　　）

44. 您认为引进外地优秀教师：

A. 能够快速提高升学率，促进新陈代谢（　　）

B. 对教学影响不明显（　　）

C. 更应该注重对本地人才的挖掘和利用（　　）

D. 能够快速提高升学率，但是也有负面影响（　　）

E. 其他（请具体说明）：________________（　　）

附录二

贵州省赫章县省级乡村名师专业提升研训方案

党的十九大郑重宣告中国特色社会主义进入新时代，我们的教育事业也同时步入了新内涵、新目标、新体制、新机制、新方式、新要求和新规律的教育体系。新时代教育是意义深远、内涵深刻的重大政治论断。全国教育大会把对我国教育事业的规律性认识概括为“九个坚持”，强调教育是国之大计、党之大计，必须坚持优先发展教育事业，号召广大教育者笃定“六个下功夫”。为此，必须进一步加强教师队伍建设，学习好、领会好、贯彻好、落实好习近平总书记关于“四有”好教师、“四个引路人”、“四个相统一”等要求。

全国教育大会之前，中共中央、国务院办公厅已印发了《关于全面深化新时代教师队伍建设改革的意见》(以下简称《意见》)。《意见》是党中央、国务院出台的专门面向教师队伍建设的里程碑式政策文件。出台《意见》，是以习近平同志为核心的党中央高瞻远瞩、审时度势，立足新时代作出的重大战略决策，将教育和教师工作提到了前所未有的政治高度，对于建设教育强国、决胜全面建成小康社会、夺取中国特色社会主义伟大胜利、实现中华民族伟大复兴的中国梦，具有十分重要的意义。

根据中国教育学会与贵州省赫章县政府“‘知名教育专家’研修协议(2019—2020年)”，由中央统战部、民进中央、中国教育学会共同成立“全国知名教育专家指导工作站”，通过高端专业引领、名师名校结对帮扶，提升赫章县省级乡村名师的专业素质，提高教师的专业理论知识和实际操作能力，加快建设高素质教师队伍，不断提高教师的业务能力和教学水平，并制定“贵州省赫章县省级乡村名师专业提升研训方案”。

一、研训的指导思想

以习近平新时代中国特色社会主义思想为指导，全面贯彻党的十九大和十九届二中、三中全会精神，落实“九个坚持”和“六个下功夫”重要思想，坚定执行习近平总书记关于“四有”好教师、“四个引路人”、“四个相统一”等要求。从实现“两个一百年”奋斗目标的历史高度，立足新时代教育现代化理念，以党的全面领导为导向，不断深化对新时代教师队伍建设这一重大战略的认识，始终坚持立德树人、学习为本、教师为本、发展为本，遵循教育规律，坚持教师专业研修改革创新，实现赫章教师队伍的跨越式发展，培养德智体美劳全面发展的社会主义建设者和接班人，为实现“两个一百年”奋斗目标、实现中华民族伟大复兴的中国梦作出应有的贡献。

二、研训的基本原则

（一）确保方向

坚持党管干部、党管人才，坚持依法治教、依法执教，坚持严格管理监督与激励关怀相结合，充分发挥党委（党组）的领导和把关作用，确保党牢牢掌握教师队伍建设的领导权，保证教师队伍建设正确的政治方向。

（二）强化保障

坚持教育优先发展战略，把教师工作置于教育事业发展的重点支持战略领域，优先谋划教师工作，优先保障教师工作投入，优先满足教师队伍建设需要。

（三）突出师德

把提高教师思想政治素质和职业道德水平摆在首要位置，把社会主义核心价值观贯穿教书育人全过程，突出全员全方位全过程师德养成，推动教师成为先进思想文化的传播者、党执政的坚定支持者、学生健康成长的指导者。

（四）创新引领

抓住关键环节，优化顶层设计，推动实践探索，破解发展瓶颈，把管理体制改革与机制创新作为突破口，把提高教师地位和待遇作为真招实招，增强教师职业吸引力。

（五）分类施策

立足赫章县地域特点，借鉴国内外经验，根据各级各类教师的不同特点和发展实际，考虑区域、城乡、校际差异，采取有针对性的政策举措，定向发力，重视专业发展，培养一批教师；加大资源供给，补充一批教师；创新体制机制，激活教师专业提升动力、活力。

三、研训的系列目标

（一）研训的总体目标

本项目首先要学习好、领会好、贯彻好、落实好习近平总书记关于“四有”好教师、“四个引路人”、“四个相统一”等要求。通过系统的研训活动，帮助广大教师运用先进的教育理念与教学策略，科学发现、研究和解决教育教学中的一系列问题，进一步调整专业知识与能力结构，调整目标与方法、效能与策略，逐步形成自己的教学特色；并能够在教育创新中发挥积极作用，推动教师、教育、教学和学校的共同成长。

1. 通过建立“全国知名教育专家指导工作站”，提高赫章县办学水平和教育教学质量。

2. 通过名师结对帮扶，提高赫章县学校教师的业务素质。

3. 联系帮助建立10所中小学校际合作机制，以合作促发展。

4. 加强教育信息化引领教育现代化的发展，共享优质教育资源，实现教育公平。

（二）研修的具体目标

在结业前，召开“办学（或教育教学）理念与实践”研讨会；第二学期完成研究报告开题并通过开题论证；第五学期末完成研究报告并通过答辩；组织不少于两周的跟岗实践；每学期末提交一份个人学习总结、一份读书报告；参加中国教育学会举办的学术年会并承办一期“微论坛”；在结业后，出版“赫章县专业名师”成果专刊。

1. 着眼于培养赫章县专业名师的四大能力。

该项目着眼于培养赫章县专业名师的四大能力，即综合能力、科研能力、创新能力、引领能力。

（1）综合能力。综合能力实是指教师在专业领域所应具备的系列常识，包括基本素养、教育教学素养、教育视野。基本素养包括社会、经济、科技、文化、政治、历史、法律、军事、国际等相关知识的认知与价值判断能力；教育教学素养包括新时代教育专业理念、组织管理能力、课程开发设计素养、教学实施素养、教育技术能力、测量评价能力等；教育视野包括本学科发展的最新动态与趋势、国内教育发展资讯、国内外教育改革与创新突出成果、国际教育前沿信息、国际教育先进经验和理念等。

（2）科研能力。科研能力包括问题意识、科学研究方法、主题提升能力、理论升华能力等。通过科研能力的提升，学员能够及时发现教育教学中的重要理论问题和现实问题，并能通过科学的研究，因地制宜，提出破解之法、改进之道。学员在两年的培训时间里，在导师引领下完成至少一项课题研究，通过选题讨论、课题申报、开题论证、课题研究、结题答辩等完整流程，切实提升科研能力。

（3）创新能力。创新能力是指经过系统培养，学员遵从规律而不墨守成规，尊重实践而不囿于程式，能够结合教育未来发展趋势、人才培养特点，提炼总结自身教育理念、教育方法、教育技术，并有独到的见解与突破性进展，实现教育思想、方法和技术上的创新。

（4）引领能力。引领能力是指经过系统培养，学员具备团队组织能力、科研规划能力、项目设计能力、成果总结推广能力、实践指导能力等，能够带领和帮助中青年教师共同成长，带动整个教师团队进步与提高。

2. 具体目标与要求。

（1）完成理论课（以网课为主）学习，修满规定的学时。缺勤30% 以上者，通报取消学员资格。

（2）主动与导师沟通，每周至少交流一次，及时交流研修进展，撰写日常学习体会，提交日常学习活动记录，每学期末提交一份个人学习总结；每年最少一周跟岗实践。

（3）在导师指导下，选择与自己教育实践密切相关的、有针对性的研究课题并独立完成课题研究全过程，在第二学期完成开题报告的撰写并通过开题，在第四学期末完成研究报告的撰写并通过答辩。

（4）完成导师布置的课程任务，主动阅读，以研究的视角切入实践，同时参与相关课题研究。

（5）课题研究报告和研究示范课等成果统一结集出版。学员完成全部课程且考核合格，由中国教育学会、赫章县教育科技局统一颁发结业证书。

（6）干部、教师能够积极及时地把自己在系列讲座、同伴互动和多元交流中以及课例反思、研讨的成果转化为纸质文本和电子文本。通过省区级的研究课、展示课、示范课得以展示，论文、研究报告、教学反思、经验总结等推荐公开发表。

四、专业研训的内容与实施

《意见》指出，必须“改进培训内容，紧密结合教育教学一线实际，组织高质量培训，使教师静心钻研教学，切实提升教学水平”。依此，研训活动的具体培训内容、课时均为专家组立足需求、尊重规律、讲求实效系统推行。

（一）以名师工作室为研究主题落实工作

1. 联系10所以上有意愿的发达地区优质学校与赫章县相对应的贫困学校进行“一对一”或“一对多”专业帮扶。

2. 联系各类知名专家对赫章省级名师进行“一对一”或“一对多”的专业指导帮扶。

3. 建立“全国知名教育专家指导工作站”，引领赫章教师成长。

4. 协调资源，建设好赫章县网络平台，实现资源共享。

5. 为赫章名师提供一定数量的中国教育学会专项课题，推动赫章名师研修能力提升并顺利结题。

6. 每年组织一定数量的校长、教师进行集中培训或到发达地区优质学校进行跟岗学习（差旅费甲方负责）。

7. 指导学校课程建设实施方案，推进受助学校课程建设，抓好教学常规管理，规范教学各个环节，积极投身课程改革，更新教育观念，改革教学方法，不断提高教育质量。

8. 结合赫章县智慧录播教室及赫章三中中心机房的建设，进行远程培训帮扶。

9. 经双方协商的其他教育帮扶事项。

（二）以共建友好学校为主体，指导专家为主导

研训学员通过网络集中讲座、集体备课、课标解读、主题研讨、微课研讨、听课评课、网络同课异构、信息技术应用以及课题研究、论文

撰写等教研活动，不断成长。学校教师到优质学校跟岗培训，协调名师与结对学校教师进行结对帮扶，促进教师在教育管理、教学理念、教学方法、教育科研、课堂设计、课堂教学、校本研修和信息技术应用能力等方面主动提升。

具体时间安排：预计在2019年5月—2020年12月内完成，将分2019年和2020年两个阶段实施，详情如下表所示。

集中培训课程设计表

内容板块	主要内容	授课形式	课时
1. 每一阶段破冰	根据工作室研修方案，制定个人研修计划		
2. 政策与理论研修	（1）全国教育大会精神学习辅导 （2）教育改革政策与教育方针学习 （3）解读《中国教育现代化2035》 （4）教育教学前沿理论 （5）教育科研论文写作方法与规范 （6）教师专业化发展研究	讲座与交流：网络学习、交流、微课	
3. 教学理论与教学策略	（1）教育现代化理念、模式与策略 （2）教育现代化的成功案例 （3）教育现代化课程开发与实施 （4）教育现代化的目标与评价	讲座、参观与交流；网络指导、交流	
4. 导师指导下的自主反思、研究与论文写作	（1）在导师的指导下，根据自己的教学经验或教学特色确定教育研究课题，拟订写作提纲 （2）导师指导学员进行教育研究课题开题论证 （3）学员分组进行开题论证，学员研讨与导师指导相结合 （4）学员收集资料，进行教学特色与教学艺术的提炼与论文写作 （5）进行论文写作交流与研讨，导师根据学员写作中遇到的问题，举办讲座或答疑	以网络交流为主的研修：导师个别网络指导；学员之间交流、学员自主学习、学员研究写作、	

续表

内容板块	主要内容	授课形式	课时
5. 国内课改试验区、学校	前往共建友好学校或其他省市名校： （1）现场观摩新课标研究课，学习试验区课程改革的新鲜经验 （2）与试验区高端培训教师座谈交流，主题为教师如何在课程改革中发挥引领团队的作用 （3）了解基础教育课程改革中成功的经验、存在问题及解决方案 （4）新教学方式探索	观摩教学、座谈交流、网上交流	
6. 成果交流与经验推广	（1）论文评定（邀请专家为学员论文撰写书面评定意见） （2）论文答辩与交流（全部学员参加） （3）成果展示（计划出版部分学员著作） （4）经验推广	学员阐述科研论文，专家评定	

注：在实施过程中，研修内容与计划安排等将依据实际需要和工作安排不断调整。

五、研训的方式与策略

《意见》明确指出："转变培训方式，推动信息技术与教师培训的有机融合，实行线上线下相结合的混合式研修。"培训方式改革创新，这也是当前教师专业研修面临的挑战。培训中心将立足研训实效，遵循成人学习规律，以适宜的方式和策略推动教师专业研训。

（一）现场诊断式

专家、科研人员、培训者与任课教师合作，有目的地对课堂教学过程进行严谨理性的观察和面对面的分析讨论，并提出改进策略的方法。教学现场观察与诊断一般包括课前准备、现场观察、课后分析、形成报告、反思讨论五个步骤。现场诊断应特别注重培训者对学员的诊断"处方"，采取专家点评、个别交流、小组讨论的方式，使教师专业得到持续发展。

（二）专题讲座式

根据教师专业发展的共性需求，确定重点专题，组织集中培训。本期专题集中培训时应注意分层教学。

（三）自修反思式

教师根据自己需求，在培训者的指导下，自主学习、自主实践、自主评价、自主完善。该模式的一般程序是提出计划、自学研修、实践体验、专家指导、反思总结。

（四）研训互动式

针对学校集体和教师个人承担的教育教学科研课题，紧紧抓住课题实验中的问题和困难，有针对性地进行培训。

（五）网络信息交流式

开办信息园地，定期发布教育教学改革信息供培训对象了解学习。学校为教师制定获取信息和交流信息的要求指标，促使教师上网、看报、读书，搜集整理信息，传播信息。

（六）行动研究式

行动研究把行动和研究结合起来，它要求教师结合自己的教学状况在行动（即教学实践）中研究和解决问题，从而保证研究工作的实际意义。它是一种旨在改进教学的方法，比日常经验总结要完善，因为它要求教师对有关情况进行充分的了解，依据有关理论认真思考，按计划谨慎行动。

（七）调查与科学测量

通过问卷调查、个别访谈、科学测量、文献研究，诊断当前学校的发展基础、突破方向，并依据国家教育体制机制改革意见，规划整体发展蓝图——“贵州省赫章县以学生发展为本的新型教育教学体制机制”总设计。

六、名师研修的管理

（一）名师研训项目组与专家协调工作要求

1. 每次培训主题、时间、地点、要求等事宜至少提前两周确定，并提供基础信息给项目秘书。项目秘书拟定正式通知给赫章县教育科技局，由赫章县教育科技局统一发布培训通知。

2. 项目秘书与专家保持每两周正式沟通一次学员的情况，发现问题及时解决。

3. 项目秘书每两周汇总一次学员培训情况尤其是自修学习情况，以备项目组提交赫章县教育科技局。

4. 项目秘书提前一周与专家详细确认进校相关工作安排。

5. 保留与专家组成员沟通的全部档案信息，每个月进行总结分析。

（二）名师研修项目组与学员协调工作要求

1. 与所有学员保持每两周正式沟通一次，了解学员学习情况，并充分了解学员学习需求和要求，确保研修指导的针对性。

2. 充分利用数字化管理平台功能，每两周将学员反馈的需求信息等进行汇总，反馈至项目组长，以备项目组统一与专家进行沟通，确保培训指导的专业性、可持续性和有效性。

3. 保留与学员沟通的全部档案信息，每个月进行总结分析，提交赫章县教育科技局。

4. 每两个月进行一次培训调研：一是向学员做需求调研；二是向学员做培训反馈调研，每学期向赫章县教育科技局提交调研结果。

（三）名师研修管理要求

1. 建立学员培训学习档案。

2. 按时进行培训需求调研和培训反馈调研。

3. 每次培训课程设计在遵循原设计方案的前提下，根据培训前的调研情况对培训方案进行灵活调整，但是调整比例不超过30%。

4. 每学期收集汇总学员培训任务和专题完成情况，以备项目组与专家组沟通，为学员成长提供真实有效的帮助。

5. 每次集中培训结束后，及时上传资料给全部学员，并将专家讲座的影音资料发送给学员，以备其日后学习查阅。

（四）学员管理要求

1. 为各省级乡村名师工作室配一位名师，各省级乡村名师工作室自成一个学习小组，负责人为组长。学员听从学科工作室的安排，认真参加主题研修，切实解决教育教学的突出问题。

2. 按时参加集中培训、阶段总结汇报等活动，实行签名制。学员请假必须经过学校同意并提供书面证明，校长请假必须经过赫章县教育科技局同意并提供书面证明。

3. 按规定主动用教师教育网学习，利用工作室的QQ群或微信群完成交流和学习任务，同时积极向研训者提供建议。

4. 每个月学员出勤（包括上网课、现场培训、个别辅导）情况统计上报赫章县教育科技局。

5. 学员培训结束，完成培训学习任务的，赫章县教育科技局发给培训证书；缺勤达30%以上的，不予发放。

七、研训评估

1. 接受甲方委派的第三方评估机构的评估。

2. 研修结束一个月内向赫章县政府、赫章县教育科技局提供以下的研修资料：

研修实施方案、研修手册、研修项目总结、汇编成册的学员研修成果、学员花名册、集体照片、课程安排表、学员考勤表、授课教师讲义或者课件（光盘）、研修过程中形成的视频图像资料（光盘）、项目绩效自评报告等纸质版和电子版各一份。

中国教育学会项目组

2019年6月

附录三

中央统战部、中国教育学会联引各地名校与赫章县学校结对帮扶名单

（以下排名不分先后）

序号	帮扶学校	受助学校
1	北京市第五中学通州校区	赫章县水塘堡彝族苗族乡初级中学
		赫章县六曲河镇初级中学
2	中国农业科学院附属小学	赫章县平山镇中心小学
		赫章县平山镇同心幼儿园
		赫章县兴发苗族彝族回族乡中心小学
		赫章县财神镇中心小学
3	北京市东城区景泰小学	赫章县第一小学
		赫章县安乐溪乡中心小学
4	北京市第一零九中学	赫章县六曲河镇中心小学
		赫章县哲庄镇中心小学
		赫章县古达苗族彝族乡初级中学
5	北京中学	赫章县第二中学
		赫章县可乐中学
6	北京工业大学附属中学十八里店分校	赫章县德卓镇中心小学
		赫章县松林坡白族彝族苗族乡中心小学

续表

序号	帮扶学校	受助学校
7	北京第二实验小学朝阳学校	赫章县双坪彝族苗族乡中心小学
		赫章县铁匠苗族乡中心小学
8	北京市朝阳区垂杨柳中心小学	赫章县古基镇中心小学
		赫章县达依乡中心小学
9	北京市丰台区芳群园第一小学	赫章县妈姑镇中心小学
		赫章县白果镇第二小学
10	北京市通州区马驹桥镇中心小学	赫章县城关镇卸旗小学
		赫章县第三小学
11	济南市历城区初级实验中学	赫章县罗州镇初级中学
		赫章县罗州镇中心小学
12	济南市青龙街小学	赫章县第二小学
		赫章县可乐彝族苗族乡中心小学
13	山东省济南中学	赫章县第一中学
		赫章县民族中学
14	济南市长清第一中学	赫章县第二中学
15	济南市莱芜凤城高级中学	赫章县第三中学
16	济南高新区实验中学	赫章县野马川中学
17	山东省昌乐二中	赫章县实验中学
18	潍坊实验中学	赫章县第八中学
19	山东二七一教育科技集团有限公司	赫章县教育研究室
20	济南市南上山街小学	赫章县汉阳街道黄泥小学
		赫章县辅处彝族苗族乡中心小学

续表

序号	帮扶学校	受助学校
21	深圳市光明区凤凰学校（现已更名为南方科技大学附属光明凤凰学校）	赫章县第四中学
		赫章县水塘堡彝族苗族乡中心小学
22	深圳市光明区实验学校	赫章县水塘堡彝族苗族乡田坝小学
		赫章县兴发苗族彝族回族乡初级中学
		赫章县思源实验学校
23	深圳市南山区中国科学院深圳先进技术研究院实验学校	赫章县威奢乡中心小学
		赫章县财神镇鱼塘小学
24	深圳市光明区东周小学	赫章县结构彝族苗族乡中心小学
		赫章县珠市彝族乡中心小学
25	北京第二外国语学院成都附属中学	赫章县水塘堡彝族苗族乡田坝初级中学
		赫章县朱明镇初级中学
26	成都高新新华学校	赫章县结构彝族苗族乡初级中学
		赫章县幼儿园
		赫章县达依乡初级中学
		赫章县城关第三小学
27	成都市双语实验学校	赫章县财神中学
		赫章县哲庄镇初级中学
28	成都市高新区实验小学	赫章县古达苗族彝族乡中心小学
		赫章县河镇彝族苗族乡中心小学
29	成都石室锦城外国语学校	赫章县野马川镇初级中学
		赫章县平山镇初级中学
30	成都市石室联合中学蜀华分校	赫章县辅处彝族苗族乡初级中学
		赫章县朱明镇中心小学

续表

序号	帮扶学校	受助学校
31	四川省成都市石室天府中学	赫章县珠市彝族乡民族初级中学
		赫章县野马川镇中心小学
32	成都市文翁实验中学	赫章县古基镇初级中学
		赫章县铁匠苗族乡初级中学
33	新都一中实验学校	赫章县河镇彝族苗族乡职业技术初级中学
		赫章县安乐溪乡初级中学
34	达州铭仁园中学	赫章县城关镇初级中学
		赫章县河镇彝族苗族乡海雀小学
35	银河幼儿教育集团	赫章县第一幼儿园
		赫章县第五幼儿园
36	常州市新北区魏村中心幼儿园	赫章县第三幼儿园
		赫章县第六幼儿园
37	常州市金坛新城实验幼儿园	赫章县第七幼儿园
38	溧阳市东升实验幼儿园	赫章县第四幼儿园
39	保定市第十七中学	赫章县妈姑中学
		赫章县双坪彝族苗族乡初级中学
40	郑州市二七区幸福路小学校	赫章县城关镇第二小学
		赫章县妈姑矿区社区小学
41	郑州市第五高级中学	赫章县白果街道中心小学
		赫章县第三中学
42	陇南育才学校	赫章县雉街彝族苗族乡初级中学
		赫章县雉街彝族苗族乡中心小学

后记
与赫章教育一起成长

2019年，全国脱贫攻坚战进入决胜的关键期。经中央统战部有关部门和领导的介绍，我们进入了贵州省赫章县教育扶贫项目。中国教育学会认真学习领会习近平总书记关于扶贫工作的重要论述，积极响应和贯彻落实中央关于打赢脱贫攻坚战的战略部署，进一步提高对“扶贫扶智，教育为本”的认识，增强教育扶贫的政治责任感和历史使命感。中国教育学会积极发挥统筹专业支持资源的优势，优选和整合来自全国部分高校、教研机构、中小学、幼儿园等专家和名师，在深入调研的基础上制定精准扶贫方案，把扶贫同扶志、扶智结合起来，按照“政策导向、科学定向、专业引领、结对帮扶、自主发展、典型带动、辐射推广”的总体推进思路，分期分层压实系列性主题推进工作，为赫章教育改革注入生机和活力，为解决该县因缺乏专业支持学校变革愿望不强、因教育长期处于落后状态导致师生流失现象严重等问题发挥了积极作用。

在参与教育活动中，赫章教师和校长的主体感、获得感不断增强，教师主动发展、学校自主变革的愿望逐步增强，一大批教师和学校已快速行动起来，县域教育逐步走向内涵式均衡发展之路，赢得了广泛赞誉。

历经数年的努力，我们已从教育扶贫进入乡村振兴伟大工程。在广西教育出版社的极力倡导下，更有中央统战部和中国教育学会的领导支持，依靠全体参与赫章教育帮扶项目的专家、帮扶学校等的共同努力，仰仗赫章县和教育系统广大干部教师的鼎力合作，我们在数年的探索中，小有收获，初步获得了些许的收获，奉献给广大仁人志士。

点亮教育扶贫广谱价值

2020年12月6日上午，首届中国基础教育论坛暨中国教育学会第三十三次学术年会分论坛“教育帮扶模式的创新与广谱价值·点亮——以赫章决战教育脱贫攻坚为例”研讨会在南京市特殊教育指导中心（南京市聋人学校）成功举行，会议由中国教育学会实验区与项目部主办。研讨会以“现场＋网络直播”方式召开，线上线下有近百万人参会。

结对帮扶是中国教育学会赫章教育帮扶项目的特色做法之一。在研讨会的结对学校主题分享环节中，赫章县第二小学校长肖赟，赫章县兴发乡中心小学校长朱营，农科院附小校长刘芳，成都高新新华学校党支部书记、校长朱祥勇，深圳市光明区凤凰学校党支部书记、校长华建明，赫章县六曲河镇中心小学党支部书记、校长罗焕应，赫章县第一幼儿园园长陈琼，常州市新北区银河幼儿园园长吴亚英，北京五中原教学副校长韩竹，赫章县水塘堡乡初级中学党支部书记、校长韩三琴，赫章县六曲河镇初级中学校长刘光文，分享了结对帮扶的故事，感动了每一位与会嘉宾和代表。

一个个动人的故事勾画出帮扶一线实景，展示了帮扶学校组织名师送课、举行示范活动、开展专题研讨等特色做法，讲述了对口学校在帮扶过程中的体会，让与会嘉宾切身感受到赫章教育发展及帮扶给赫章教育、学校（幼儿园）、校长、教师带去的变化。

知名教育专家们一致认为，赫章教育帮扶是全国教育扶贫的一个缩影，是样本，是案例，具有一定典型性。专家指出，通过结对学校的实践，这里的嵌入已经不是单向输送，更是帮扶方和受助方之间的双向点亮，是对话式、互动式、参与式、情境式的帮扶模式。

专家们认为赫章模式具有广谱价值。

第一，广谱价值首先是文化价值，模式背后蕴含的是博大精深、仁者爱人的中华文化，是伦理道德的故事，是中华文化的故事。

第二，广谱价值还是爱，扶贫故事都是爱的故事，整个社会都应该具有扶贫之爱。

第三，教育扶贫有一个很大的特点是改变，改变旧的思想观念，结对双方都在改变中升华。这是与其他领域扶贫不同的，是教育扶贫特有的广谱价值。

一个个帮扶故事提供了一个个可以分享的精神世界，这些故事已经不是情节，而是人格、情怀、理念和梦想。扶贫是创造我们自己的故事，当代中国最伟大的故事。

特别是在新冠肺炎疫情期间，学会协调有关帮扶学校，组织了百余场线上研修，同步开设中小学各学科线上学习群，组织线上集体教研、共同备课、教学示范观摩等活动，为赫章“云上输送”优质教育资源，坚持帮扶不停步，并以此为契机，组织结对学校不断完善“线下 + 线上”帮扶模式，积极探索可持续、常态化结对帮扶机制。

绘就赫章乡村振兴新蓝图

2020年12月16日，中共中央、国务院印发《关于实现巩固拓展脱贫攻坚成果同乡村振兴有效衔接的意见》。为深入贯彻党的十九届五中全会精神和习近平总书记关于教育、扶贫工作、“三农”工作的重要论述，落实《关于实现巩固拓展脱贫攻坚成果同乡村振兴有效衔接的意见》要求，教育部等四部门印发《关于实现巩固拓展教育脱贫攻坚成果同乡村振兴有效衔接的意见》，对进一步巩固拓展教育脱贫攻坚成果，有效衔接乡村振兴战略，接续推动脱贫地区发展和乡村全面振兴作出要求。

该意见明确了重点任务。一是建立健全巩固拓展义务教育有保障成果长效机制。巩固拓展义务教育控辍保学成果、义务教育办学条件成果、教育信息化成果、乡村教师队伍建设成果。二是建立健全农村家庭经济困难学生教育帮扶机制。精准资助农村家庭经济困难学生，继续实施农村义务教育学生营养改善计划，完善农村儿童教育关爱工作，加强农村家庭经济困难毕业生就业帮扶工作。三是做好巩固拓展教育脱贫攻坚成果同乡村振兴有效衔接重点工作。加大脱贫地区职业教育支持力度，提高普惠性学前教育质量和普通高中教育质量，继续实施重点高校招收农村和脱贫地区学生专项计划，继续实施民族专项招生计划，实施国家通用语言文字普及提升工程和推普助力乡村振兴计划，打造升级版的“一村一名大学生计划”，推进乡村振兴育人工作。四是延续完善巩固拓展脱贫攻坚成果与乡村振兴有效衔接的对口帮扶工作机制。继续推进高校定点帮扶工作，优化实施职业教育东西协作行动计划，持续推进高校对口支援工作，继续实施系列教师支教计划。

为响应时代号召，中国教育学会的乡村振兴工作也及时进入实施阶段，准确把握乡村振兴伟大工程“二十字”方针的科学内涵，学习方针中五大目标任务的相互关系。在具体的实施过程中，追随“三条路径”的协调推进，即“五个激活”驱动、“五位一体”协同和“五对关系”把控的协调推进。结合赫章模式，中国教育学会充分协调优质资源，通过从学校管理评价、队伍建设、立德树人、课堂改革、家校协同、学生德智体美劳全面发展等多方面同步入手整体带动，“科学发现、正确引导、真心联手、热情帮扶、教科研一体、高效优质、创新规律方法”，争取用最短的时间、最少的投入、最和谐的融合实现最理想的效果。

中国教育学会将继续开展教育帮扶工作，组织专家赴赫章对口学校进行实地指导，同时要启动新的工作内容，尤其是要建立乡村振兴教育帮扶机制，建立合作帮扶工作机构和合作帮扶工作制度。

乡村教育帮扶是发展中国特色优质基础教育的重要方面，没有农村教育就没有整个中国的优质基础教育。中国教育学会将继续在助力教育脱贫的道路上探索，创新帮扶模式，提炼典型经验，发挥思想库、智囊团作用，用我们的教育信念、教育信仰，点亮大山里孩子们的人生路，让教育扶贫“斩断”贫困代际传递。全国教育同仁同心同频，坚守教育初心，期待我们在互相交流中共同提高，携手走进教育新天地。

出版后记

《赫章之路——中国教育扶贫的经验与模式》这本书凝聚着无数教育人的梦想、努力与智慧，它是一篇“写在祖国大地上的论文”。

首先，《赫章之路——中国教育扶贫的经验与模式》是在教育精准帮扶助力打赢脱贫攻坚战中，贵州省毕节市赫章县的一次教育实验和“探路”。中国教育学会与中央统战部、民进中央、台盟中央等联手，立足赫章县教育实际，找到制约当地教育事业发展的主要矛盾，形成教育帮扶方案，组织全国优质教育资源，通过系列、有效的教育行动，用较短时间使区域教育事业明显进步，呈现了一个中国县域教育帮扶的典型案例、生动现场，进而提出中国教育扶贫的典型模式——赫章模式。

其次，《赫章之路——中国教育扶贫的经验与模式》是赫章教育帮扶项目专家组在赫章教育帮扶实践基础上进行的一次经验归纳、理论研究、模式总结。赫章模式以“不再额外添加工作，不对中小学教师额外增加负担”为前提，核心理念是“嵌入”，通过激发区域教育的内在活力，促进区域教育的内涵式、可持续发展。赫章模式总结出组合“工具箱”，包括“一个理念”“两大转变”“七大策略”及“三位一体”质量保障机制等，有力支持了理念的可执行、模式的可落地。乡村振兴，教育先行。赫章模式有望在中国乡村振兴大业中发挥更大作用。

最后，《赫章之路——中国教育扶贫的经验与模式》也是教育出版人的一次精神召唤、专业响应。2019年年底，我社编辑从中国教育学会专家处得知正在实施的赫章教育帮扶项目，敏锐捕捉到项目所包含的教育领域的专业价值、示范意义，具有较高的出版价值。在通过出版社选题论证后，我社编辑团队立即与项目组专家团队展开资料搜集、专家座谈、文献综述等基础工作，并组成包括指导专家、全国参与帮扶学校与骨干教师、赫章学校与领导在内的讨论组、活动组、写作组、统稿组，结成“教育科研出版共同体”。

广西教育出版社一直以“植根教育，含哺八方桃李；铸造精品，传承人类文明”为使命，自觉承担教育出版文化建设的责任和担当，持续关注弱势群体教育问题研究，关注教育均衡发展和教育公平。出版的相关图书包括：《贫困中的期盼——中国西部贫困地区女童和妇女教育》、《中国贫困地区教育发展研究报告》、“乡村教师口述史系列”丛书、《随迁子女在流入地升学考试的政策与实践研究——基于10城市的调研》、《随迁子女异地升入高职院校的政策和实践研究》，等等。以上图书或获得国家级出版奖项，或入选国家重点图书出版规划，或得到国家出版基金扶持，均获得良好的社会效益，形成广西教育出版社的一大出版特色。

广西教育出版社作为地方教育专业出版社，矢志植根教育，继续铸造精品，在各位专家、教师和社会力量支持下，为广西乃至中国教育、文化事业，贡献更大力量。新时代，新征程。“办好人民满意的教育”，服务人民的教育事业，我们永远在路上。

广西教育出版社

2022年10月

图书在版编目（CIP）数据

赫章之路 ： 中国教育扶贫的经验与模式 / 时俊卿，李红婷，王华主编. -- 南宁 ： 广西教育出版社，2022.11
ISBN 978-7-5435-9228-5

Ⅰ. ①赫… Ⅱ. ①时… ②李… ③王… Ⅲ. ①教育-扶贫-经验-赫章县 Ⅳ. ①G527.734

中国版本图书馆 CIP 数据核字(2022)第 205277 号

策划编辑：陆施豆　黄立明　　装帧设计：李浩丽
责任编辑：陆施豆　　责任技编：蒋　媛
责任校对：谢桂清　何　云　杨红斌

出 版 人：石立民
出版发行：广西教育出版社
地　　址：广西南宁市鲤湾路 8 号　　邮政编码：530022
电　　话：0771-5865797
本社网址：http://www.gxeph.com
电子信箱：gxeph@vip.163.com
印　　刷：广西桂川民族印刷有限公司
开　　本：787 mm×1092 mm　1/16
印　　张：22.25
字　　数：303 千字
版　　次：2022 年 11 月第 1 版
印　　次：2022 年 11 月第 1 次印刷
书　　号：ISBN 978-7-5435-9228-5
定　　价：68.00 元